des Differenzierens	# so differenziert das Schulbuch
Um die Schülerinnen und Schüler abzuholen und die Unterrichtseinheit differenziert planen zu können, sollte diese zu Beginn eines Themas durchgeführt werden.	Jedes Großkapitel beginnt mit einer Auftaktdoppelseite mit Material und Aufgaben, die einen offenen Zugang zum neuen Thema ermöglichen. Mit diesem Ansatz lassen sich Vorwissen und Kompetenzstand der Lernenden einschätzen und der differenzierte Unterricht planen.
Zusatzaufgaben können über das Fundamentum hinausgehen (Additum-Aufgaben) oder dazu dienen, es zu erreichen (Unterstützungsaufgaben).	In der Randspalte werden vielfältige Aufgaben zum **Helfen** **H** und **Fordern** **F** angeboten.
Nicht alle Schülerinnen und Schüler müssen alle Aufgaben bearbeiten.	Die Aufgabenblöcke bieten umfangreich Vorschläge zur Bearbeitung an, hier kann bei Bedarf eine Auswahl getroffen werden.
Die Aufgaben sind in verschiedenen Anforderungsbereichen formuliert.	Die Aufgaben sind durch die Verwendung von **Operatoren aus den drei Anforderungsbereichen** (vgl. S. 256 ff.) grundsätzlich differenzierend angelegt. Aufgaben können zudem unterschiedlich anspruchsvoll gelöst werden – Hinweise hierzu finden sich im **click&teach Unterrichtsassistenten** zum Schülerbuch.
Die Schülerinnen und Schüler widmen sich demjenigen Lerngegenstand, der sie entweder am meisten interessiert oder den sie noch nicht beherrschen.	Insbesondere der **Gruppenlernweg** „Gemeinsam aktiv" ermöglicht es den Schülerinnen und Schülern, individuelle Schwerpunkte zu setzen.
Themen können auf unterschiedlichen Wegen bearbeitet werden.	Eine große Vielfalt an problemorientiertem und schülernahem **Material** weckt Interesse und ermöglicht unterschiedliche Zugänge. Die Aufgaben zeichnen sich insgesamt durch eine große Vielfalt aus: **unterschiedliche Sozial- / Unterrichtsformen** und Bearbeitungsmöglichkeiten ermöglichen einen abwechslungsreichen Unterricht. Mit **Kompetenzbausteinen** wird strukturiert methodisches Vorgehen explizit geschult.
Durch einfache Sprache zentraler Erklärungen wird sichergestellt, dass die gesamte Lerngruppe mitarbeiten kann.	Bei grundlegenden Texten wurde besonders auf eine einfache Sprache geachtet, die **Grundbegriffe** werden auf zwei Niveaustufen angeboten.
Die Schülerinnen und Schüler kooperieren. Dazu nehmen sie immer wieder die Rolle von Lernhelfern oder Experten ein.	**Vielfältige kooperative Aufgabenformate** regen Sozial- / Unterrichtsformen an, bei denen eine Unterstützung durch Mitschüler und / oder die Lehrkraft Teil der Bearbeitung ist.
Eine der intensivsten und effektivsten Grundformen: Die Lehrkraft arbeitet mit einzelnen Schülerinnen und Schülern (oder einer Kleingruppe) zusammen.	

SCHULE AM HOCHRHEIN LAUCHRINGEN	
Dieses Buch wurde benützt von	
Name	Schuljahr
Lina	19/20
Martin sheikh	19/20
Lukas Bielski	20/21
Lea Albrecht	22/23
Angelina	23/24

Politik

Differenzierende Ausgabe

1

bearbeitet von

Dörthe Hecht
Sandra Kirsamer
Petra Reiter-Mayer
Kai Metzger
Martina Tuda

C.C. Buchner Bamberg

#Politik

Gemeinschaftskunde Baden-Württemberg – differenzierende Ausgabe

Band 1
Für die Jahrgangsstufen 7/8

Bearbeitet von Dörthe Hecht, Sandra Kirsamer,
Petra Reiter-Mayer, Kai Metzger, Martina Tuda

1. Auflage, 2. Druck 2018
Dieses Werk folgt der reformierten Rechtschreibung und Zeichensetzung. Ausnahmen bilden Texte, bei denen künstlerische, philologische oder lizenzrechtliche Gründe einer Änderung entgegenstehen.

Die Mediencodes enthalten ausschließlich optionale Unterrichtsmaterialien. An keiner Stelle im Schülerbuch dürfen Eintragungen vorgenommen werden. Auf verschiedenen Seiten dieses Buches finden sich Verweise (Links) auf Internetadressen. Haftungshinweis: Trotz sorgfältiger inhaltlicher Kontrolle wird die Haftung für die Inhalte externer Seiten ausgeschlossen.

© 2017 C.C.Buchner Verlag, Bamberg
Das Werk und seine Teile sind urheberrechtlich geschützt. Jede Nutzung in anderen als den gesetzlich zugelassenen Fällen bedarf der vorherigen schriftlichen Einwilligung des Verlags. Das gilt insbesondere auch für Vervielfältigungen, Übersetzungen und Mikroverfilmungen. Hinweis zu § 52 a UrhG: Weder das Werk noch seine Teile dürfen ohne eine solche Einwilligung eingescannt und in ein Netzwerk eingestellt werden. Dies gilt auch für Intranets von Schulen und sonstigen Bildungseinrichtungen.

Redaktion: Stephanie Gebhardt
Layout, Satz und Illustrationen: Wildner + Designer GmbH, Fürth
Druck und Bindung: creo Druck und Medienservice GmbH, Bamberg

www.ccbuchner.de

ISBN 978-3-661-**70003**-8

Liebe Schülerinnen und Schüler,

Gemeinschaftskunde als Unterrichtsfach ist ab diesem Schuljahr neu für euch. Ihr könnt gespannt sein, mit welchen Themen ihr euch in diesem Fach beschäftigen werdet. Sie betreffen euch direkt, euren Alltag und eure Freizeit:

Wie könnt ihr in Schule und Gemeinde mitbestimmen? Wie löst man Konflikte? (Wie) Beeinflussen euch (digitale) Medien? Was bedeutet Familie für euch und die Gesellschaft? (Wie) Bestimmt Recht euer Leben? Welche Vor- und Nachteile hat Migration für euer Leben in Deutschland?

Langeweile ist also überhaupt nicht angesagt. Wir haben uns bemüht, dieses Buch so spannend und attraktiv wie möglich zu gestalten und hoffen, euer Interesse zu wecken. Wie genau ihr das Buch benutzen könnt, ist auf den folgenden Seiten „Zur Arbeit mit dem Buch" erklärt.

Viel Spaß wünschen
das Autorenteam und der Verlag

Zur Arbeit mit dem Buch

Jedes Kapitel beginnt mit einer **Auftaktdoppelseite**. Material und offene Aufgaben ermöglichen euch eine erste Annäherung an die Inhalte des neuen Kapitels. Dabei könnt ihr auch zeigen, was ihr schon über das Thema wisst. Außerdem hilft euch ein kleiner Einführungstext, einen Überblick zu bekommen. Über welches Wissen und Können ihr am Ende des Kapitels verfügt, könnt ihr ebenfalls nachlesen.

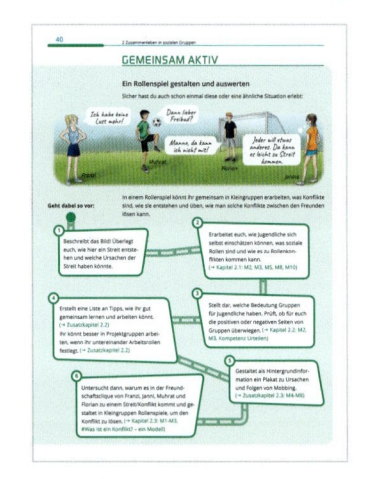

Auf der ersten Seite im Kapitel wird euch immer ein Weg vorgestellt, über den ihr weitgehend selbstständig das Kapitel bearbeiten könnt („Gemeinsam aktiv")! Dazu müsst ihr euch projektartig mit den Materialien und Inhalten des Kapitels auseinandersetzen und abschließend ein Produkt dazu erstellen.

Aufgebaut sind die einzelnen Unterkapitel ganz einfach:
Die Inhalte des Kapitels könnt ihr euch in der Regel auf Doppelseiten erarbeiten. Das Thema wird in der Überschrift und wenigen Zeilen darunter erläutert.
Die **Materialien** sind immer mit „M" gekennzeichnet und durchnummeriert.
Am Ende jedes Unterkapitels ist ein **Aufgabenblock** platziert. Die Aufgaben zeigen euch, wie ihr mit den Materialien arbeiten könnt.

Natürlich lernt und arbeitet nicht jeder gleich schnell. Deswegen gibt es in der Randspalte oft **Hilfen** oder auch **Zusatzangebote** zu den einzelnen Aufgaben. Die Symbole H und F helfen euch bei der Orientierung: Wenn man z. B. auf dem „Schlauch" steht, kann man den Hinweis H lesen. Wenn man eine Aufgabe viel schneller erledigt hat als die anderen, stehen unter F zusätzliche Aufgaben und Herausforderungen bereit.
Das Symbol zeigt euch, dass ihr hier mit einem oder mehreren Mitschülern arbeiten sollt.

Die wichtigsten Begriffe eines Themas werden in blauen Kästen als **Grundbegriffe** erklärt und mit einem # gekennzeichnet: Die Kernaussage findet ihr in 1-2 Sätzen in kräftiger Schrift gleich zu Anfang. Details, Beispiele oder Fachbegriffe stehen im zweiten Teil der Kästen.

Das ebenfalls blaue **Grundwissen** schließt jedes Kapitel ab. Hier werden die wesentlichen Inhalte zusammengefasst. Ihr könnt zur Nacharbeit oder zur Vorbereitung einer mündlichen oder schriftlichen Prüfung das Wichtigste nachlesen.

Im Gemeinschaftskundeunterricht sollt ihr aber nicht einfach Fakten auswendig lernen und wiedergeben. Ihr sollt aktiv und kritisch an der Demokratie teilhaben können. Dafür müsst ihr Zusammenhänge verstehen und beurteilen lernen. Das Rüstzeug dafür sind bestimmte Fähigkeiten und Fertigkeiten – man nennt sie auch Kompetenzen.

Im Buch gibt es dafür spezielle „**Kompetenzbausteine**". Schritt für Schritt lernt ihr dort, wie man z. B. Karikaturen analysiert, eine Befragung durchführt und wie ihr zu einem begründeten Urteil kommt.

Die Doppelseite **Selbsteinschätzung – Training** schließt ein Großkapitel ab. Hier könnt ihr euch selbst überprüfen und zeigen, ob ihr die erlernten Kompetenzen in einer konkreten Situation sinnvoll anwenden könnt.

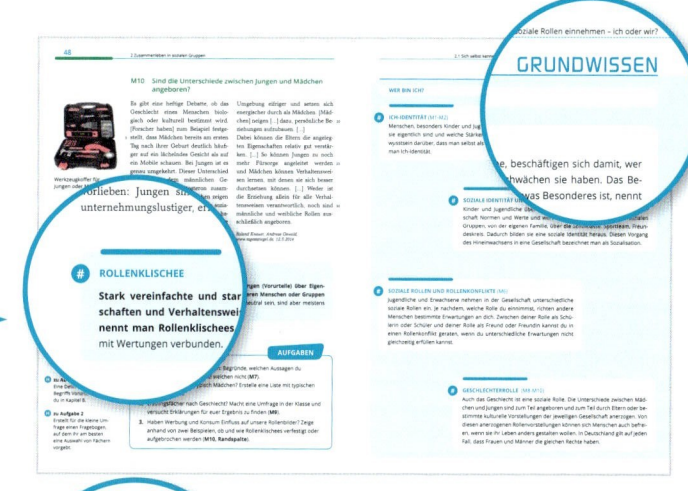

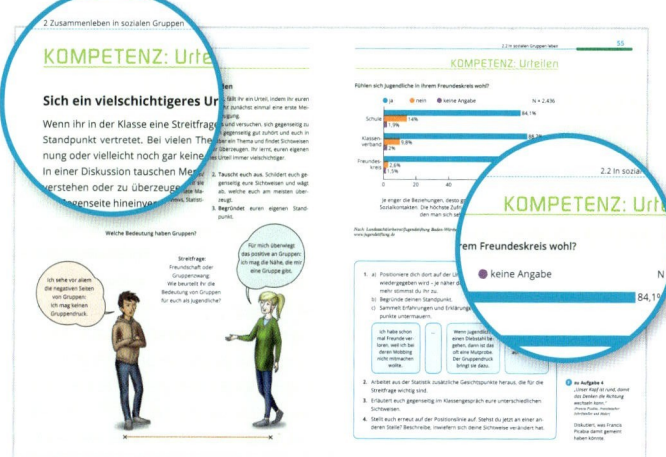

Über QR-Codes könnt ihr in verschiedenen Kapiteln Erklärvideos und Zusatzthemen direkt ansteuern. Diese können außerdem über die Eingabe der Mediencodes im Suchfeld auf www.ccbuchner.de aufgerufen werden.

Hinweis: Materialien ohne Quellenangaben sind von den Autoren verfasst.
Aufgrund der besseren Lesbarkeit wird meist im Folgenden darauf verzichtet, immer beide Geschlechter anzusprechen („Schülerinnen und Schüler"), auch wenn selbstverständlich beide gemeint sind.

Inhalt

1 Kinderrechte **10**
  Gemeinsam aktiv: Eine Zukunftswerkstatt zu Kinderrechten durchführen 12
  1.1 Welche Rechte haben Kinder? 13
  1.2 Anspruch und Wirklichkeit der Kinderrechte 18
    Eine Reise zu den Kindern dieser Welt 18
    Wieso gibt es arme Kinder in einem reichen Land? 20
    Wieso kann man Kinder verkaufen? 22
    Wieso müssen Kinder arbeiten? 24
    Wieso kämpfen Kinder im Krieg? 26
    Wieso müssen Kinder hungern? 28
    Wieso leben Kinder auf der Straße? 30
    Was kann für die Einhaltung der Kinderrechte getan werden? 32

2 Zusammenleben in sozialen Gruppen **38**
  Gemeinsam aktiv: Ein Rollenspiel gestalten und auswerten 40
  2.1 Sich selbst kennen und soziale Rollen einnehmen – ich oder wir? 41
    Ich sein ... – wer bin ich eigentlich? 41
    Was wollen die alle von mir? In sozialen Rollen leben 44
    Junge sein, Mädchen sein – auch nur eine soziale Rolle? 46
  2.2 In sozialen Gruppen leben 50
    Freunde und Clique – Freundschaft oder Gruppenzwang? 50
    Zusammen in einer Gruppe arbeiten – auch wenn alle sehr verschieden sind? 56
  **2.3 Streit unter Jugendlichen – Einen Konflikt im Rollenspiel
       analysieren und lösen** 60

3 Leben in der Medienwelt **66**
  Gemeinsam aktiv: Wir gestalten einen eigenen Medienbeitrag 68
  3.1 Medien – zwischen Ereignis und Information 69
    Was ist eine Nachricht wert? 69
    Welches Medium passt zu meiner Nachricht? 71
    Fernsehen, Youtube oder Zeitung – was heißt das für eine Nachricht? 72
    Kann ich Informationen aus dem Internet trauen? 74
  3.2 Digitale Medien – Auswirkungen auf unser Leben 78
    Mein Internetprofil – Spiegel meiner Persönlichkeit? 78
    Meine Daten im Internet – na und? 81
    Nacktbilder im Internet – selbst schuld? 84
    E-Sport – ein Sport wie jeder andere? 86
    Wie kann ich einem internetsüchtigen Freund helfen? 88

4 Familie und Gesellschaft **94**
Gemeinsam aktiv: Eine Rollendiskussion im Familienkreis führen 96

4.1 Leben in Familien 97
Wie wichtig ist Familie? 97
Familie gesucht 98
Was leistet die Familie? 100
Wie unterstützt der Staat Familien? 102
Erziehen – ein Kinderspiel? 104
Gewalt als Lösung? 106

4.2 Konflikte in der Familie 108
Soll Kevin mehr im Haushalt helfen? 108
Sollen Jugendliche ihr Zimmer aufräumen müssen? 110

5 Mitwirkung in der Schule **114**
Gemeinsam aktiv: Das Schulleben (neu) gestalten 116

5.1 Unsere Klasse – mehr als nur eine Lerngruppe? 117
Was für eine Klasse wollen wir sein? 117
Wer soll Klassensprecher werden? 120
Wie wird gewählt? 122
Wie können wir Probleme in unserer Klasse lösen? 124

5.2 Wie soll das Leben an unserer Schule geregelt sein? 130
Wer kann sich wie einbringen? 130
Smartphones – ein Problem an unserer Schule? 133
Wie können wir das Smartphone-Problem an unserer Schule lösen? 136

6 Rechtliche Stellung des Jugendlichen und Rechtsordnung **142**
Gemeinsam aktiv: Simulation eines Jugendstrafprozesses 144

6.1 (Wie) Bestimmt das Recht unser Leben? 145
Recht – wozu eigentlich? 145
Regelverstöße: (Wann) Soll der Staat eingreifen? 148
Jugendschutz: Sinnvoll oder einfach nur lästig? 152
Inwieweit sind Kinder und Jugendliche haft- bzw. strafbar? 156

6.2 Jugendstrafrecht 160
Der jugendliche Straftäter: Kriminell geboren? 160
Straffällig – und nun? 164
(K)Eine Strafe für den jugendlichen Straftäter? 166
Der Fall Stefan M. vor dem Jugendgericht 170

7 Politik in der Gemeinde 180
Gemeinsam aktiv: Einen Aktionsplan für eine bessere Gemeinde gestalten 182

7.1 Soll jeder mitmachen? 183
Können Jugendliche Politik gestalten? 183
Mitmachen im Jugendgemeinderat – eine gute Sache? 186
Mehr Mitsprache der Bürger durch Gemeinderatswahlen? 188
Brauchen wir mehr direkte Demokratie? 191

7.2 Wer soll in einer Gemeinde bestimmen? 196
Wie funktioniert eine Gemeinde? 196
Wofür soll eine Gemeinde ihr Geld ausgeben? 198
Soll es kostenlosen Nahverkehr für alle geben? 200

8 Einwanderungsland Deutschland – wie gelingt die Integration von Zuwanderern? 208
Gemeinsam aktiv: Integrationsprojekte in unserer Gemeinde erkunden 210

8.1 Zuwanderung nach Deutschland – neue Vielfalt unter Deutschen? 211
Warum Deutschland? Herkunftsgeschichten von Zuwanderern 211
Wie setzt sich die Bevölkerung in Deutschland zusammen? 214

8.2 Zuwanderung – mehr Chancen als Risiken für die deutsche Gesellschaft? . 220
Wie gelingt bislang die Integration in der Schule und auf dem Arbeitsmarkt? 220
Braucht Deutschland mehr Zuwanderung? 222

8.3 Herausfordung Integration 226
Guter Wille auf beiden Seiten? 226
Neues Land und neuer Pass = integriert? 229
Einwanderungsstadt Stuttgart – ein Modell für die Zukunft? 232

9 Grundrechte 238
Gemeinsam aktiv: Eine Foto-Safari zur „Bedeutung der Grundrechte in unserem Alltag" erstellen 240

9.1 Grundrechtegarantie – Qualitätsmerkmal unserer Gesellschaft 241
Grundrechte: Fester Bestandteil in unserem Alltag? 241
Grundrechte im Konflikt 244

9.2 Wie wird die Minderheit der Sinti und Roma in Baden-Württemberg geschützt? 248

Service-Anhang

Erläuterungen zu den Operatoren 256
Methodenglossar 259
Register 264

Kompetenzen im Überblick

Methode: Eine Karte beschreiben 15
Methode: Präsentation in einem Galeriespaziergang 17
Projekt: Die Straße der Kinderrechte 34
Methode: Richtig lesen: Die 5-Phasen-Methode 53
Urteilen: Sich ein vielschichtigeres Urteil bilden 54
Methode: Im Internet recherchieren 76
Methode: Eine Pro-Kontra-Tabelle erstellen 109
Urteilen: Die Kriterien des Urteils 109
Methode: Ein konstruktives Streitgespräch führen 111
Methode: Einen Klassenrat durchführen 128
Methode: Rechtstexte verstehen 132
Urteilen: Graduelles Urteilen 135
Methode: Durchführen einer Rollendiskussion
am Beispiel der Schulkonferenz 138
Methode: Karikaturen analysieren 151
Urteilen: Abwägen von Pro/Kontra-Argumenten
mit „Good Angel" und „Bad Angel" 158
Methode: Meinungsabfrage durch das Ampelspiel 183
Analysieren: Eine Expertenbefragung durchführen 185
Analysieren: Konflikte mithilfe eines Modells analysieren 203
Analysieren: Diagramme und Schaubilder analysieren 218
Urteilen: Vom Bauchgefühl zum begründeten Urteil 246
Methode: Recherche vor Ort: Wie werden Minderheiten in unserer
Gemeinde/Stadt/Region unterstützt? 252

Aufbruch in ein neues Land – Was werft ihr über Bord?

Stellt euch vor, ihr seid auf dem Weg zu einem neuen Kontinent. Da dort noch keine Menschen wohnen, ist es eure Aufgabe, ein neues Land aufzubauen. An Bord habt ihr einige Dinge, die euch dabei helfen sollen.

❸ Wenn ihr den Hurrikan überleben wollt, müsst ihr noch drei Dinge über Bord werfen! Nichts wegwerfen, was ihr in dem neuen Land zum Überleben braucht! Notiert diese drei Dinge mit einer anderen Farbe auf eurer Liste.

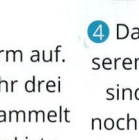

❷ Ganz plötzlich kommt ein Sturm auf. Um das Schiff zu retten, müsst ihr drei eurer Dinge über Bord werfen. Sammelt die aussortierten Dinge auf einer Liste.

❹ Das war knapp! Aber ihr seid fast auf unserem neuen Kontinent angekommen. Alle sind sehr gespannt. Ihr müsst das Schiff noch leichter machen! Werft noch drei Dinge weg. Notiert auch diese drei Dinge mit einer dritten Farbe auf eurer Liste.

❶ Nachdem das Schiff ausgelaufen ist, ist die Reise zunächst sehr angenehm.

Dinge auf der Liste:
- Meinung sagen können
- Geld, das ich ausgeben kann wie ich will
- Sauberes Wasser
- Eigenes Zimmer
- Computer und Internetzugang
- Saubere Umwelt
- Warme Kleidung
- Cola und Hamburger
- Möglichkeiten zum Ausruhen und Spielen
- Fernsehen und Zeitung
- Ein schönes Zuhause
- Schicke Kleidung
- Vollwertige Nahrung
- Fahrrad
- Ferien am Strand
- Schmuck
- Schutz vor Misshandlung
- Ärzte
- Handy
- Süßigkeiten
- Akzeptanz verschiedener Meinungen
- Spielsachen und Spiele
- Medikamente u. Impfstoffe gegen Krankheiten
- Demokratische Wahlen und Regeln
- Armbanduhr
- Eltern
- Bildung
- Dass ich meine Religion ausüben kann
- Faire Behandlung und Nichtdiskriminierung
- ...

❻ Endlich! Ihr seid auf der Insel angekommen. Notiert eure verbliebenen Dinge. Seid ihr mit dem Ergebnis zufrieden?

Nach: BpB (Hrsg.) 2009: Compasito, Bonn, S. 60 ff. (Übersetzung: Marion Schweizer)

Was weißt du schon?

1. Bildet Gruppen von 4–6 Schülern.
2. Jede Gruppe erhält die aufgeführten Dinge, die sie in ein neues Land mitnehmen. Diese Liste kann um drei weitere Dinge ergänzt werden, die die Gruppe außerdem auf jeden Fall mitnehmen möchte.
3. Spielt das Spiel.
4. Vergleicht eure Ergebnisse in der Klasse. Sprecht darüber, ob ihr alles habt, um im neuen Land zu überleben und euch gut zu entwickeln. Reflektiert auch euren Entscheidungsprozess.

#Kinderrechte

In diesem Kapitel setzt du dich damit auseinander, wie es den Kindern in ausgewählten Ländern der Welt geht. Außerdem beantwortet ihr auch die Frage, welche Rechte es für Kinder bereits gibt und ob diese auch beachtet werden. Du lernst Projekte kennen, in denen Kinder und ihre Rechte geschützt werden und wie du selbst etwas für die Einhaltung der Kinderrechte tun kannst.

Was lernst du in diesem Kapitel?

... welche rechtlichen Bestimmungen Kinder schützen.
... wie benachteiligte Kinder in verschiedenen Teilen der Welt leben.
... inwiefern Kinderrechte verletzt werden.
... welche Möglichkeiten es zum Schutz von Kinderrechten gibt.
... wie die Rechte von Kindern verwirklicht werden können.

GEMEINSAM AKTIV

F Weitere Informationen zum Thema findet ihr auch im Internet unter: *www.tdh.de*, *www.welthungerhilfe.de*, *www.unicef.de* oder *www.frieden-fragen.de*

Eine Zukunftswerkstatt zu Kinderrechten durchführen

Die Zukunftswerkstatt ist eine Methode, bei der sich die Beteiligten überlegen, wie die Zukunft aussehen sollte. Diskutiert in einer Zukunftswerkstatt, wie es derzeit um die Kinderrechte bestellt ist und entwickelt Ideen, wie diese besser verwirklicht werden können.

Geht dabei so vor:

1 Arbeitet euch in das Thema ein: Bearbeitet dazu alle die Aufgaben 1-3 in Kapitel 1.1.

2 Besorgt wichtige Materialien für die Herstellung von Plakaten (z. B. Plakate, Stifte, Bilder, ...).

3 Teilt eure Klasse in 6 Gruppen ein. Jede Gruppe behandelt ein Problem: Warum kann es mit den Kinderrechten nicht so weitergehen wie bisher? Bezieht euch auch auf euer konkretes Thema!

Gruppe 1
Wieso gibt es arme Kinder in einem reichen Land?
(→ Kapitel 1.2: M6, M7)

Gruppe 2
Wieso kann man Kinder verkaufen?
(→ Kapitel 1.2: M8, M9)

Gruppe 3
Wieso müssen Kinder arbeiten?
(→ Kapitel 1.2: M10, M12)

Gruppe 4
Wieso kämpfen Kinder im Krieg?
(→ Kapitel 1.2: M13, M14)

Gruppe 5
Wieso müssen Kinder hungern?
(→ Kapitel 1.2: M15, M16)

Gruppe 6
Wieso leben Kinder auf der Straße?
(→ Kapitel 1.2: M17, M18)

4 Entwickelt in euren Gruppen Ideen von einer wünschenswerten Zukunft: Was wünscht ihr euch für die Zukunft der Kinderrechte hinsichtlich eures Themas? Dafür könnt ihr Texte schreiben, Bilder malen oder Collagen gestalten. Seid kreativ!

5 Präsentiert eure Ergebnisse in einem Galeriespaziergang (→ Kapitel 1.2: Methode).

6 Bildet dann neue Gruppen, so dass in jeder Gruppe ein Vertreter aus den Gruppen 1-6 zu finden ist. Diskutiert eure Ergebnisse und überlegt euch, wie eure Wünsche verwirklicht werden können. Entwerft dazu einen Aktionsplan. Visualisiert euer Ergebnis und präsentiert es der Klasse.

7 Denkt gemeinsam über eure Arbeit nach und überlegt, was ihr bei der nächsten Arbeit in dieser Form besser machen könnt. Sprecht auch darüber, wie ihr euch während der Arbeit gefühlt habt.

1.1 Welche Rechte haben Kinder?

Fußball spielen, sich mit Freunden treffen, genug zu Essen und Trinken haben – Dinge, die für uns eigentlich selbstverständlich sind. Doch nicht alle Kinder auf der Welt können unbeschwert Kind sein. Für Kinder wurden deshalb besondere Rechte festgelegt.

M1 Kind sein?

MENSCHENRECHTE

Jeder Mensch besitzt Menschenrechte.
Dabei ist es völlig egal, zu welchem Volk, Staat, Geschlecht oder Religion er gehört. Diese Menschenrechte können einem nicht genommen werden, es sind sogenannte „unveräußerliche" Rechte. In Deutschland werden die Menschenrechte in der Verfassung garantiert.

Verfassung
Die wichtigsten Regeln für Bürger und Staat schreibt man in die Verfassung. Die Verfassung in Deutschland heißt Grundgesetz (GG).

Wissenswerte Kinderrechte

Mediencode: 70003-01

M2 Was sind Kinderrechte?

Kinder und Jugendliche haben einen Anspruch auf besonderen Schutz. Denn anders als Erwachsene können sie nicht allein für sich sorgen. ⁵Deshalb gibt es für sie eigene Gesetze und Regeln. Diese haben zum Ziel, dass alle Menschen unter 18 Jahren glücklich groß werden können. Sie sollen geschützt und gefördert werden. Diese Rechte sind in der Kinderrechtskonvention der Vereinten Nationen festgelegt. ¹⁰Die Konvention gilt in fast allen Ländern der Welt, auch in Deutschland.

Bundesministerium für Familie, Senioren, Frauen und Jugend, www.kinder-ministerium.de, 9.2.2016

M3 Wie steht es um die Kinderrechte weltweit?

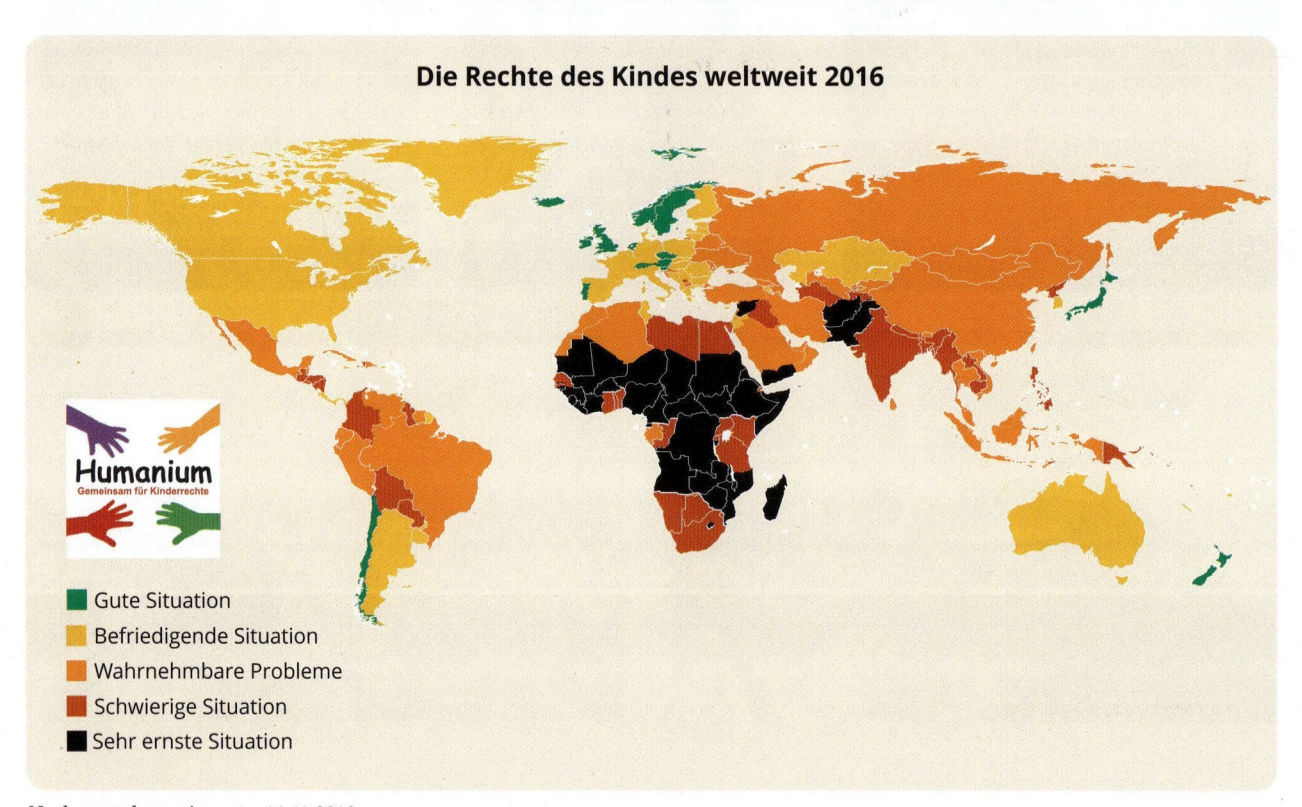

Die Rechte des Kindes weltweit 2016

- Gute Situation
- Befriedigende Situation
- Wahrnehmbare Probleme
- Schwierige Situation
- Sehr ernste Situation

Nach: www.humanium.org, 14.11.2016

KINDERRECHTSKONVENTION

Damit Kinder besonders geschützt werden, haben fast alle Staaten der Welt 1989 weltweit gültige Rechte für Kinder verfasst: die UN-Kinderrechtskonvention.

Das ist eine Vereinbarung über die Rechte der Kinder. Bei den Vereinten Nationen überprüft ein Ausschuss, ob die Kinderrechte eingehalten werden.

KOMPETENZ: Methode

Eine Karte beschreiben

Karten vermitteln uns – wie zum Beispiel auch Statistiken – Informationen über bestimmte Sachverhalte. Je nachdem, wie sie das tun, unterscheidet man verschiedene Kartentypen. Das Fach Gemeinschaftskunde arbeitet häufig mit thematischen Karten. Eine thematische Karte verbildlicht ein bestimmtes Thema.
Um eine Karte verstehen zu können, geht man nach folgenden Schritten vor:

1. Das Thema der Karte klären

Kläre mithilfe des **Titels der Karte**, worum es darin geht. Vergewissere dich, unter welcher Fragestellung die Karte ausgewertet werden soll.
Die Karte Weltfriedensindex 2016 stellt im internationalen Vergleich dar, wie friedlich die Länder sind.

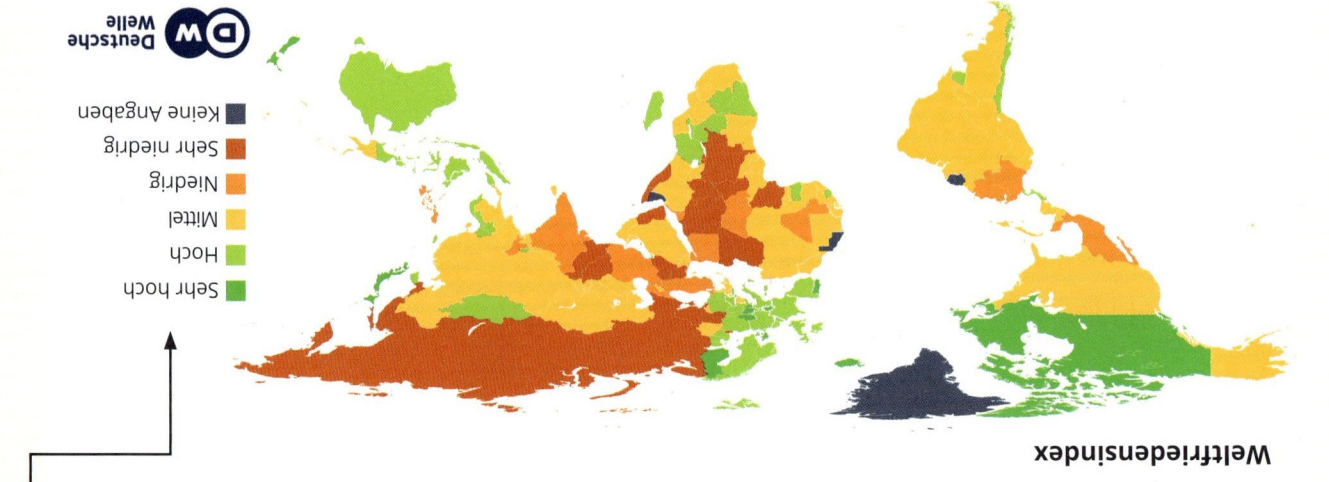

2. Sich in der Kartenlegende informieren

Erfasse das Thema genauer mit der **Kartenlegende**. In dieser werden alle wichtigen Farben und Zeichen erläutert.
Die Kartenlegende teilt die Länder in sechs Kategorien ein. In Ländern, die grün gefärbt sind, ist es besonders friedlich. Länder, die orange oder rot gefärbt sind, sind nicht friedlich. Über grau gefärbte Länder können keine Angaben gemacht werden.

Weltfriedensindex

Der **Weltfriedensindex** misst, wie friedlich ein Land ist. Dazu werden Kriterien wie z. B. die Anzahl der geführten Kriege im In- und Ausland, die Zahl der Kriegstoten und die Beziehungen der Nachbarländer herangezogen.

Nach: www.dw.com, Abruf am 23.1.2017

3. Den Karteninhalt beschreiben

Beschreibe nun den Karteninhalt genau: Wo (z. B. auf welchem Kontinent) findet sich welche Besonderheit?
Auf dem europäischen Kontinent sind die meisten Länder, wie auch Deutschland, hell- bzw. dunkelgrün eingefärbt. Das bedeutet, dass diese Länder besonders friedlich sind. Der Weltfriedensindex auf dem amerikanischen Kontinent ist insbesondere gelb eingefärbt, der Index befindet sich demnach auf einem mittleren Niveau. Kanada, Chile und Uruguay erreichen eine hell- bzw. dunkelgrüne Einfärbung, wohingegen Mexiko, Venezuela und Kolumbien weniger friedlich sind.

4. Den Karteninhalt erklären

Versuche mithilfe deines Vorwissens und der Karte die Zusammenhänge zu erklären.
In Ländern wie in Deutschland oder Kanada lebt die Bevölkerung sehr friedlich. Diese Staaten beteiligen sich auch weniger an Kriegen und innerhalb des Staates gibt es nicht so viele gewalttätige Verbrechen. In Indien, das orange eingefärbt ist, lebt die Bevölkerung nicht so friedlich zusammen, so kommt es beispielsweise immer wieder zu Überfällen und Vergewaltigungen.

Legende:
- Sehr hoch
- Hoch
- Mittel
- Niedrig
- Sehr niedrig
- Keine Angaben

DW Deutsche Welle

1.1 Welche Rechte haben Kinder?

M16 Welthungerkarte

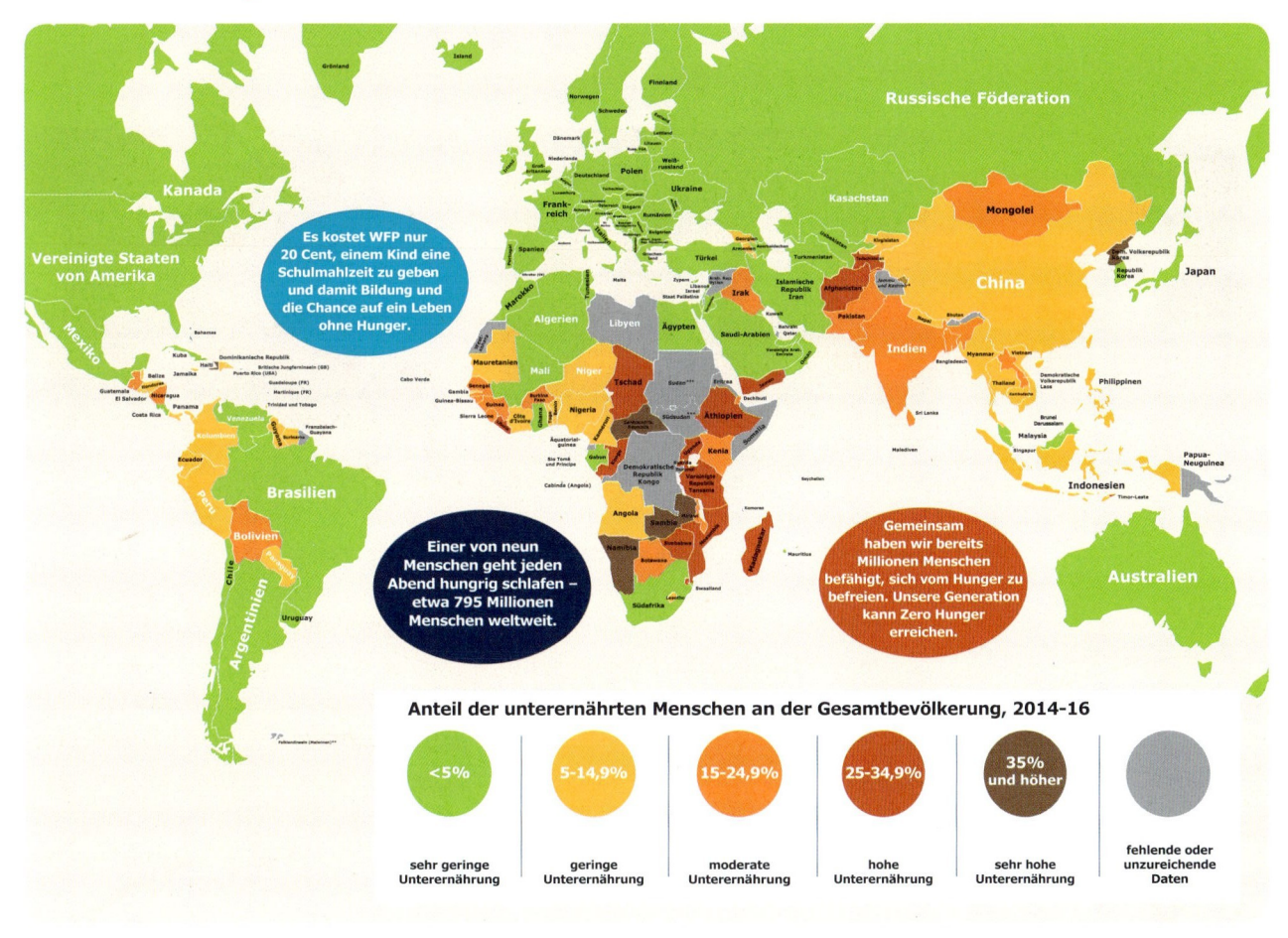

Es kostet WFP nur 20 Cent, einem Kind eine Schulmahlzeit zu geben und damit Bildung und die Chance auf ein Leben ohne Hunger.

Einer von neun Menschen geht jeden Abend hungrig schlafen – etwa 795 Millionen Menschen weltweit.

Gemeinsam haben wir bereits Millionen Menschen befähigt, sich vom Hunger zu befreien. Unsere Generation kann Zero Hunger erreichen.

Anteil der unterernährten Menschen an der Gesamtbevölkerung, 2014-16

- <5% sehr geringe Unterernährung
- 5-14,9% geringe Unterernährung
- 15-24,9% moderate Unterernährung
- 25-34,9% hohe Unterernährung
- 35% und höher sehr hohe Unterernährung
- fehlende oder unzureichende Daten

Nach: www.wfp.org, 14.1.2016

HUNGER

Ein Mensch hungert, wenn er weniger zu essen hat, als er täglich braucht, um sein Körpergewicht zu erhalten und zugleich leichte Arbeit zu verrichten.

AUFGABEN

1. Mihag bekommt zu wenig Nahrung. Beschreibt die Bedingungen, unter denen er leben muss (**M15**).
2. Arbeitet aus der Karte heraus, in welchen Regionen der Erde Kinder am stärksten von Hunger betroffen sind (**M16**).
3. „Hunger ist das größte lösbare Problem weltweit". Erläutert diese Aussage.

F Findet heraus, welches Kinderrecht in diesem Fallbeispiel nicht verwirklicht wird.
Erstellt ein Standbild, in dem ihr die Missachtung eures Kinderrechts darstellt. Macht dann ein Standbild, auf dem deutlich wird, dass euer Kinderrecht eingehalten wird.

H zu Aufgabe 3
In westlichen Ländern werden täglich tonnenweise Lebensmittel weggeworfen.

M4 Auszug aus der Kinderrechtskonvention

Art. 6
Du hast das Recht zu leben und Dich bestmöglich zu entwickeln.

Art. 16
Du hast das Recht auf eine Privatsphäre. Niemand darf ungefragt Deine Briefe lesen, Dein Zimmer durchsuchen oder ähnliches tun. Niemand darf Dich beschämen oder beleidigen.

Art. 19
Du hast das Recht auf Schutz, damit Du weder körperlich noch seelisch misshandelt, missbraucht oder vernachlässigt wirst.

Art. 24
Du hast das Recht auf die bestmögliche Gesundheit, medizinische Behandlung, sauberes Trinkwasser, gesundes Essen, eine saubere und sichere Umgebung, Schutz vor schädlichen Bräuchen und das Recht zu lernen, wie man gesund lebt.

Art. 28
Du hast das Recht auf eine gute Schulbildung. Die Grundbildung soll nichts kosten. Du sollst dabei unterstützt werden, den besten Schul- und Ausbildungsabschluss zu machen, den Du schaffen kannst. Der Staat muss dafür sorgen, dass alle Kinder in die Schule gehen und kein Kind dort schlecht behandelt wird.

Art. 30
Jedes Kind hat das Recht, eine eigene Kultur, Sprache und Religion zu leben, egal, ob das alle Menschen in seinem Land so tun oder nicht. Minderheiten und Ureinwohner benötigen dafür besonderen Schutz.

Art. 31
Du hast das Recht auf Freizeit, zu spielen, Dich zu erholen und Dich künstlerisch zu betätigen.

Art. 32
Der Staat muss Altersgrenzen für die Arbeit von Kindern erlassen. Er muss Dich vor Arbeit schützen, die schlecht für Deine Gesundheit oder Deine Schulbildung ist. Falls Du eine erlaubte Arbeit machst, hast Du das Recht auf Sicherheit am Arbeitsplatz und auf faire Bezahlung.

Art. 38
Du hast das Recht auf Schutz im Krieg. Ein zusätzlicher Vertrag bestimmt, dass kein Kind zu aktiver Teilnahme an bewaffneten Konflikten herangezogen werden darf.

www.unicef.de, 14.11.2015

---

zu Aufgabe 4
Begründet eure Auswahl mit Dingen, die Kinder unbedingt zum Leben brauchen.

zu Aufgabe 5
Verwendet z. B. Bilder aus dem Internet, die die Kinderrechte darstellen oder zeichnet selbst Situationen.

zu Aufgabe 6
Erstellt für jeden Kontinent eine Zusammenfassung über die Situation der Kinderrechte. Fasst dann zusammen, ob die Kinderrechte in der Welt mehrheitlich beachtet werden oder nicht.

AUFGABEN

1. Beschreibe die Bilder (**M1**).
2. Erkläre mit eigenen Worten, was ein Recht ist (**M2**).
3. Ordne die Bilder aus **M1** den Kinderrechten aus **M4** zu. Beschreibe, welches Recht jeweils verletzt wird.
4. In der Kinderrechtskonvention sind die Rechte des Kindes niedergeschrieben. Wähle drei Rechte aus **M4**, die du für besonders wichtig erachtest. Begründe deine Wahl.
5. Viele Kinder kennen die Kinderrechtskonvention nicht. Gestaltet ein Plakat, auf dem ihr die von euch ausgewählten Kinderrechte grafisch darstellt. Präsentiert die Plakate in einem Galeriespaziergang (**M4**).
6. Beschreibt mithilfe der Karte (**M3**) die Situation der Kinderrechte weltweit. Beurteilt den aktuellen Stand.

1.1 Welche Rechte haben Kinder?

KOMPETENZ: Methode

Präsentation in einem Galeriespaziergang

So könnt ihr aus eurer Schule eine Galerie machen: Einzelne von euch oder Gruppen stellen Ergebnisse aus, die sie zuvor in einer Arbeitsphase erarbeitet haben. Die anderen haben die Möglichkeit, einen „Galeriespaziergang" zu unternehmen. Dabei könnt ihr an den ausgestellten Ergebnissen vorbeispazieren, die Ergebnisse betrachten und vielleicht auch Fragen dazu stellen.

1. **Bilder nummerieren**
   Nummeriert eure Bilder, damit ihr sie in der Auswertungsphase gut auseinanderhalten könnt.

2. **Gruppensprecher wählen**
   Bei einem Galeriebesuch ist es oft hilfreich, wenn man Fragen stellen kann. Wählt dazu einen Gruppensprecher, der in der Nähe von eurem Bild steht und es bei Bedarf erklären kann. Wechselt euch zwischendrin ab, damit jeder auch die anderen Ergebnisse anschauen kann.

3. **Zeit verabreden**
   Verabredet eine Zeit, z. B. 20 Minuten, die ihr für euren Galeriespaziergang nutzen wollt. Haltet diese verabredete Zeit unbedingt ein, damit ihr anschließend gemeinsam ein Auswertungsgespräch führen könnt.

4. **Eindrücke notieren**
   Damit ihr im Anschluss an euren Galeriespaziergang nicht alles vergessen habt, ist es sinnvoll, sich ein paar Notizen zu machen (siehe Tabelle unten). Ihr könnt weitere Kriterien ergänzen.

5. **Bilder ausstellen**
   Hängt nun eure Bilder im Klassenzimmer oder zum Beispiel im Flur eurer Schule aus. Ihr solltet den Platz so wählen, dass er frei zugänglich ist, d. h. jeder sollte sich problemlos davorstellen und die Bilder betrachten können. Der Galeriespaziergang kann beginnen.

6. **Bilder beurteilen**
   Nun könnt ihr auf der Basis der eigenen Notizen entscheiden, welche(s) Poster in Bezug auf die Aufgabenstellung besonders gut gelungen ist bzw. sind. Bedenkt, dass einem Urteil immer eine sachliche Begründung zugrunde liegen sollte.

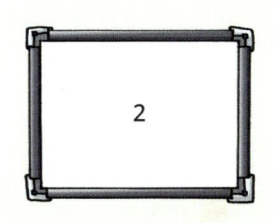

	Bild 1	Bild 2	Bild 3	...
Layout				
Idee / Originalität				
Aussage				
...				
...				

BITTE INS HEFT!

1.2 Anspruch und Wirklichkeit der Kinderrechte

Eine Reise zu den Kindern dieser Welt

Die Kinder dieser Welt leben unter ganz unterschiedlichen Bedingungen. Wir wollen ein paar Länder auf einer Reise um die Welt kennenlernen und sehen, wie die Kinder dort leben.

M5 Unsere Reiseroute

Ausgangspunkt unserer Reise ist die Begegnung mit Cindy in **Deutschland**. Auch in einem reichen Land wie Deutschland gibt es viele Menschen, die arm sind. Sie leiden zwar nicht an Hunger, sind aber von vielen Dingen des Lebens ausgeschlossen.

Von Deutschland aus geht die Reise weiter nach **Nepal**. Im kleinen Himalayastaat werden jährlich junge Mädchen aufgrund der großen Armut ihrer Eltern verkauft. Wir erfahren in diesem Abschnitt, was Urmila ertragen muss.

In **Indien** lernen wir Amal kennen. Da seine Eltern sehr arm sind, kann er keine Schule besuchen, sondern muss arbeiten gehen, damit die Familie die Miete bezahlen kann.

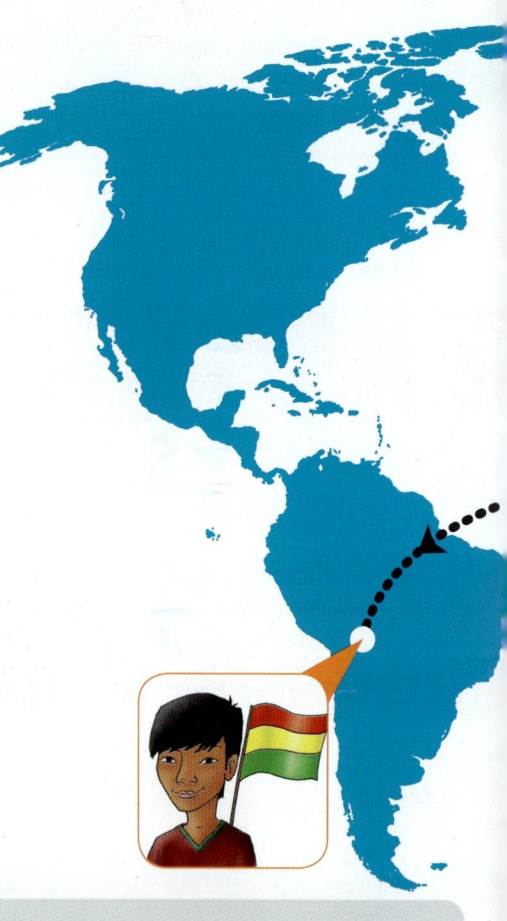

Nun verlassen wir Asien und reisen auf den afrikanischen Kontinent. Dort leben viele Kinder unter schwierigen Bedingungen. Martina lebt im **Kongo**. Dort herrscht seit vielen Jahren Krieg. Martina wird seit einigen Jahren dazu gezwungen, als Kindersoldatin an diesem Krieg teilzunehmen.

1.2 Anspruch und Wirklichkeit der Kinderrechte

In manchen afrikanischen Ländern müssen Kinder jeden Abend hungrig ins Bett gehen, wie z. B. Mihag, der in **Somalia** geboren wurde und kaum Überlebenschancen hat.

Als letzte Station reisen wir zu José nach **Bolivien**. Dort werdet ihr erfahren, warum er und andere Kinder auf der Straße leben müssen.

AUFGABEN

1. Teilt eure Klasse in 6 Gruppen ein. Jede Gruppe bearbeitet jeweils eines der Themen auf den Folgeseiten.
2. Stellt eure Ergebnisse auf einem Plakat dar.
3. Präsentiert eure Ergebnisse der Klasse in einem Galeriespaziergang.

H zu Aufgabe 3
Verwendet dafür den Leitfaden aus Kapitel 1.1.

Wieso gibt es arme Kinder in einem reichen Land?

M6   Cindy: Armes Kind im reichen Land

„Die Arche"
christlicher Verein, der sich gegen Kinderarmut engagiert

Hartz IV
Umgangssprachlicher Begriff für das Arbeitslosengeld II, das erwerbsunfähigen Personen und Familien eine Grundsicherung garantiert

Soziale Verwahrlosung
Situation, in der die Betroffenen oft keinen geregelten Tagesablauf und keine regelmäßigen Hobbys haben

Kinderhilfswerk
Organisation, die sich für die Rechte von Kindern einsetzt, z.B. der Überwindung von Kinderarmut

Armutsgrenze
Kinder, die weniger zur Verfügung haben als ein durchschnittliches Kind, leben unter der Armutsgrenze.

Der Dezember ist für Cindy Ruschke aus Hellersdorf im Berliner Osten ein schwieriger Monat. Wenn Freundinnen davon erzählen, was sie zu Weihnachten geschenkt bekommen, schweigt die 14-Jährige. Natürlich hat Cindy Wünsche. Ein schönes Zimmer hätte sie gern, mit Möbeln, die zueinander passen, die nicht aus dem Laden für Bedürftige stammen und nur ein paar Euro gekostet haben. [...]
Cindys Eltern sind beide Hartz-IV-Empfänger. Deshalb hat das Mädchen schon früh aufgehört, an den Weihnachtsmann zu glauben. Denn die Familie spricht schon Monate vorher darüber, wo man ein bisschen sparen kann und was man sich dafür zum Fest leisten kann. Cindy ist kein Einzelfall. Einer gerade veröffentlichten Studie des Kinderhilfswerks [2007] zufolge leben über 2,5 Millionen Kinder in Deutschland unter der Armutsgrenze. Seit der Einführung von Hartz IV hat sich ihre Zahl verdoppelt. [...]
Wenn man Cindy fragt, ob sie sich arm fühlt, muss das Mädchen nicht lange überlegen. Nein, arm sei sie nicht. „Wenn man arm ist, muss man auf der Straße leben, schmutzige Sachen tragen und sich ständig Geld borgen", sagt sie. Aber dann erzählt sie doch, wie sie an der Grundschule, die sie bis zum Sommer besuchte, gemobbt wurde. Weil ihre Pullis und Hosen meist aus der Kleiderkammer stammten, ihre Schulbücher gebraucht waren und sie nachmittags immer in das christliche Jugendzentrum „Die Arche" in Hellersdorf geht, um dort kostenlos zu essen. [...]
Cindy geht fast jeden Tag in die „Arche". Nicht nur zum Essen, sondern weil es dort etwas gibt, das sie sonst nie machen könnte. Dienstags ist immer Kinderparty, manchmal gehen die Betreuer mit den Kindern schwimmen oder in den Zoo. Auch kostenlose Nachhilfe bekommt Cindy dort, seit es in Englisch so schlecht läuft. [...]
Das Schlimmste an der Kinderarmut ist nicht nur das fehlende Geld, sagen die Experten. Es ist die soziale Verwahrlosung, die bei vielen Hartz-IV-Familien mit der Armut einhergeht. Neulich hat ein Vierjähriger auf die Frage eines „Arche"-Mitarbeiters, was er einmal werden wolle, geantwortet: „Hartz IV".
Claudia Ruschke ist stolz darauf, dass ihre Tochter regelmäßig in die Schule geht. Dadurch hat Cindy eine echte Chance. Dass sie einmal selbst für ihren Lebensunterhalt aufkommen kann.

Miriam Hollstein, www.welt.de, 18.11.2007

1.2 Anspruch und Wirklichkeit der Kinderrechte

ABSOLUTE UND RELATIVE ARMUT

Von **absoluter Armut** spricht man, wenn eine Person weniger als **1,25 US-Dollar (ca. 1 Euro) pro Tag** zur Verfügung stehen.

Von **relativer Armut** spricht man, wenn das Einkommen **weniger als 60 % des Durchschnittseinkommens** in einem Land beträgt.

M7 Kinderarmut in Deutschland

Armutsgefährdete Kinder und Jugendliche unter 18 Jahren in den Regionen

Armutsgefährdungsquote
- unter 13%
- 13–16,9%
- 17–20,9%
- 21–24,9%
- ab 25%

Wirtschafts- und Sozialwissenschaftliches Institut der Hans-Böckler-Stiftung 2015

Medianeinkommen
Das mittlere Einkommen (= Medianeinkommen) ist das Einkommen, das eine Person erhält, die sich beim Durchzählen genau in der Mitte der beobachteten Gruppe befindet. Bei drei Personen wäre dies die Person 2, bei 101 Personen die Person 51.

Durchschnittseinkommen
Das Durchschnittseinkommen ist der Mittelwert, also der Quotient aus der Summe der Einkommen und der Gesamtzahl der Personen, die Einkommen beziehen.

AUFGABEN

1. Cindy lebt als armes Kind in Deutschland. Nennt, was ihr fehlt (**M6**).
2. Arbeitet aus der Karte heraus, welche Regionen in Deutschland am stärksten von Kinderarmut betroffen sind (**M7**).
3. „Arm ist nicht gleich arm". Erläutert diese Aussage.

H zu Aufgabe 3
Beziehe in deine Überlegungen ein, dass alle Länder der Erde Kinderhandel nicht gut finden und es verboten ist.

H zu Aufgabe 3
Beachte hierzu die Begriffskarte #**absolute und relative Armut**.
Vergleiche, was es in Deutschland bedeutet arm zu sein und in Ländern, in denen Kinder z. B. zu wenig zu essen haben.

F zu Aufgabe 3
Recherchiere, wie viel Geld ein Hartz-IV-Empfänger monatlich bekommt. Finde auch heraus, wie viel eine Familie mit zwei Kindern bekommt.

Wieso kann man Kinder verkaufen?

M8 Urmila: Der Handel mit Kindern

Vegetarierin
Ernährungsweise von Menschen, die Produkte von toten Tieren ablehnen. Fleisch wird von ihnen nicht gegessen, dafür aber z. B. Milch und Honig

Katmandu
Hauptstadt des Himalaya-Staates Nepal

„Oft droht die Herrin, die Polizei habe auf Mädchen wie sie ein Auge"
Das bedeutet nicht, dass die Polizei die Mädchen vor Ausbeutung schützt, sondern sie an die Herren verrät.

Leibeigenschaft
Abhängigkeit von einem Vorgesetzten; Leibeigene arbeiten bei ihm, dürfen aber keine freien Entscheidungen treffen, wie z.B. ihren Wohnort wählen oder ohne Zustimmung heiraten. In Europa gab es die Leibeigenschaft vom Mittelalter bis in die Neuzeit.

Als Urmilas Kindheit endet, ist sie sechs. Ihre Eltern verkaufen sie 1997 per Handschlag in das weit entfernte Katmandu. [...] Für umgerechnet 15 bis 30 Euro pro Jahr im Dienst einer einflussreichen Politikerin. „Am Anfang wurde ich nur geschlagen", sagt Urmila in einem Ton, als wäre das noch das Beste von allem gewesen. Kerzengerade sitzt sie auf dem Lehmboden im Elternhaus und erzählt, den Blick gesenkt, ihre Hände zerpflücken eine Blüte. Die Anspannung und Angst ist immer noch da bei der Erinnerung an sieben Jahre Leibeigenschaft. [...] Ihr Arbeitstag als Haushälterin beginnt morgens um vier. Putzen, kochen, waschen. Ihre Herrin, die Politikerin, ist oft lange unterwegs und Urmila eingesperrt. Erst spät abends darf sich die damals Zehnjährige ins Laken auf dem Boden einrollen, in einem winzigen Raum ohne Bett, Matratze oder Decke. Verpflegung? „Ich bin Vegetarierin", sagt Urmila. In dem Haus interessiert das niemanden. Oft landete das Fett vom Fleisch für die Hunde auf ihrem Teller, sagt sie: „Die Hunde hatten ein besseres Essen als ich." Urmila lebt in ständiger Angst. Oft droht die Herrin, die Polizei habe auf Mädchen wie sie ein Auge. Noch heute bekommt Urmila Panikattacken, wenn sie an jenen Tag denkt, als Maskierte das Haus überfielen und mit Bargeld und Schmuck flüchteten. Die Männer hielten ihr eine Waffe an den Kopf, weil sie vermuteten, sie sei die Tochter des Hauses. Und danach? Danach warf ihr die Herrin vor, mit den Räubern gemeinsame Sache gemacht zu haben.

Wie vielen Kindern es so geht wie Urmila ist unklar, denn eine offizielle Statisitk zum Kinderhandel gibt es nicht.

Markus Klemm, www.spiegel-online.de, 14.5.2009

M9 Kinderhandel weltweit

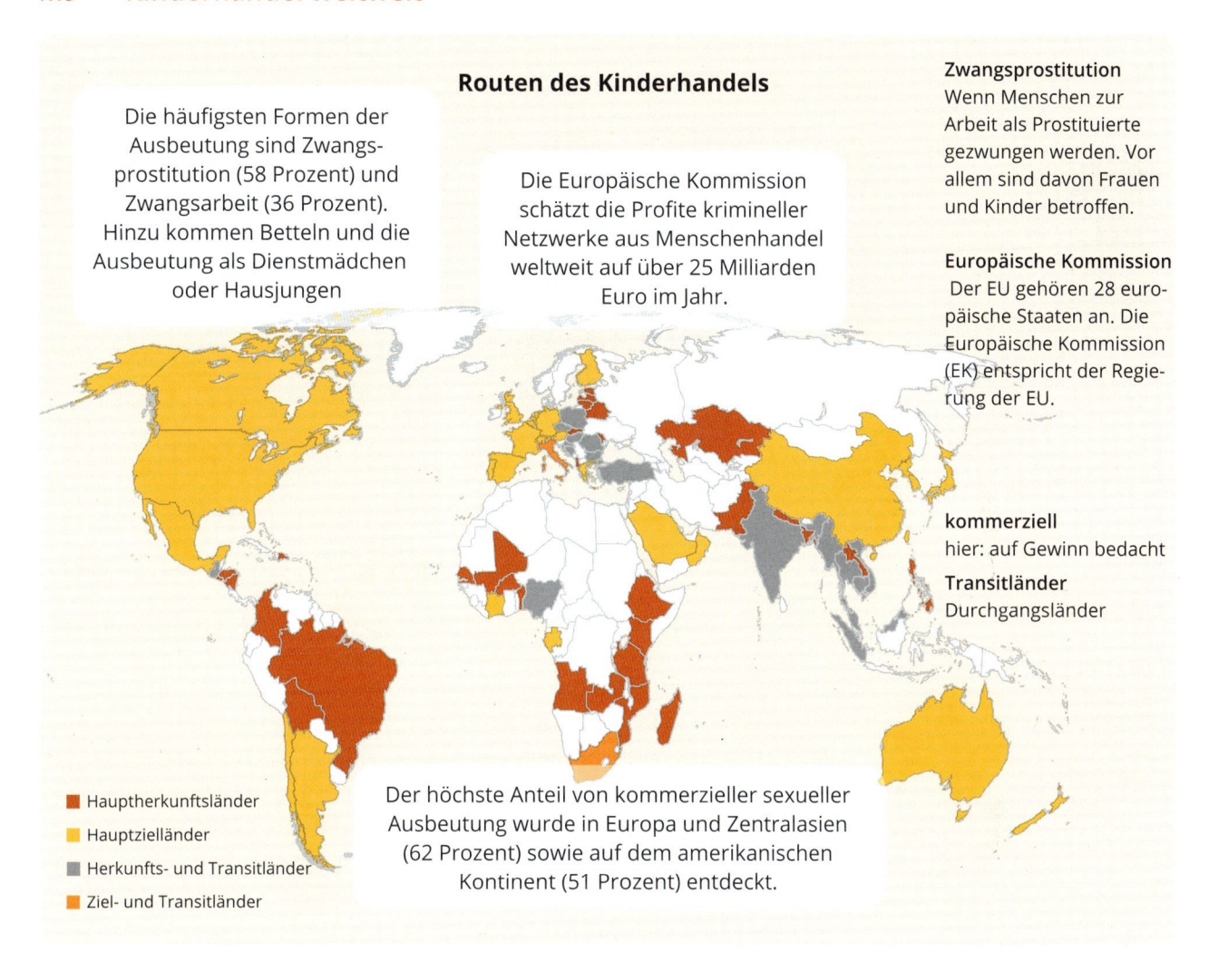

Routen des Kinderhandels

Die häufigsten Formen der Ausbeutung sind Zwangsprostitution (58 Prozent) und Zwangsarbeit (36 Prozent). Hinzu kommen Betteln und die Ausbeutung als Dienstmädchen oder Hausjungen

Die Europäische Kommission schätzt die Profite krimineller Netzwerke aus Menschenhandel weltweit auf über 25 Milliarden Euro im Jahr.

Der höchste Anteil von kommerzieller sexueller Ausbeutung wurde in Europa und Zentralasien (62 Prozent) sowie auf dem amerikanischen Kontinent (51 Prozent) entdeckt.

- ■ Hauptherkunftsländer
- ■ Hauptzielländer
- ■ Herkunfts- und Transitländer
- ■ Ziel- und Transitländer

Zwangsprostitution
Wenn Menschen zur Arbeit als Prostituierte gezwungen werden. Vor allem sind davon Frauen und Kinder betroffen.

Europäische Kommission
Der EU gehören 28 europäische Staaten an. Die Europäische Kommission (EK) entspricht der Regierung der EU.

kommerziell
hier: auf Gewinn bedacht

Transitländer
Durchgangsländer

AUFGABEN

1. Urmila wurde von ihren Eltern verkauft. Beschreibt die Bedingungen, unter denen sie dann leben musste (**M8**).
2. Arbeitet aus der Karte **M9** heraus, in welchen Regionen Kinder am stärksten von Kinderhandel betroffen sind und wohin sie gebracht werden.
3. Offizielle Zahlen zum Kinderhandel gibt es kaum. Erläutert diese Aussage.

F Findet heraus, welches Kinderrecht in diesem Fallbeispiel nicht verwirklicht wird.
Erstellt ein Standbild, in dem ihr die Missachtung eures Kinderrechts darstellt. Macht dann ein Standbild, auf dem deutlich wird, dass euer Kinderrecht eingehalten wird.

H zu Aufgabe 3
Beziehe in deine Überlegungen ein, dass alle Länder der Erde Kinderhandel nicht gut finden und es verboten ist.

Wieso müssen Kinder arbeiten?

M10 Amal knüpft Teppiche

Garn
Nähfaden

Knüpfrahmen
Rahmen aus Holz, in dem Teppiche geknüpft werden

Amal musste nach sehr komplizierten Mustern dünne, verschiedenfarbige Wollfäden an das Garn knoten. Er hockte neben vier anderen
5 Kindern an einem Knüpfrahmen für breite Teppiche. Morgens um sechs begann der Arbeitstag, nach zwölf Stunden endete er. Nur manchmal gab es zwischendurch eine Pause.
10 Schon nach ein paar Wochen konnte Amal mit unglaublicher Geschwindigkeit die Knoten knüpfen. Er musste sich sehr konzentrieren und konnte kein Wort mit den anderen Kindern
15 sprechen. Er durfte auf keinen Fall Wollfäden, die farblich nicht passten in das Muster knüpfen. Solche Fehler bedeuteten Prügel oder weniger Lohn. Es war sehr anstrengend, ganz
20 ruhig vor dem Teppich zu sitzen und immer nur dieselben Bewegungen machen zu müssen.
Gefährlich war die Arbeit auch. Den ganzen Tag über atmeten die Kinder
25 den Wollstaub ein und mussten ständig husten und niesen.

Abends war Amal immer furchtbar müde. Er schlief auf dem Boden – so wie die anderen Kinder auch – auf einer Matte zwischen den Knüpfrah-
30 men. Nie kam er raus an die frische Luft. Er sehnte sich danach, im Freien herumzutoben und mit den anderen Kindern zu spielen, Amal dachte oft darüber nach, warum er und mit
35 ihm ungefähr 20.000 Kinder im Norden von Indien zu dieser Arbeit gezwungen werden. Für Kinder ist es oft sehr schwer, sich zu wehren und ihre Rechte einzufordern. Deshalb
40 kann man sie herumkommandieren, ihnen drohen und sie schlagen. Kinder haben kleine Hände. Deshalb sind die von ihnen geknüpften Teppiche besonders fein. Außerdem kann
45 man Kindern noch weniger Lohn als den Erwachsenen zahlen. So werden die Teppiche billiger und können besser verkauft werden, vor allem ins Ausland – auch nach Europa.
50

Marie-Luise Schultz, Kindermuseum Frankfurt, 4.9.2005

M11 Wo Kinder arbeiten müssen

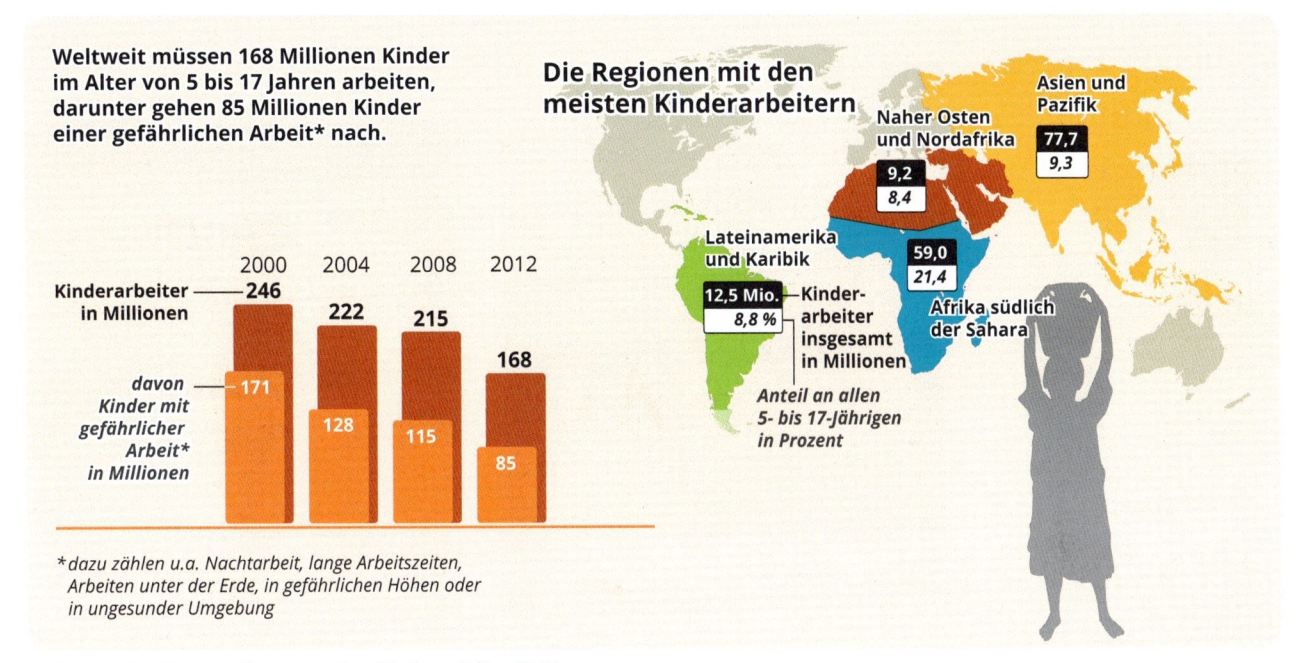

Weltweit müssen 168 Millionen Kinder im Alter von 5 bis 17 Jahren arbeiten, darunter gehen 85 Millionen Kinder einer gefährlichen Arbeit* nach.

Kinderarbeiter in Millionen:
- 2000: 246
- 2004: 222
- 2008: 215
- 2012: 168

davon Kinder mit gefährlicher Arbeit* in Millionen:
- 2000: 171
- 2004: 128
- 2008: 115
- 2012: 85

*dazu zählen u.a. Nachtarbeit, lange Arbeitszeiten, Arbeiten unter der Erde, in gefährlichen Höhen oder in ungesunder Umgebung

Die Regionen mit den meisten Kinderarbeitern:
- Naher Osten und Nordafrika: 9,2 Mio. / 8,4 %
- Asien und Pazifik: 77,7 Mio. / 9,3 %
- Lateinamerika und Karibik: 12,5 Mio. / 8,8 %
- Afrika südlich der Sahara: 59,0 Mio. / 21,4 %

Kinderarbeiter insgesamt in Millionen / Anteil an allen 5- bis 17-Jährigen in Prozent

Globus Grafik 5958; Quelle: International Labour Office (ILO)

M12 Kinderarbeit nach Alter und Geschlecht

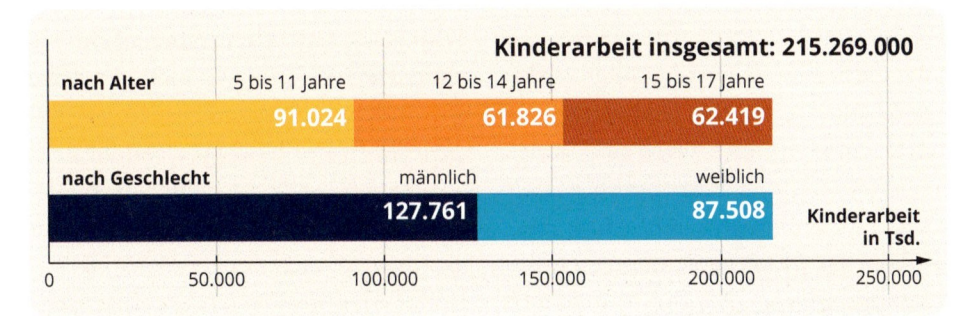

Kinderarbeit insgesamt: 215.269.000

nach Alter:
- 5 bis 11 Jahre: 91.024
- 12 bis 14 Jahre: 61.826
- 15 bis 17 Jahre: 62.419

nach Geschlecht:
- männlich: 127.761
- weiblich: 87.508

Kinderarbeit in Tsd.

Nach: www.bpb.de, Abruf am 26.1.2017

AUFGABEN

1. Amal wird zum Arbeiten gezwungen. Beschreibt die Bedingungen, unter denen er arbeiten muss (**M10**).
2. Arbeitet aus der Karte heraus, wie viele Kinder arbeiten müssen und in welchen Regionen Kinder davon betroffen sind (**M11**).
3. Nutzt die Statistik, um Alter und Geschlecht der Kinder zu erfahren, die arbeiten müssen (**M12**).
4. „Kinderarbeit schont die Geldbeutel der Europäer". Erläutert diese Aussage.

F Findet heraus, welches Kinderrecht in diesem Fallbeispiel nicht verwirklicht wird.
Erstellt ein Standbild, in dem ihr die Missachtung eures Kinderrechts darstellt. Macht dann ein Standbild, auf dem deutlich wird, dass euer Kinderrecht eingehalten wird.

H zu Aufgabe 4
Kinder arbeiten für ein Fünftel dessen, was ein indischer Näher verdienen würde.

Wieso kämpfen Kinder im Krieg?

M13 Martina: Kämpfen statt lernen

Rebell
(von lat. rebellis, „aufständisch") jemand, der an einem Aufstand beteiligt ist

rekrutieren
hier: verpflichten

Miliz
militärisch organisierte Gruppe

Es ist kalt hier im Kongo, auf 2.000 Metern Höhe. Masisi heißt die Region, die östlich von Goma liegt. Es sieht aus wie in den Schweizer Voralpen: Sanfte Hügel, saftiges Grün, überall Holsteiner Kühe. Idyllisch. Und genau hier sind 27 Rebellengruppen beheimatet, die gegen die kongolesische Regierung oder wahlweise untereinander kämpfen. So unterschiedlich ihre Ziele sind, eines verbindet sie: Sie rekrutieren gezielt Kinder als Soldaten. [...] Martina wurde von der Miliz verschleppt, als sie 13 Jahre alt war. Als die Milizionäre in ihr Heimatdorf einfielen, plünderten sie das Dorf und nahmen Martina und eine Freundin mit. Sie mussten Lebensmittel, Kochtöpfe und alles andere, was die Milizionäre für wichtig befunden hatten, tragen. Die Mädchen wehrten sich nicht, sonst wären sie an Ort und Stelle erschossen worden.

Martina wusste genau, was ihr blühte: Im Kongo gibt es tausende Kindersoldaten. Zuerst war sie nur fürs Putzen und Waschen zuständig, doch manchmal, sagt sie, wurde sie auch mitgeschickt, um bei Plünderungen in Dörfern mitzumachen. Zweimal wurde sie vergewaltigt – ein Schicksal, das den meisten weiblichen Kindersoldaten widerfährt. Zum Glück, sagt sie, sei sie nicht schwanger geworden. Dann hätte sie nicht mehr fliehen können, weil sie an Kind und Vergewaltiger gebunden gewesen wäre. Und ihre Familie hätte sie auch gar nicht mehr akzeptiert. Nach einigen Monaten drückte man ihr ein Maschinengewehr in die Hand, man wollte sie zu einer vollwertigen Soldatin ausbilden. Martina lernte zu schießen, sie lernte zu zielen, sie lernte Krieg. Anderthalb Jahre später vertrauten ihr die Milizionäre genug, um sie alleine zum Markt zu schicken – und Martina nutzte die Chance. Statt zurückzukehren, marschierte sie stundenlang, bis sie endlich wieder in ihrem Heimatdorf ankam.

Alexander Bühler, www.caritas-international.de, Januar 2014

KINDERSOLDATEN

Kinder, die in Kriegen und Aufständen kämpfen müssen.
Meist werden sie entführt und mit Gewalt dazu gezwungen, an Kämpfen teilzunehmen. Weltweit gibt es ca. 250 000 Kindersoldaten.

M14 In welchen Ländern werden Kindersoldaten eingesetzt?

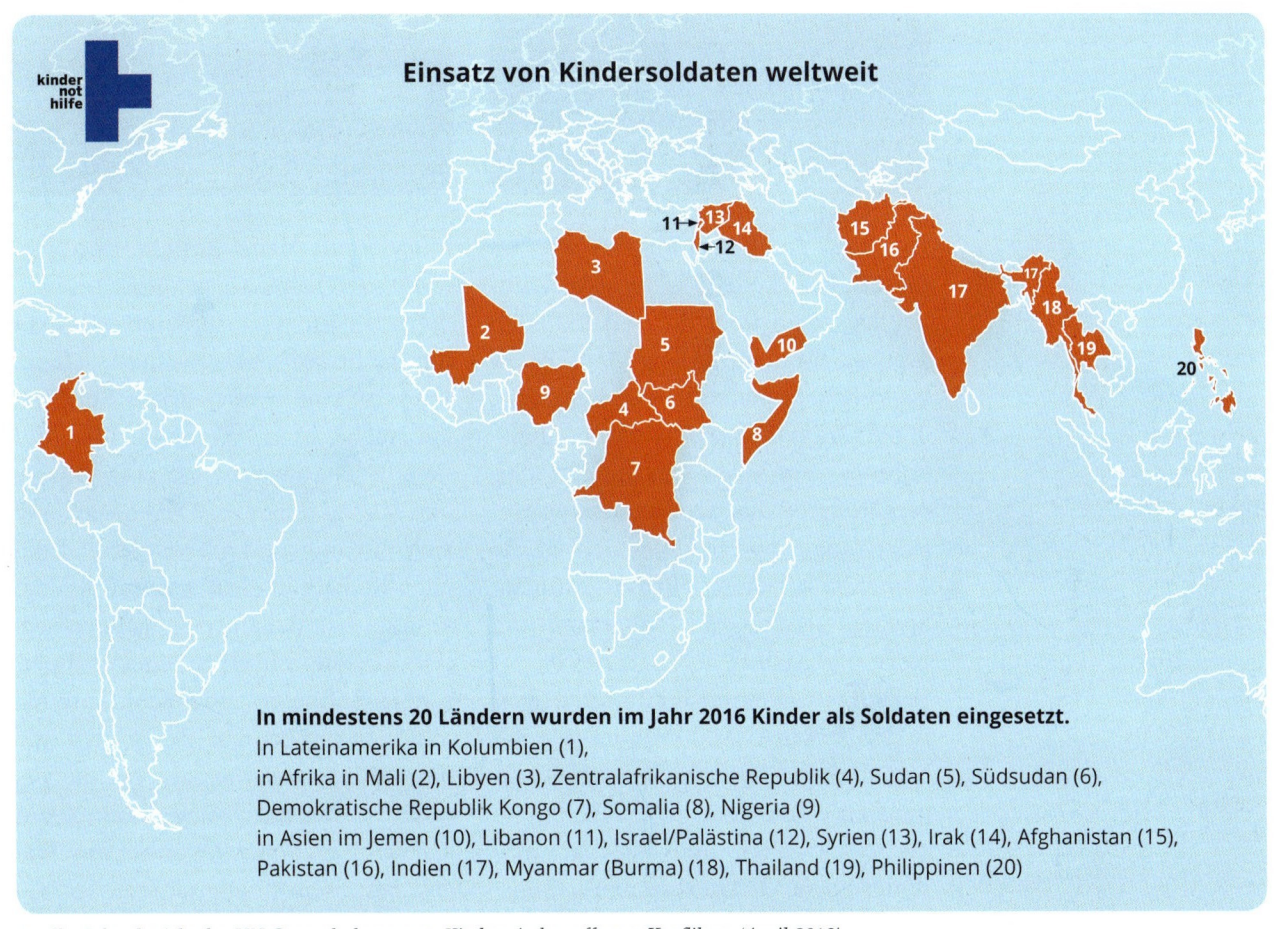

Einsatz von Kindersoldaten weltweit

In mindestens 20 Ländern wurden im Jahr 2016 Kinder als Soldaten eingesetzt.
In Lateinamerika in Kolumbien (1),
in Afrika in Mali (2), Libyen (3), Zentralafrikanische Republik (4), Sudan (5), Südsudan (6), Demokratische Republik Kongo (7), Somalia (8), Nigeria (9)
in Asien im Jemen (10), Libanon (11), Israel/Palästina (12), Syrien (13), Irak (14), Afghanistan (15), Pakistan (16), Indien (17), Myanmar (Burma) (18), Thailand (19), Philippinen (20)

Quelle: Jahresbericht des UN-Generalsekretärs zu Kindern in bewaffneten Konflikten (April 2016)

AUFGABEN

1. Martina lebt als Kindersoldat im Kongo. Beschreibt die Bedingungen, unter denen sie leben muss (**M13**).
2. Arbeitet aus der Karte heraus, in welchen Regionen der Erde Kindersoldaten eingesetzt werden (**M14**).
3. Kindersoldaten sind Täter und Opfer. Erläutert diese Aussage.

H zu Aufgabe 3
Beziehe in deine Überlegungen ein, dass alle Länder der Erde Kinderhandel nicht gut finden und es verboten ist.

H zu Aufgabe 3
Beschreibe, wie Kinder Soldaten werden. Beschreibe, was sie anderen Menschen gezwungenermaßen antun.

Wieso müssen Kinder hungern?

M15 Mihag: Kaum Überlebenschancen

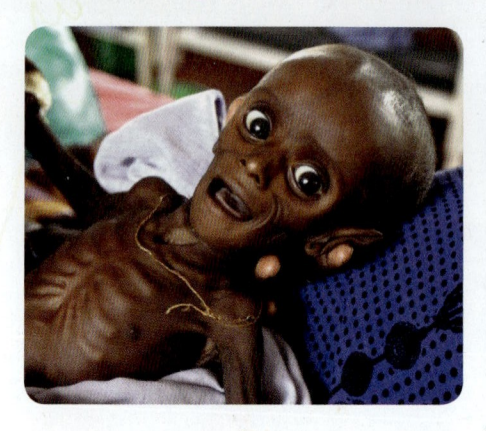

Greisengesicht
das Gesicht eines sehr alten Menschen

Dolmetscher
Übersetzer

Infusionsschlauch
Schlauch, mit dessen Hilfe flüssige Stoffe direkt in die Adern von Menschen geleitet werden

apathisch
teilnahmslos, gleichgültig

Die Haut des Babys knittert wie papierdünnes Leder, wenn die Mutter ihm sacht über die eingefallenen Wangen streicht. Mihag Gedi Farah ist sieben Monate alt und wiegt mit 3.400 Gramm so viel wie ein Neugeborenes. Die Augen des Jungen starren übergroß aus dem knochigen Gesicht, jede Rippe zeichnet sich ab, die Ärmchen gleichen dürren Zweigen. So sieht sie aus, die Hungersnot am Horn von Afrika.

Hilfsorganisationen befürchten, dass in der Region 800 000 Kinder wie Mihag sterben könnten. So schnell wie möglich versuchen sie, Nahrung in die gefährlichen und bislang abgeschnittenen Dürreregionen Somalias zu bringen. Wer weiß, wie viele hungernde Kinder noch dort sind, weit entfernt von den Ärzten und Helfern und ihren Nährlösungen im Flüchtlingslager Dadaab in Kenia. Mihags Überlebenschance schätzt die Krankenschwester Sirat Amine auf 50:50. Ein Kind seines Alters müsste drei Mal so viel wiegen. Seine Mutter Asiah Dagane wedelt ihm mit einem Zipfel ihres Kopftuchs die Fliegen aus dem Gesicht und versucht, den schwach vor sich hin jammernden Jungen zu trösten. „Es geht mir nicht gut", sagt sie leise. „Mein Baby ist krank. In meinem Kopf bin ich auch krank." Der Winzling mit dem Greisengesicht ist das jüngste von sieben Kindern. Dagane machte sich mit ihm und vier Geschwistern nach Kenia auf, als daheim in Kismayo alle ihre Schafe eingegangen waren, wie sie mit Hilfe eines Dolmetschers berichtet. Wie zehntausende andere Somalier auf der Flucht vor dem Hungertod marschierte die Familie zu Fuß durch den Staub, wenn sie nicht manchmal von einem Wagen ein Stück mitgenommen wurde. Nun wacht Dagane auf der Station über ihren Sohn, inmitten all der anderen Mütter mit ihren Babys an Infusionsschläuchen. Manche Kinder schreien, andere liegen apathisch da. In der Mitte des Raums hängt eine Korbwaage – dass viele der Kleinkinder lebensbedrohlich unterernährt sind, sieht man auch so.

Stephanie Walter, www.ein-herz-fuer-kinder.de, 14.1.2016

Wieso leben Kinder auf der Straße?

M17   José: Auf den Straßen von La Paz

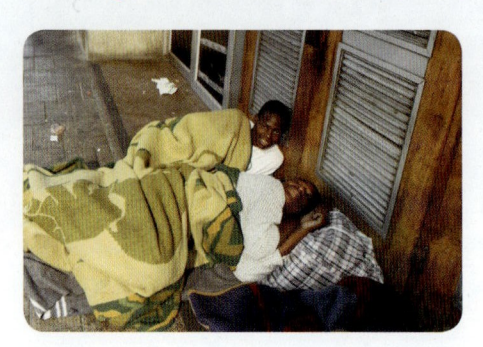

So wie José oder Gung leben Hunderttausende Kinder auf den Straßen der Städte – überall auf der Welt. Sie versuchen irgendwie zu überleben: indem sie Bonbons oder Zeitungen verkaufen, Schuhe putzen, Autoscheiben waschen, Lumpen und Müll sammeln, Lasten tragen, betteln oder stehlen.

Die genaue Zahl der Straßenkinder ist schwer zu ermitteln, denn es gibt sehr unterschiedliche Formen von ihnen. Manche leben völlig auf der Straße und haben jeglichen Kontakt zu ihren Eltern und Verwandten verloren, sind oft wegen Hunger und Misshandlung von dort oder aus Heimen geflohen. Jetzt leben sie auf der Straße.

Andere kehren nachts nach Hause, zu einem Elternteil, zu Verwandten oder wo sie sonst gerade Unterschlupf finden können, zurück. Aber alle haben ihren Lebensmittelpunkt auf der Straße [...]. Dort verdienen sie nicht nur Geld; hier wird auch gelacht, geweint, gestritten und gespielt. Für viele ist die Straße zum Zuhause geworden. Sie erleben ein Gefühl von Freiheit, erlernen Durchsetzungsvermögen und Selbstbewusstsein. Auf der anderen Seite verursacht die täglich erlebte Gewalt der Straße bei den Kindern Misstrauen, Scheu, Unsicherheit, Hass und Gewalt.

Werde ich heute satt? Wie kann ich mir heute etwas zu essen besorgen? Das sind die Fragen, die sie sich jeden Tag aufs Neue stellen. Wer sich nur schlecht ernähren kann, wird schneller krank. Zudem haben viele Straßenkinder keinen regelmäßigen Zugang zu frischem Wasser, das sie zum Trinken und Waschen benötigen. Die Folge: eine hohe Anfälligkeit für Krankheiten [...]. Abends versammeln sich die Straßenkinder oft in kleinen Gruppen, um auf dem Bürgersteig, in Baustellen, Grünanlagen und Geschäftseingängen, vor Lagerhallen, Fabriken oder Kirchen ihr Lager aufzuschlagen. Oft sind sie nachts davon bedroht, von Banden oder durch die Polizei überfallen, beraubt, verprügelt und verjagt zu werden.

Viele Straßenkinder schließen sich zu Banden zusammen, in denen klar geregelt ist, wer das Sagen hat. Auseinandersetzungen und Schlägereien in der Gruppe sind an der Tagesordnung. Andererseits helfen sich die Gruppenmitglieder untereinander [...].

www.tdh.de, 17.1.2016

STRASSENKINDER

Schätzungsweise leben weltweit 100 Millionen Kinder auf der Straße.
Manche von ihnen leben mit ihren Familien auf der Straße, die meisten von ihnen aber sind ganz alleine. Straßenkinder haben in der Regel nicht genügend zu Essen, gehen nicht zur Schule und werden medizinisch nicht versorgt.

M18 Die Lage der Straßenkinder weltweit

Für **100 Millionen Kinder** ist Schätzungen zufolge die Straße der Lebensmittelpunkt.

33 Millionen obdachlose Kinder leben weltweit schätzungsweise dauerhaft ohne ihre Eltern auf der Straße.

Rund 19 Millionen Straßenkinder gibt es allein in Indien. Je rund 10.000 von ihnen leben obdachlos und ohne Eltern in den Metropolen wie Mumbai und Delhi.

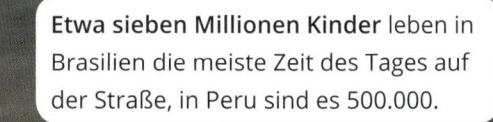

Etwa sieben Millionen Kinder leben in Brasilien die meiste Zeit des Tages auf der Straße, in Peru sind es 500.000.

Rund 4.000 Kinder sind in Johannesburg, Südafrika, obdachlos und auf sich allein gestellt.

Rund 9.000 Kinder, Jugendliche und junge Erwachsene verbringen in Deutschland den Großteil des Tages auf der Straße.

Zahlen nach: www.tdh.de, 17.1.2016

AUFGABEN

1. José lebt wie viele andere Kinder auf der Straße. Beschreibt die Bedingungen, unter denen er leben muss (**M17**).
2. Arbeitet aus der Grafik heraus, wie viele Kinder als Straßenkinder leben (**M18**).
3. „Für Straßenkinder ist es nicht einfach, Regeln zu akzeptieren". Erläutert diese Aussage.

F Findet heraus, welches Kinderrecht in diesem Fallbeispiel nicht verwirklicht wird.
Erstellt ein Standbild, in dem ihr die Missachtung eures Kinderrechts darstellt. Macht dann ein Standbild, auf dem deutlich wird, dass euer Kinderrecht eingehalten wird.

H zu Aufgabe 3
Denkt daran, dass viele Kinder aus Familien kommen, in denen Konflikte mit Gewalt gelöst werden. Stellt euch auch die Frage, wer den Jugendlichen auf der Straße Regeln vorgibt.

Was kann für die Einhaltung der Kinderrechte getan werden?

Kinderrechte werden nicht immer und überall eingehalten. Um auf die Kinderrechte aufmerksam zu machen und für ihre Einhaltung einzutreten, haben Organisationen und Unternehmen Ideen entwickelt. Einige Beispiele seht ihr hier.

Fonds
hier: Geldmittel, Geldanlage

Das Foto wurde aufgenommen auf dem Weltspieltagfest des Mach-MitMuseums Berlin, einer Kontaktstelle des Deutschen Kinderhilfswerkes e. V.

Der Weltspieltag ist ein weltweiter Aktionstag, der für alle Kinder landesweite Spielaktionen anbietet, um dem natürlichen Grundbedürfnis von Kindern, dem freien Spiel, nachzukommen.

M19   NGOs für Kinderrechte

a) Der **Kindernothilfefonds** ist eine NGO, die sich seit 45 Jahren dafür einsetzt, dass die Lebensbedingungen von Kindern in Deutschland verbessert werden, wo staatliche Stellen zu langsam sind oder keine Unterstützung gewähren. Der Kindernothilfefonds leistet Einzelfallhilfe, zum Beispiel für Lernmaterialien, Kinderkleidung oder Ausstattung für das Kinderzimmer. Er unterstützt Vereine wie die Kindertafeln, Kinderhäuser und Projekte, die in sozialen Brennpunkten liegen und sich besonders um Kinder aus armen Familien kümmern.
Autorentext

b) **Humanium** setzt sich dafür ein, dass die Verletzungen der Kinderrechte in der Welt beendet werden und die Eigenständigkeit von mittellosen Menschen erreichen möchte. Dafür werden weltweit Kinderhilfsprojekte durchgeführt. Ein Beispiel ist das Projekt „Kinder haben ein Recht auf Gesundheit", welches in einem sehr armen Ort in Bolivien umgesetzt wird. Durch das Sozialprojekt erhalten erkrankte Kinder im Krankenhaus ausreichend Medikamente. Ein anderes Beispiel ist das Projekt zum biologischen Landbau in Uganda. Hier erhalten Jugendliche eine Ausbildung in der Landwirtschaft, was Familien größere Einnahmen ermöglicht und sie unterstützt, der Armut zu entkommen.
Autorentext

M20   Unternehmen für Kinderrechte

Auch Unternehmen zeigen soziale Verantwortung und setzen sich dafür ein, dass die Kinderrechte eingehalten bzw. die Situation von Kindern verbessert werden.

Die Unternehmen Deutsche Post, real und Ikea verkaufen beispielsweise jährlich die Postkarten von Unicef, der Kinderhilfsorganisation der Vereinten Nationen. Durch den Erlös der Karten werden die Projekte von Unicef finanziell unterstützt.

Die adidas Gruppe engagiert sich in vielen Ländern auf der ganzen Welt, insbesondere in Sportprojekten. Ein Bereich des Engagements ist für Flüchtlinge, indem Hilfsorganisationen finanziell unterstützt und Geld- und Sachspenden bereitgestellt werden. Das Projekt kickfair verfolgt die Vision, Chancengleichheit für alle Jugendlichen zu erreichen. Dabei sollen die persönlichen und beruflichen Stärken von jedem Einzelnen gefördert werden. Adidas fördert das Projekt finanziell, aber auch durch die Bereitstellung von Materialien, Kleidung und Trikots sowie durch das Engagement von Mitarbeitern.

Autorentext

> **# NGO (NICHTREGIERUNGSORGANISATION)**
>
> **Eine NGO ist ein nichtstaatlicher Interessenverband und arbeitet unabhängig von staatlicher Förderung.** Ihr Ziel ist es, ihre Anliegen bekannt zu machen und darauf hinzuwirken, dass sich bestimmte Dinge in der Gesellschaft oder in der Politik verändern.

M21 Du als Konsument: Dein Kauf macht den Unterschied

Auch du kannst beim Einkaufen mitentscheiden, ob Waren, mit denen skrupellose Hersteller auf Kosten von Kindern viel Geld verdienen, bei uns verkauft werden. [...] Die Hilfsorganisation „Terre des hommes" empfiehlt, bei Produkten aus der Landwirtschaft auf das Fair-Trade-Siegel zu achten. Produkte, die mit diesem Siegel gekennzeichnet sind, wurden unter fairen Arbeitsbedingungen hergestellt. So können schon die Eltern ein Einkommen erzielen, das ihnen erlaubt, ihre Kinder in die Schule statt zur Arbeit zu schicken. In Dorfgemeinschaften können dann auch mehr Schulen und Gesundheitsstationen gebaut werden. Ebenso ein Siegel der Gepa zeichnet fair gehandelte Produkte aus. Das Hand-in-Hand-Siegel kennzeichnet Lebensmittel, die fair gehandelt und biologisch angebaut wurden. Teppiche, die ohne illegale Kinderarbeit hergestellt wurden, erhalten das Rugmark- oder das Care&Fair-Siegel. [...] Für Kleidung gibt es leider kein verbindliches Siegel, das eine faire Herstellung kennzeichnet. Vor allem billige Klamotten, aber manchmal eben auch teure Marken-Sachen, können von Kindern unter sehr schlechten Bedingungen angefertigt worden sein.

Carola Beck, www.helles-koepfchen.de, 12.10.2011

skrupellos
ohne Gewissen, ohne Bedenken

GEPA
Dieses Siegel findet man auf verschiedenen Lebensmitteln, wie zum Beispiel Kaffee, Kakao, Schokolade, Honig, Zucker und Getränken.

Rugmark
Teppiche und Textilien ohne illegale Kinderarbeit zeichnet seit zehn Jahren das Rugmark-Label aus.

Produktsiegel gegen Kinderarbeit

Fairtrade
Dieses Siegel steht für öko-faire Partnerschaft. Es kennzeichnet fair gehandelte Produkte aus umweltverträglicher Produktion.

Care&Fair
Teppiche, die nicht durch ausbeuterische Kinderarbeit, sondern zu fairen Arbeitsbedingungen hergestellt wurden, tragen dieses Siegel.

AUFGABEN

1. a) Findet euch in Dreiergruppen zusammen und teilt die Texte **M19-M21** untereinander auf.
   b) Lest die Texte und beantwortet folgende Fragen
      - In welchen Bereichen engagieren sich die Projekte?
      - Warum engagieren sich die Projekte?
   c) Stellt euer Ergebnis in der Klasse vor. Diskutiert und beurteilt das Engagement der Akteure.
2. Recherchiert weitere Beispiele für das Engagement von NGOs, Unternehmen und Verbrauchern zum Schutz der Kinderrechte.
3. Überlegt, was ihr selbst für die Einhaltung der Kinderrechte tun könnt.

H zu Aufgabe 3
Überlege, was du an deinem täglichen Ablauf ändern kannst, z.B. wenn du in den Supermarkt gehst.

PROJEKT

Die Straße der Kinderrechte

In einigen Städten Deutschlands gibt es „Straßen der Kinderrechte". In diesen Straßen vermitteln verschiedene Stationen Informationen über die Kinderrechte. So gibt es in Nürnberg zum Beispiel Gleichheitsfiguren, die sich auf Artikel 2 „Achtung der Kinderrechte, Diskriminierungsverbot" beziehen.

Skulptur zu Artikel 12 „Berücksichtigung des Kindeswillens"

Bildungsskulptur-Weltkugel mit Bücherbank, Artikel 28 „Recht auf Bildung, Schulbesuch und Berufsausbildung"

PROJEKTAUFGABE

Erstellt selbst in eurem Wohnort oder eurer Schule eine Straße der Kinderrechte. Teilt euch dafür in Gruppen ein und wählt jeweils ein Kinderrecht aus. Vielleicht könnt ihr das auch fächerübergreifend mit dem Kunstunterricht umsetzen.

GRUNDWISSEN

WIE KÖNNEN KINDER GESCHÜTZT WERDEN?

KINDERRECHTSKONVENTION (M2-M4)
Kinder sind schwächer als Erwachsene und brauchen deshalb besonderen Schutz. Die Kinderrechtskonvention der Vereinten Nationen sichert Kindern allgemeine Rechte und verpflichtet jeden einzelnen Staat, die besonderen Bedürfnisse von Kindern zu berücksichtigen und sie vor Gefährdungen wie Armut, Gewalt und Missbrauch zu schützen.

DIE KINDERRECHTE IN DER WELT (M5-M18)
In Deutschland müssen Kinder in der Regel nicht hungern, jedoch gibt es auch unter den in Deutschland lebenden Kindern arme Kinder. Sie sind von vielen Möglichkeiten, am Leben teilzunehmen, ausgeschlossen. Dabei spricht man von relativer Armut.

Insbesondere in Asien, Lateinamerika und Afrika werden Kinder aufgrund von großer Armut der Eltern verkauft. Sie werden dann zur Prostitution oder zum Arbeiten (z. B. in Haushalten) gezwungen. Auch viele andere Kinder müssen aufgrund der Armut ihrer Eltern arbeiten. Mit ihren kleinen Händen sind Kinder ideal geeignet, um z. B. Teppiche zu knüpfen.

Kinder können sich nicht gut wehren, deshalb ist es leicht, sie auszubeuten. In Ländern, in denen es Kriege und Aufstände gibt, werden Kinder häufig mit Gewalt dazu gezwungen, mitzukämpfen. Da man ihnen Drogen gibt, können sie sich nicht mehr gut wehren. Obwohl es genügend Lebensmittel auf der Welt gibt, sterben täglich Kinder, weil sie nicht genügend zum Essen bekommen. Oft kommen sie schon krank zur Welt, weil die Versorgung der Mutter in der Schwangerschaft schlecht war. Hunderttausende Kinder leben weltweit auf der Straße. Manche von ihnen sind vor gewalttätigen Eltern abgehauen, andere haben ihre Eltern verloren oder sich ein besseres Leben auf der Straße erhofft. Um sich ein bisschen Geld zu verdienen, arbeiten sie als z. B. als Schuhputzer.

EINHALTUNG DER KINDERRECHTE (M19-M21)
In vielen Ländern der Erde werden die Kinderrechte derzeit noch nicht so eingehalten, wie es eigentlich sein sollte. Deshalb haben sich Hilfsorganisationen gegründet, die betroffenen Kindern helfen möchten, wie z. B. der Kindernothilfefonds.

SELBSTEINSCHÄTZUNG

Nachdem ihr das Thema Kinderrechte bearbeitet habt, könnt ihr hier euer gelerntes Wissen selbst einschätzen. Dort, wo ihr noch Lücken habt, könnt ihr die Inhalte nochmals wiederholen.

Ich kann ...	Das klappt schon ...	Hier kann ich noch üben ...
... erklären, was Kinderrechte sind und Beispiele nennen.	👍 🤚 👎	Kapitel 1.1: M2–M4
... erklären, was die Kinderrechtskonvention ist.	👍 🤚 👎	Kapitel 1.1: M4 #Kinderrechtskonvention
... eine Karte beschreiben.	👍 🤚 👎	Kapitel 1.1: Methode
... an verschiedenen Beispielen beschreiben, wie es um die Kinderrechte in der Welt bestellt ist.	👍 🤚 👎	Kapitel 1.1: M3 Kapitel 1.2: M5–M18
... Möglichkeiten beschreiben, was ich selbst für die Einhaltung der Kinderrechte tun kann.	👍 🤚 👎	Kapitel 1.2: M19–M21

TRAINING

M1 Kreuzworträtsel

1. Das Dokument, in dem die Rechte der Kinder niedergeschrieben sind.
2. Davon spricht man, wenn eine Person weniger als 1,25 US-$ am Tag zur Verfügung hat.
3. Davon spricht man, wenn das Einkommen einer Person weniger als 50% des Durchschnittseinkommens in einem Land beträgt.
4. Dort sind Kinder in Deutschland am stärksten von Armut betroffen.
5. Häufigste Form der Ausbeutung von Kindern.
6. Dort müssen die meisten Kinder arbeiten.
7. So nennt man Kinder, die in Kriegen und Aufständen kämpfen müssen.
8. Einer von so vielen Menschen geht täglich hungrig schlafen.
9. 100 Millionen Kinder werden weltweit so bezeichnet.
10. Das findet am 28. Mai statt.
11. Eine Organisation, die ohne staatliche Förderung arbeitet.
12. Produkte mit diesem Siegel wurden unter gerechten Arbeitsbedingungen hergestellt.

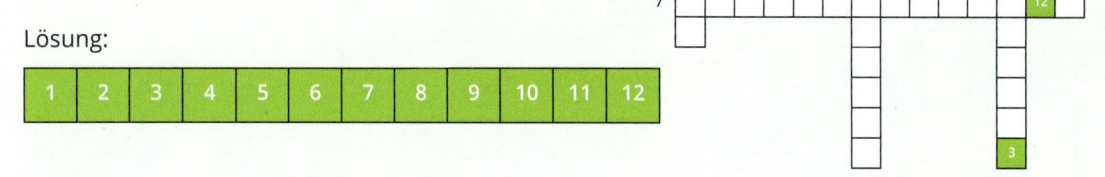

Lösung:

| 1 | 2 | 3 | 4 | 5 | 6 | 7 | 8 | 9 | 10 | 11 | 12 |

M2 TABU

Zur Wiederholung der Inhalte könnt ihr Tabu spielen. Bildet Gruppen, die aus je einem Vertreter der Gruppen aus Kapitel 1.2, also aus sechs Schülern, bestehen.

1. **Anfertigen der Spielkarten**

   Jedes Gruppenmitglied schreibt nun zu seinem Thema 5 Begriffe auf eine Karte und überlegt sich, mit welchen Begriffen diese Worte erklärt werden. Vier dieser Begriffe werden jeweils auch mit auf die Karte geschrieben. Sie dürfen später zur Erklärung nicht verwendet werden.

2. **Spieldurchführung**

   Legt die Karten in die Mitte. Eine Person ist der Schiedsrichter. Bildet Teams aus mehreren Schülern. Jedes Team erhält aus allen Themenbereichen gleich viele Karten. Jedes Teammitglied erklärt nun so viele Begriffe wie möglich. Für die Erklärung und das Erraten stehen jeweils 30 Sekunden zur Verfügung. Wird ein Begriff richtig erraten, erhält die Gruppe einen Punkt. Es gewinnt das Team mit der höchsten Punktzahl.

Beispiel:

Baum

Folgende Begriffe sind Tabu:

Wald

Holz

Blatt

Wurzel

Was weißt du schon?

Die Bilder zeigen euch verschiedene Situationen aus dem Alltag von Jugendlichen. Lasst euch von den Bildern und euren eigenen Erlebnissen dazu anregen, die folgenden Satzanfänge zu beenden:

- In meiner Freizeit ist für mich am wichtigsten, dass ich …
- Jugendliche brauchen ihre Freunde, weil …
- Freundschaften sind manchmal schwierig, weil …
- Ich weiß manchmal nicht, wer ich eigentlich bin, weil …
- Wenn es unter meinen Freunden Streit gibt, dann liegt das oft daran, dass …

2

#Zusammenleben in sozialen Gruppen

Nachdenken über sich selbst, Anecken beim Erwachsenwerden, Ärger in der Freundesclique – für euch haben solche Probleme oft eine große Bedeutung im Alltag. In diesem Kapitel kannst du dich damit auseinandersetzen, welche Bedeutung soziale Gruppen für Jugendliche haben, wie im sozialen Miteinander Konflikte entstehen und wie solche Konflikte gelöst oder entschärft werden können.

Was lernst du in diesem Kapitel?

... welche Erwartungen im Freundeskreis, in der Schule und in der Familie an Jugendliche gerichtet werden.
... was soziale Rollen sind.
... wie Konflikte in einer sozialen Gruppe von Jugendlichen entstehen.
... wie Konflikte unter Jugendlichen gelöst werden können.

GEMEINSAM AKTIV

Ein Rollenspiel gestalten und auswerten

Sicher hast du auch schon einmal diese oder eine ähnliche Situation erlebt:

Franzi: Ich habe keine Lust mehr!

Muhrat: Dann lieber Freibad?

Florian: Manno, da kann ich nicht mit!

Janina: Jeder will etwas anderes. Da kann es leicht zu Streit kommen.

In einem Rollenspiel könnt ihr gemeinsam in Kleingruppen erarbeiten, was Konflikte sind, wie sie entstehen und üben, wie man solche Konflikte zwischen den Freunden lösen kann.

Geht dabei so vor:

1 Beschreibt das Bild! Überlegt euch, wie hier ein Streit entstehen und welche Ursachen der Streit haben könnte.

2 Erarbeitet euch, wie Jugendliche sich selbst einschätzen können, was soziale Rollen sind und wie es zu Rollenkonflikten kommen kann.
(→ Kapitel 2.1: M2, M3, M5, M8, M10)

3 Stellt dar, welche Bedeutung Gruppen für Jugendliche haben. Prüft, ob für euch die positiven oder negativen Seiten von Gruppen überwiegen. (→ Kapitel 2.2: M2, M3, Kompetenz Urteilen)

4 Erstellt eine Liste an Tipps, wie ihr gut gemeinsam lernen und arbeiten könnt.
(→ Zusatzkapitel 2.2)
Ihr könnt besser in Projektgruppen arbeiten, wenn ihr untereinander Arbeitsrollen festlegt. (→ Zusatzkapitel 2.2)

5 Gestaltet als Hintergrundinformation ein Plakat zu Ursachen und Folgen von Mobbing.
(→ Zusatzkapitel 2.3: M4-M8)

6 Untersucht dann, warum es in der Freundschaftsclique von Franzi, Janni, Muhrat und Florian zu einem Streit/Konflikt kommt und gestaltet in Kleingruppen Rollenspiele, um den Konflikt zu lösen. (→ Kapitel 2.3: M1-M3, #Was ist ein Konflikt? – ein Modell)

2.1 Sich selbst kennen und soziale Rollen einnehmen – ich oder wir?

Ich sein ... – wer bin ich eigentlich?

Wer bin ich eigentlich? Was kann ich? Wie bin ich zu dem geworden, der ich bin? Mag ich mich und mögen mich die anderen? Welchen Platz habe ich in unserer Gesellschaft? Hast du dich das auch schon gefragt?

M1 Wie ich bin

> Manchmal denk ich, wie's wohl wär
> Wenn ich nich' wär, wer ich bin
> Aber kein Mensch steht mir so gut wie ich
> Deshalb bleib ich wie ich bin!
> Ich setz' die Maske ab und lauf' durch den Club, doch
> Keiner schaut, kein Applaus, keiner guckt, denn
> Hier bin ich Carlo und keiner wirft den Arm hoch
> Und keiner sagt mir Hallo, jap, denn keiner hat 'ne Ahnung
> [...]
> Und plötzlich merk' ich, diese Welt is' nix für mich
> Setz' die Maske ins Gesicht, geh' auf die Bühne
> Und bin ich! Yeah!

Der Sänger Cro ist in Aalen und Stuttgart zur Schule gegangen. Er macht erfolgreich Rap- und Popmusik und tritt öffentlich nur mit einer Panda-Maske auf.

Carlo Waibel, Wie ich bin, Affenpublishing GbR bei Universal Music Publishing GmbH, Edition Hustle Heart bei Freibank Musikverlags- und Vermarktungs GmbH, Peripherique Publishing M. Krings.

M2 Ich will ich sein – aber wer bin ich eigentlich?

Reicht ein Blick auf den Personalausweis aus, um herauszufinden, wer ich bin? Zumindest stehen dort Name, Anschrift, Geburtstag und -ort, Körpergröße und Augenfarbe und auch ein Passfoto ist dabei. Aber reicht das aus, um zu sagen, wer man ist? Gehört zum Ich nicht noch etwas mehr? Zum Beispiel die Beziehung zu anderen Menschen, zu den Eltern und Geschwistern, Freunden und Freundinnen, zu den Mitschülerinnen und Mitschülern, zu den Mitmenschen ganz allgemein? Gehört zur Persönlichkeit nicht auch das, was mir wichtig ist, oder mein Verhältnis zu den Dingen, wie Natur, Technik, Musik und Kunst oder zur Gesellschaft? Gehört dazu nicht auch die Antwort auf die Frage, wie ich zu mir selbst stehe oder was ich mit meinem Leben will?

Jeder Mensch wünscht sich, als eigenständige Persönlichkeit wahrgenommen zu werden. Die Einzigartigkeit ist uns wichtig, aber auch das

Gemeinsame, was uns mit anderen verbindet. Seinen Weg zu finden, ist nicht einfach und benötigt viel Zeit. Die Suche nach der eigenen Identität ist ein lebenslanger Prozess, der von der Gesellschaft, aber auch von vielen Zufällen beeinflusst werden kann.

M3 Zwei Seiten einer Medaille

Wir haben alle unsere Stärken und Schwächen. Aber was sind Schwächen oder Stärken? Sind manche Stärken nicht auch Schwächen oder umgekehrt?

- Ich kann mich gut konzentrieren.
- Ich bin oft genau.
- Ich kann sehr konsequent sein.
- Ich arbeite sehr schnell.
- Ich bin zuverlässig.
- Ich kann einen starken Willen haben.
- Ich bin sozial engagiert.
- Ich kann fleißig sein.
- Ich gebe oft anderen die Schuld, wenn etwas schiefgeht.
- Ich helfe gerne anderen Menschen.
- Ich vertraue niemandem etwas an.
- Ich kann schlecht etwas für mich behalten.
- Ich bin verschwiegen.
- Ich bin sportlich.
- Ich habe einen Dickkopf.
- Ich kann ein Instrument spielen.
- Ich brauche viel Sicherheit.
- Ich bin ausdauernd.
- Ich bin ordentlich.
- Ich bin gerne freundlich zu anderen.
- Ich gehe offen auf andere Menschen zu.

Eigenschaft	positiv	negativ
„Ich bin misstrauisch."	Ich traue nicht sofort jedem und betrachte erst vorsichtig, bevor ich mich auf etwas einlasse. So bleiben mir Enttäuschungen erspart.	Manchmal ist es gar nicht nötig, misstrauisch zu sein. Eine positive Einstellung und Vertrauen sind wichtig, um neue Freundschaften zu schließen. Da kann zu viel Misstrauen auch stören.
„Ich habe einen Dickkopf."	...	...

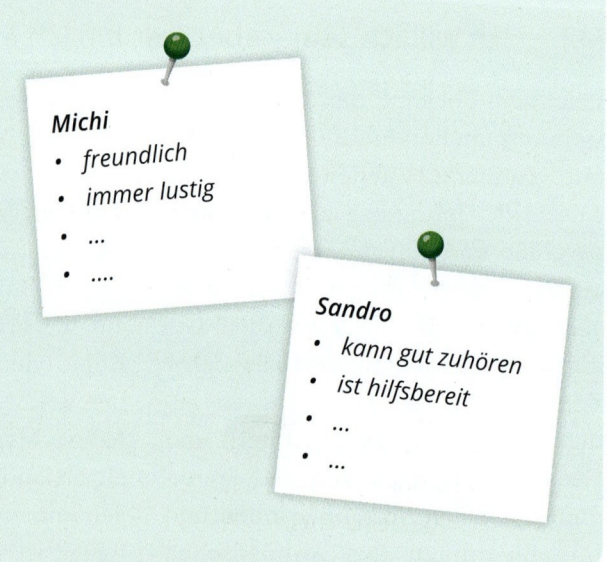

Michi
- freundlich
- immer lustig
- ...
- ....

Sandro
- kann gut zuhören
- ist hilfsbereit
- ...
- ...

M4 Rückenstärken

1. Besorgt weiße Pappschilder und klebt sie euch gegenseitig auf den Rücken.
2. Jetzt geht alle durch das Klassenzimmer und ihr schreibt euch, wenn ihr euch begegnet, gegenseitig auf das Rückenschild, was ihr an euch gut findet und mögt.
3. Achtet darauf, dass bei jedem etwas auf dem Rücken steht!
4. Zum Abschluss darf jeder sein Schild lesen und nach Schulende mit „gestärktem Rücken" nach Hause gehen.

ICH-IDENTITÄT

Jeder Mensch ist etwas Besonderes und hat ein eigenes Ich.
Unter Ich-Identität versteht man die Gewissheit eines Menschen, er selbst und unverwechselbar zu sein und sich von anderen zu unterscheiden.

SOZIALE IDENTITÄT

Menschen gehören unterschiedlichen Gruppen an. Auch das gibt Menschen bestimmte Eigenschaften.
Mit sozialer Identität bezeichnet man die Eigenschaften, die man dadurch hat, dass man Teil einer Gruppe ist – deswegen finden Menschen auch meist ihre eigene Gruppe, also ihren eigenen Freundeskreis, ihren eigenen Verein sympathischer als andere Gruppen.

AUFGABEN

1. a) Sammele mithilfe von **M1** Ideen für einen eigenen Songtext zu der Überschrift „Wer ich bin".
   b) Gebt euch als Partner gegenseitig Feedback, was an euren Texten gut gelungen ist.
   c) Gestaltet ausgehend von euren Songtexten und den Begriffskarten ein Informationsplakat zum Begriff „Identität".
2. Gestalte für dich selbst Medaillen mit Vor- und Rückseiten (**M3**).
3. Der Sänger Cro trägt eine Panda-Maske (**M1**) – Welche Maske würdest du wählen? Wie würdest du gerne auftreten – mit einer Tiermaske? Dem Gesicht einer bekannten Sängerin? Eines Sportlers? Als Fantasiewesen? Begründe deine Entscheidung.

H zu Aufgabe 1a
Wörter, die du verwenden könntest, sind: ich – du – ihr – allein – zusammen – offen – versteckt – Maske – Rolle ...

H zu Aufgabe 2
Versuche dabei jeweils für eine positive Eigenschaft auch die mögliche negative Seite dieser Eigenschaft zu benennen und umgekehrt.

H zu Aufgabe 3
Mit Pappmaschee könnt ihr große Masken gestalten (am besten über einem Luftballon). Auch Gipsbinden eignen sich gut! Damit könnt ihr echte Masken eures Gesichtes anfertigen und nach dem Trocknen gestalten. Helft euch dabei gegenseitig! (Gesicht eincremen nicht vergessen!)

Was wollen die alle von mir? In sozialen Rollen leben

Jugendliche verhalten sich nicht immer gleich: manchmal macht es einen Unterschied, ob du gerade Freund/Freundin bist oder Sohn/Tochter, denn wir nehmen verschiedene soziale Rollen ein. Und das bringt manchmal ganz schöne Schwierigkeiten mit sich …

M5 Was wollen denn nur alle von mir?

Alisa besucht die 8. Klasse einer Realschule. In der letzten Zeit hat sie große Probleme mit dem Aufstehen. Auch heute muss ihre Mutter sie drei
5 Mal wecken, bis sie endlich aus dem Bett kommt. Katzenwäsche und ohne Frühstück zum Bus.
Normalerweise schafft sie es in der letzten Minute – nur heute nicht.
10 Als sie auf den nächsten Bus wartet, denkt sie sich schon einmal eine Entschuldigung aus. Wecker kaputt, Mutter verschlafen.
Aber Herr Becker, der Deutschlehrer, den sie heute in der ersten Stun- 15 de haben, macht ein ziemliches Theater, als Alisa mit einer viertel Stunde Verspätung die Klassentür öffnet. Er erwartet absolute Pünktlichkeit.
Alisas Freundin Lisa hat schon sehn- 20 süchtig gewartet, um von dem Film zu erzählen, den sie gestern im Kino gesehen hat. Eigentlich will Alisa aber lieber aufpassen und sich am Unterricht beteiligen, um Herrn Be- 25 cker wieder milde zu stimmen. Nach sechs anstrengenden Unterrichtsstunden geht es wieder nach Hause. Weil Alisa auf Lisa wartet, verpasst sie an diesem Tag den Bus ein zwei- 30 tes Mal. Zuhause sitzen ihre Mutter und ihre Geschwister schon am Mittagstisch und warten. Als Alisa sich hinsetzen will, klingelt das Handy. Marie will sich am Nachmittag mit 35 ihr verabreden.
Die Mutter ist sauer, weil sie Telefonieren beim Essen nicht duldet. Ihre Mutter erinnert sie daran, dass die Familie heute zum Geburtstag ihrer 40 Patentante eingeladen ist. Am Abend soll sie auf die jüngeren Geschwister aufpassen, weil sich ihre Mutter mit einer Freundin verabredet hat. Ausgerechnet heute hat aber der 45 Schwimmverein ein Sondertraining für den Wettkampf am kommenden Sonntag angesetzt. „Was wollen denn bloß alle von mir?", denkt Alisa.

M6 Mein Leben in einer Mindmap

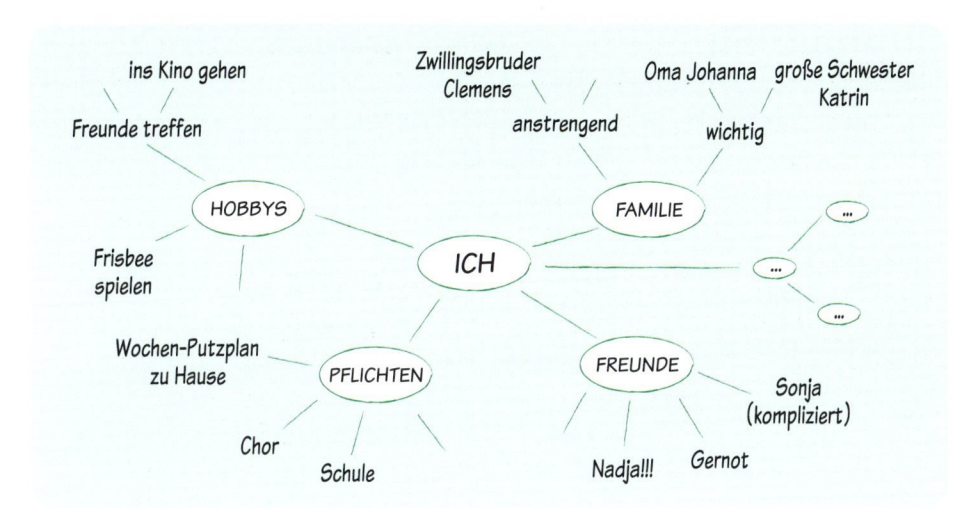

Mindmap "ICH" mit Verzweigungen:
- HOBBYS: ins Kino gehen, Freunde treffen, Frisbee spielen
- FAMILIE: Zwillingsbruder Clemens (anstrengend), Oma Johanna (wichtig), große Schwester Katrin
- FREUNDE: Sonja (kompliziert), Nadja!!!, Gernot
- PFLICHTEN: Wochen-Putzplan zu Hause, Chor, Schule

SOZIALE ROLLE

Die soziale Rolle beschreibt unser eigenes Verhältnis zur Gesellschaft.

Mit der Geburt betreten wir die „Bühne der Gesellschaft". Nach und nach lernen wir, diesen oder jenen „Part" und damit unterschiedliche Rollen zu spielen. [...] Jeder erwartet von uns, dass wir unseren Text kennen. Jeder erwartet von uns etwas anderes. Die Rollen, die wir einnehmen, können ganz unterschiedlich sein. So sind wir Sohn oder Tochter, Freund oder Freundin, Mitglied im Chor oder Torwart der Schulauswahl, Schülerin oder Schüler, freiwilliger Feuerwehrmann, Pfadfinderin usw. Aber nicht immer erfüllen wir auch die Erwartungen, die an uns formuliert werden, und so kann es dann zu einem Rollenkonflikt kommen.

Nach: Hans Peter Henecka, Grundkurs Soziologie, 10. Aufl., UVK Konstanz/München 2015, S. 102 f.

AUFGABEN

1. a) Beschreibe die Situation von Alisa (**M5**).
   b) Diskutiert in der Klasse, wie Alisa sich jetzt verhalten sollte.

2. a) Erstelle wie in **M6** eine Mindmap, die deinen Alltag zwischen Familie, Schule und Freizeit darstellt.
   b) Welche Erwartungen werden an dich gestellt – welche kannst du leicht erfüllen, welche sind für dich schwierig zu erfüllen? Beschreibe einen möglichen Rollenkonflikt.

3. Erkläre mithilfe des Begriffskärtchens **#soziale Rolle** den Unterschied zwischen einer sozialen Rolle und der Rolle eines Schauspielers in einem Film.

H zu Aufgabe 1a
- Was könnten die einzelnen Menschen, die du auf den Bildern siehst, zu Alisa sagen?
- Und was könnte Alisa durch den Kopf gehen?

Junge sein – Mädchen sein – auch nur eine soziale Rolle?

Hast du gewusst, dass Rosa vor 100 Jahren für die Baby-Ausstattung als Jungenfarbe galt? Man dachte, die Farbe Rosa sei kräftiger als Blau – aber sind Jungen denn wirklich „kräftiger" als Mädchen? Was sind angeborene Unterschiede, was sind durch Erziehung angelernte Unterschiede zwischen den Geschlechtern? Die Meinungen dazu gehen auch in der Wissenschaft auseinander.

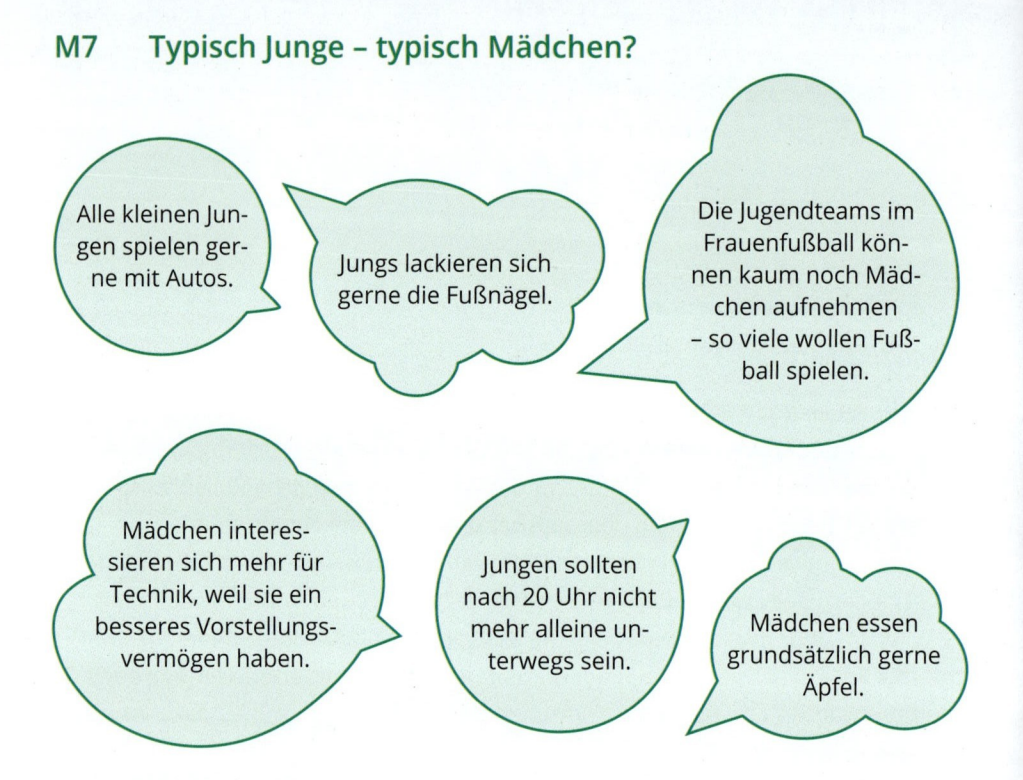

M7 Typisch Junge – typisch Mädchen?

- Alle kleinen Jungen spielen gerne mit Autos.
- Jungs lackieren sich gerne die Fußnägel.
- Die Jugendteams im Frauenfußball können kaum noch Mädchen aufnehmen – so viele wollen Fußball spielen.
- Mädchen interessieren sich mehr für Technik, weil sie ein besseres Vorstellungsvermögen haben.
- Jungen sollten nach 20 Uhr nicht mehr alleine unterwegs sein.
- Mädchen essen grundsätzlich gerne Äpfel.

M8 Sind Jungen gut in Mathe, Mädchen gut in Deutsch?

In der Schule haben Jungen oft die besseren Noten in Mathematik als Mädchen. Aber das heißt noch lange nicht, dass sie auch besser in Mathe sind. An den schlechteren Noten der Mädchen sind nämlich oft die Lehrer schuld, weil sie die Jungen von vornherein einfach für besser halten. Deshalb geben sie ihnen bessere Noten. Und sie geben ihnen auch grundsätzlich das Gefühl, besser zu sein. Dadurch gehen die Jungs lieber in den Mathe-Unterricht. Allein das reicht schon aus, dass sie dort auch leichter lernen und bessere Klassenarbeiten schreiben. Denn wenn es jemanden gibt, der an einen glaubt, dann glaubt man auch selbst an sich. Und schon wird man richtig gut.
Nur ein bisschen sind also auch die Mädchen schuld daran, dass sie in Mathe schlechter abschneiden: Sie lassen sich von den Jungen und den Lehrern und den ganzen Vorurteilen ins Bockshorn jagen. Sie lassen sich einreden, weniger gut zu sein; und

schon schneiden sie in Tests auch schlechter ab. [...]
Genau umgekehrt ist es beim Lesen. Da schneiden fast immer die Mädchen besser ab – und zwar erheblich besser, nicht nur ein bisschen wie die Jungs bei Mathe.
In der Pisa-Studie, in der getestet wurde, wie gut Schüler aus verschiedenen Ländern sind, zeigte sich das immer wieder: Die Mädchen lesen sogar so viel besser, als hätten sie im Vergleich zu den Jungen eine ganze Klasse übersprungen. Allerdings liegt auch das wahrscheinlich nicht daran, dass Jungen und Mädchen grundsätzlich anders denken oder andere Gehirne haben.
Es ist wohl eher so, dass Eltern ihre Töchter häufiger vorlesen lassen oder dass zu Hause die Mama häufiger und vielleicht auch schöner die Gute-Nacht-Geschichten vorliest als der Papa. Dann denken die Jungen, dass Lesen wohl etwas ist, was Frauen besser können. Und schon verlieren sie die Lust daran und sind nicht mehr so gut.

Christina Berndt, www.sueddeutsche.de, 26.4.2012

M9 Lieblingsfächer nach Geschlecht?

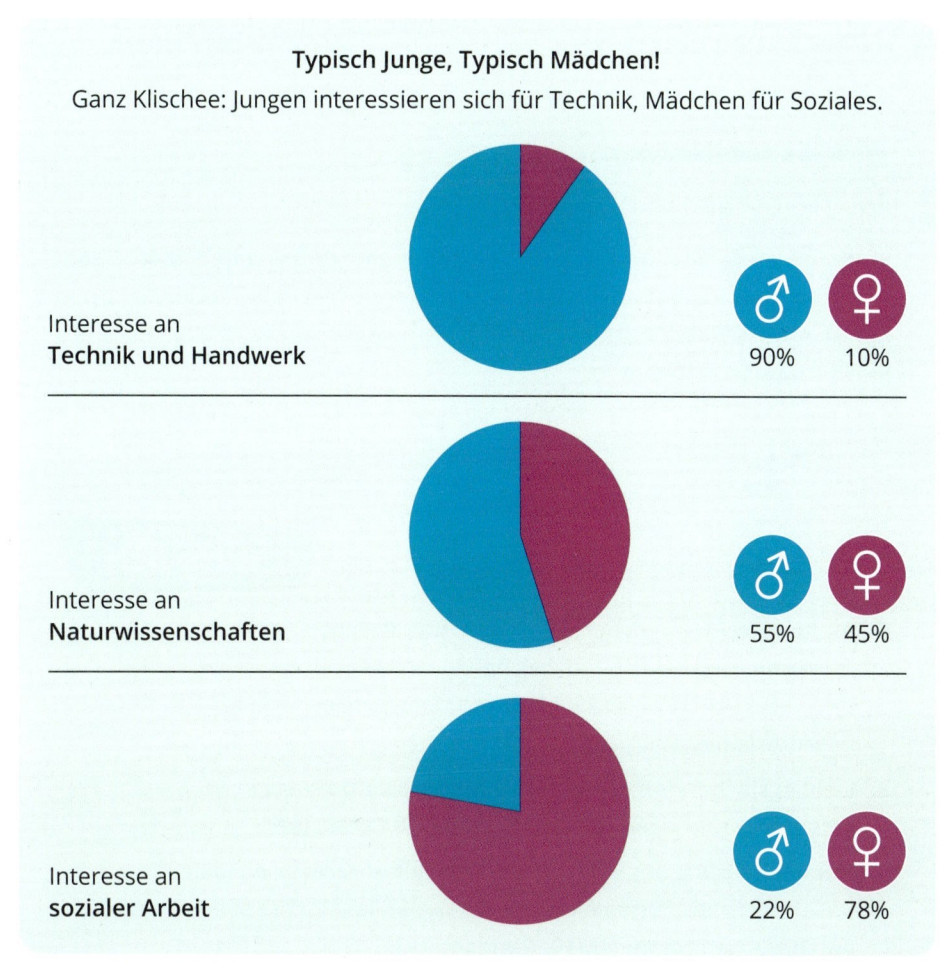

Typisch Junge, Typisch Mädchen!
Ganz Klischee: Jungen interessieren sich für Technik, Mädchen für Soziales.

Interesse an **Technik und Handwerk**: ♂ 90% / ♀ 10%

Interesse an **Naturwissenschaften**: ♂ 55% / ♀ 45%

Interesse an **sozialer Arbeit**: ♂ 22% / ♀ 78%

Quelle: trendence Schülerbarometer 2016

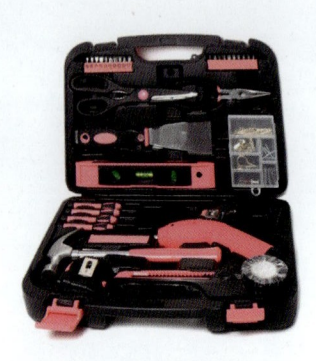

Werkzeugkoffer für Jungen oder Mädchen?

M10 Sind die Unterschiede zwischen Jungen und Mädchen angeboren?

Es gibt eine heftige Debatte, ob das Geschlecht eines Menschen biologisch oder kulturell bestimmt wird. [Forscher haben] zum Beispiel festgestellt, dass Mädchen bereits am ersten Tag nach ihrer Geburt deutlich häufiger auf ein lächelndes Gesicht als auf ein Mobile schauen. Bei Jungen ist es genau umgekehrt. Dieser Unterschied könnte mit dem männlichen Geschlechtshormon Testosteron zusammenhängen, [...]. [...] Mädchen zeigen also schon früh ihr Interesse an sozialen Kontakten. Beide Geschlechter haben von Geburt noch weitere spontane Vorlieben: Jungen sind in der Regel unternehmungslustiger, erkunden ihre Umgebung eifriger und setzen sich energischer durch als Mädchen. [Mädchen] neigen [...] dazu, persönliche Beziehungen aufzubauen. [...]

Dabei können die Eltern die angelegten Eigenschaften relativ gut verstärken. [...] So können Jungen zu noch mehr Fürsorge angeleitet werden und Mädchen können Verhaltensweisen lernen, mit denen sie sich besser durchsetzen können. [...] Weder ist die Erziehung allein für alle Verhaltensweisen verantwortlich, noch sind männliche und weibliche Rollen ausschließlich angeboren.

Roland Knauer, Andreas Oswald, www.tagesspiegel.de, 12.5.2014

ROLLENKLISCHEE

Stark vereinfachte und starre Vorstellungen (Vorurteile) über Eigenschaften und Verhaltensweisen von anderen Menschen oder Gruppen nennt man Rollenklischees. Sie können neutral sein, sind aber meistens mit Wertungen verbunden.

F zu Aufgabe 1b
Erklärt mithilfe von **M8**, **M9** und **M10**, inwiefern es sich nur um Vorurteile handelt.

H zu Aufgabe 1b
Eine Definition des Begriffs Vorurteil findest du in Kapitel 8.

H zu Aufgabe 2
Erstellt für die kleine Umfrage einen Fragebogen, auf dem ihr am besten eine Auswahl von Fächern vorgebt.

AUFGABEN

1. a) Junge sein – Mädchen sein: Begründe, welchen Aussagen du zustimmen kannst und welchen nicht (**M7**).
   b) Typisch Junge – typisch Mädchen? Erstelle eine Liste mit typischen Vorurteilen.
2. Lieblingsfächer nach Geschlecht? Macht eine Umfrage in der Klasse und versucht Erklärungen für euer Ergebnis zu finden (**M9**).
3. Haben Werbung und Konsum Einfluss auf unsere Rollenbilder? Zeige anhand von zwei Beispielen, ob und wie Rollenklischees verfestigt oder aufgebrochen werden (**M10, Randspalte**).

GRUNDWISSEN

WER BIN ICH?

ICH-IDENTITÄT (M1-M2)

Menschen, besonders Kinder und Jugendliche, beschäftigen sich damit, wer sie eigentlich sind und welche Stärken und Schwächen sie haben. Das Bewusstsein darüber, dass man selbst als Mensch etwas Besonderes ist, nennt man Ich-Identität.

SOZIALE IDENTITÄT UND SOZIALISATION (M5)

Kinder und Jugendliche übernehmen mit dem Aufwachsen in der Gesellschaft Normen und Werte und werden Mitglied in verschiedenen sozialen Gruppen, von der eigenen Familie, über die Schulklasse, Sportteam, Freundeskreis. Dadurch bilden sie eine soziale Identität heraus. Diesen Vorgang des Hineinwachsens in eine Gesellschaft bezeichnet man als Sozialisation.

SOZIALE ROLLEN UND ROLLENKONFLIKTE (M6)

Jugendliche und Erwachsene nehmen in der Gesellschaft unterschiedliche soziale Rollen ein. Je nachdem, welche Rolle du einnimmst, richten andere Menschen bestimmte Erwartungen an dich. Zwischen deiner Rolle als Schülerin oder Schüler und deiner Rolle als Freund oder Freundin kannst du in einen Rollenkonflikt geraten, wenn du unterschiedliche Erwartungen nicht gleichzeitig erfüllen kannst.

GESCHLECHTERROLLE (M8-M10)

Auch das Geschlecht ist eine soziale Rolle. Die Unterschiede zwischen Mädchen und Jungen sind zum Teil angeboren und zum Teil durch Eltern oder bestimmte kulturelle Vorstellungen der jeweiligen Gesellschaft anerzogen. Von diesen anerzogenen Rollenvorstellungen können sich Menschen auch befreien, wenn sie ihr Leben anders gestalten wollen. In Deutschland gilt auf jeden Fall, dass Frauen und Männer die gleichen Rechte haben.

2.2 In sozialen Gruppen leben

Freunde und Clique – Freundschaft oder Gruppenzwang?

Freunde haben, sich mit der Clique treffen – bestimmt merkst du schon, dass das für Kinder und Jugendliche mit zunehmendem Alter immer wichtiger wird. Die Nähe zu gleichaltrigen Freunden prägt Jugendliche sehr. Einerseits ist das eine schöne Nähe, aber manchmal üben Freunde (absichtlich oder unabsichtlich) auch Druck und Zwang aus.

M1   Berichte aus der Clique

Aynur (12 Jahre):
Am liebsten gehe ich mit Freundinnen shoppen. Außerdem muss man in unserer Clique immer die angesagtesten Klamotten haben. Anke kam neulich mit einer ganz peinlichen Hose an. Wir wollten sie erst gar nicht mit ins Kino nehmen.

Maximilian (13 Jahre):
Mit meinen Freunden bin ich jeden Tag zusammen. Wir unternehmen eigentlich alles zusammen, man muss nie allein sein.

Max (12 Jahre):
Mir sind meine Freunde total wichtig. Die verstehen einfach, was mir mit meinem Handicap wichtig ist. Wir sind zusammen in der Schule und sind in jeder Pause zusammen. Manchmal spielen wir von zuhause aus online Computerspiele gegeneinander.

Tanisha (13 Jahre):
Seit vier Jahren spiele ich bei uns im Ort in der Handballmannschaft mit. Am Anfang hatte ich einmal die Woche Training, inzwischen haben wir an Wochenenden oft Turniere. Das Training macht viel Spaß. Dort denke ich nicht mehr über den Stress in der Schule nach. Und ich spiele auch immer besser – im letzten Spiel habe ich fünf Tore geworfen! Beim Handball habe ich auch Sina kennengelernt, inzwischen sind wir richtig dicke Freundinnen. Das Beste aber sind die Wochenenden, wenn wir ohne Eltern auf Turniere oder Übungsfreizeiten fahren.

Anton (13 Jahre):
Ich kenne einen, der versucht andere zu bestechen: er bringt in die Schule Chips mit und Cola, und nur den Coolen gibt er in der Pause etwas davon ab – darauf fallen viele rein. Er will unbedingt der Anführer in einer Clique sein und das nervt mich total.

GRUPPE UND GRUPPENDRUCK

Eine soziale Gruppe besteht aus mindestens drei Personen, die längerfristig miteinander in Beziehung stehen.
Gruppenmitglieder haben oft gemeinsame Merkmale und es kann sie ein „Wir"-Gefühl verbinden. Spontan gebildete Gruppen wie Freundescliquen nennt man **informelle Gruppen**. Wenn eine Gruppe ein festgelegtes Ziel oder eine offizielle Mitgliedschaft hat, ist es eine **formelle Gruppe** (Schulklasse, Sportteam im Verein).
In Gruppen gelten oft eigene Werte und Verhaltensregeln (Normen), an die sich die Gruppenmitglieder anpassen wollen oder müssen, um anerkannt zu werden (**Gruppendruck**).

M2 Warum sind Cliquen wichtig für Kinder und Jugendliche?

Der Autor Jan-Uwe Rogge veröffentlicht Erziehungsratgeber für Eltern.

Herr Rogge, wie wichtig ist eine Clique für Jugendliche?

Jan-Uwe Rogge: Die Clique hat wichtige Funktionen: Sie erleichtert die Ablösung von den Eltern, sie hat eigene Normen [...], an die man sich anpassen muss. Sie hat eine große Binnensolidarität, nach außen grenzt sie ab. Auch gegenüber den Eltern, das ist normal – deren Basis und Autorität wird damit nicht untergraben. Die Clique beschäftigt sich vorrangig mit dem Hier und Jetzt. Werte, die die Eltern vermittelt haben, bleiben.

Wo liegen Gefahren?

Jan-Uwe Rogge: Gefährlich kann es werden, wenn Kinder sich zu Hause nicht sicher gebunden fühlen. Dann kann die Clique zur Ersatzfamilie werden, und es kann auch zur Unterordnung unter einen „Chef" dort kommen. Ungut ist eine Clique auch, wenn sie einen Außenseiter hat, der zum Sündenbock wird. Es wird gefährlich, wenn es kein Gleichgewicht gibt, gegenseitiger Respekt und Achtung fehlen. Auch wenn sich die Clique äußere „Feinde" sucht, kann es bedenklich werden. Aber Jugendliche sind nicht blöd, sie schauen sich an, mit wem sie zu tun haben. Manch einer geht in eine Clique und verlässt sie ein halbes Jahr später wieder, weil's nicht passt.

Interview: Gerlinde Schulte mit Jan-Uwe Rogge, www.morgenpost.de, 30.4.2010

Binnensolidarität
hier: Zusammenhalt innerhalb einer Gruppe

PEERGROUP

Menschen im gleichen Alter haben oft Gemeinsamkeiten. Sie bilden eine Peergroup.
Jugendliche zum Beispiel beeinflussen sich oft stark gegenseitig und haben oft ähnliche Erlebnisse, Probleme und Vorstellungen. Peergroups sind wichtige Bezugsgruppen, in denen Menschen eine soziale Orientierung finden.

M3 „Da mach ich nicht mit"

a) Polizei verfolgt Graffiti-Sprayer bis in ein Kornfeld

Streifenpolizisten entdecken am Freitagabend zwei Jugendliche Graffiti-Sprayer in Bubenreuth. Sie verfolgten die Jungen, die versuchten zu fliehen, durch Gebüsch und über Felder. Auch das Versteck im Kornfeld nutzte den Jugendlichen nichts.

Von einer Streife wurden am Freitagabend zwei 13-Jährige an der Skaterbahn angetroffen, die beim Anblick des Streifenwagens ihre Farbdosen wegwarfen und flüchteten. An der Skaterbahn wurden später frisch gesprühte Graffitis festgestellt. Nach einer Verfolgung durch die Beamten durch Gebüsche und über Felder konnten die beiden Jungen [...] ausfindig gemacht werden. Sie wurden zur Dienststelle verbracht und den Eltern übergeben. Anzeige wird erstattet.
www.infranken.de, 4.7.2015

b) Mutprobe im S-Bahn-Tunnel

Maxi, Sibel, Toni und Luis sitzen gelangweilt auf dem Spielplatz herum. „He, ich hab zwei Spraydosen von meinem Bruder dabei", grinst Maxi. „Und?", fragt Sibel? „Ja, los, kommt mit. Wir laufen zur S-Bahn-Unterführung und sprayen im Tunnel", fordert Maxi die anderen auf. „Cool, bin dabei", Toni springt auf und greift nach Maxis Rucksack. „Spinnt ihr, das ist erstens verboten und zweitens saugefährlich, wenn die S-Bahn kommt", ruft Sibel. „Tja, wohl zu feige, was, ihr zwei Angsthasen?", meint Maxi und schaut Sibel und Luis auffordernd an. Luis zögert mit einer Antwort ...

H zu Aufgabe 1b
So sieht das Placemat aus:

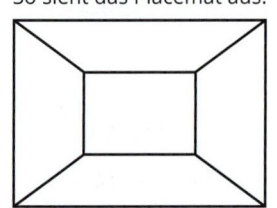

Wie ein Placemat funktioniert, kannst du im Methodenglossar nachlesen.

F zu Aufgabe 3
Ihr könnt diese Situation auch in einem Rollenspiel darstellen (vgl. Kapitel 2.3).

AUFGABEN

1. a) Sammelt mithilfe von **M1** und **M2** Ideen und Meinungen, was die eigene Freundesclique für Jugendliche bedeutet.
   b) Erstellt dazu eine Placemat.
2. a) Arbeitet aus **M3a** heraus, was geschehen ist.
   b) Beschreibt, warum es sich um eine Mutprobe handeln könnte.
3. Erklärt mithilfe der Begriffskarten **#Gruppe und Gruppendruck** und **#Peergroup**, warum es für Sibel und Luis so schwierig ist, nicht mit zum Sprayen zu gehen (**M3b**).

2.2 In sozialen Gruppen leben

KOMPETENZ: Methode

Richtig Lesen: Die 5-Phasen-Methode

Phase 1: Orientiere dich im Text!	• Überfliege den Text. • Suche das Thema.
Phase 2: Suche Verstehens-Inseln!	• Suche bekannte Begriffe und Formulierungen. • Finde Gedanken, die du schon gut nachvollziehen kannst.
Phase 3: Erschließe dir den Text Abschnitt für Abschnitt!	• Lies genau und beachte Wortangaben. • Markiere oder notiere dir Wörter, die du erfragen oder nachschlagen musst. • Versuche das, was du schon verstanden hast, mit den neuen Informationen zu verbinden.
Phase 4: Suche den roten Faden!	• Verbinde in Gedanken die Abschnitte miteinander – was ist der inhaltliche „rote Faden" des Textes? • Erstelle z. B. eine Gliederung und fasse den Text für dich in kurzen Sätzen zusammen.
Phase 5: Überprüfe dein Textverständnis!	• Suche den Sinn des Textes. • Denke darüber nach, ob und wie du den Text verstanden hast. • Schreibe den Text in einen anderen Text um (z. B. Lexikonartikel, ausgedachtes Interview).

Nach: 5-Phasen-Modell – Studienseminar Koblenz (Hrsg.): Sachtexte lesen im Fachunterricht der Sekundarstufe, Klett 2009

An diesem Textabschnitt siehst du, wie Phase 3 beispielhaft umgesetzt wurde:

Warum gibt es Mutproben?

„Es ist für Pubertierende zwischen 14 und 18 Jahren – das gilt insbesondere für Jungs – nichts Ungewöhnliches, in diesem Lebensabschnitt nach **Herausforderungen mit einem prickelnden Spaß- und Spannungsfaktor** zu suchen. Denn um erwachsen werden zu können, müssen Jugendliche immer wieder ihre Grenzen austesten. [...]", sagt der **Sozialpädagoge** Ulrich Ritzer-Sachs [...]. Mutproben müssen nicht immer **actiongeladen** sein. Jugendliche testen ihre Grenzen auch mit Rauschmitteln oder Ladendiebstählen, genauso wie mit "exotischen" Mahlzeiten, bei denen Spinnen oder Käfer tapfer verspeist werden müssen. [...] Nicht nur die **Dauerverfügbarkeit von inspirierenden, medialen Vorbildern** veranlasst Jugendliche, ihre irrwitzigen Ideen in die Tat umzusetzen. Laut Ritzer-Sachs schaffe eine Kombination verschiedener Faktoren die Anreize für Mutproben. Dazu zähle beispielsweise der Wunsch, **Tabus zu brechen**, sich Anerkennung in der Clique zu verschaffen oder schlechte Schulnoten beziehungsweise sportliche Misserfolge zu kompensieren. Aber auch **elterliches Überbehüten** begünstige die Bereitschaft von Teenagern, sich auf Gefahren einzulassen. [...] Das heißt: **In Watte gepackte Sprösslinge von „Helikopter-Eltern"** haben eher das Bedürfnis, sich durch gefährliche und unerlaubte Aktionen abzugrenzen, als Kinder, die schon früh ihre Fähigkeiten ausprobieren durften.

Nicola Willbrand-Donzelli, www.t-online.de, 8.12.2015

Annotationen:
- *Ritzer-Sachs = Sozialpädagoge, so was wie Herr Franzen?*
- *Youtube-Videos?*
- *In Watte gepackt?, Helikoptereltern? -> nachfragen!*
- *▬ = unklar*

KOMPETENZ: Urteilen

Sich ein vielschichtigeres Urteil bilden

Wenn ihr in der Klasse eine Streitfrage diskutiert, fällt ihr ein Urteil, indem ihr euren Standpunkt vertretet. Bei vielen Themen habt ihr zunächst einmal eine erste Meinung oder vielleicht noch gar keine feste Überzeugung.

In einer Diskussion tauschen Menschen sich aus und versuchen, sich gegenseitig zu verstehen oder zu überzeugen. Wenn ihr euch gegenseitig gut zuhört und euch in die Gegenseite hineinversetzt, lernt ihr mehr über ein Thema und findet Sichtweisen und Argumente, die euch mehr oder weniger überzeugen. Ihr lernt, euren eigenen Standpunkt abzuwägen. So wird euer eigenes Urteil immer vielschichtiger.

1. **Findet unterschiedliche Sichtweisen/Meinungen** heraus und benennt sie (eigene Ansichten, ausgewertete Materialien: Berichte, Interviews, Statistiken …).
2. **Tauscht euch aus.** Schildert euch gegenseitig eure Sichtweisen und wägt ab, welche euch am meisten überzeugt.
3. **Begründet** euren eigenen Standpunkt.

Welche Bedeutung haben Gruppen?

Ich sehe vor allem die negativen Seiten von Gruppen: ich mag keinen Gruppendruck.

Streitfrage:
Freundschaft oder Gruppenzwang:
Wie beurteilt ihr die Bedeutung von Gruppen für euch als Jugendliche?

Für mich überwiegt das positive an Gruppen: ich mag die Nähe, die mir eine Gruppe gibt.

KOMPETENZ: Urteilen

Fühlen sich Jugendliche in ihrem Freundeskreis wohl?

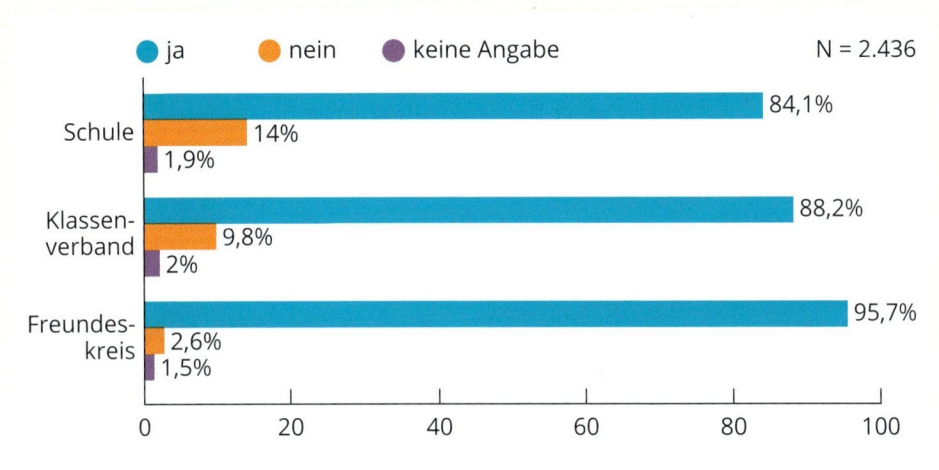

● ja   ● nein   ● keine Angabe   N = 2.436

- Schule: ja 84,1%; nein 14%; keine Angabe 1,9%
- Klassenverband: ja 88,2%; nein 9,8%; keine Angabe 2%
- Freundeskreis: ja 95,7%; nein 2,6%; keine Angabe 1,5%

Je enger die Beziehungen, desto größer ist die Zufriedenheit mit den Sozialkontakten. Die höchste Zufriedenheit herrscht im Freundeskreis, den man sich selbst aussuchen kann.

Nach: Landesschülerbeirat/Jugendstiftung Baden-Württemberg (Hrsg.), Jugendstudie Baden-Württemberg 2015, www.jugendstiftung.de

AUFGABEN

1. a) Positioniere dich dort auf der Linie, wo deine Meinung am besten wiedergegeben wird – je näher du bei einer Aussage stehst, umso mehr stimmst du ihr zu.
   b) Begründe deinen Standpunkt.
   c) Sammelt Erfahrungen und Erklärungen, die die verschiedenen Standpunkte untermauern.

   - Ich habe schon mal Freunde verloren, weil ich bei deren Mobbing nicht mitmachen wollte.
   - …
   - Wenn Jugendliche einen Diebstahl begehen, dann ist das oft eine Mutprobe. Der Gruppendruck bringt sie dazu.
   - Meine Freunde üben keinen Gruppendruck auf mich aus.

2. Arbeitet aus der Statistik zusätzliche Gesichtspunkte heraus, die für die Streitfrage wichtig sind.
3. Erläutert euch gegenseitig im Klassengespräch eure unterschiedlichen Sichtweisen.
4. Stellt euch erneut auf der Positionslinie auf. Stehst du jetzt an einer anderen Stelle? Beschreibe, inwiefern sich deine Sichtweise verändert hat.

F zu Aufgabe 4
„Unser Kopf ist rund, damit das Denken die Richtung wechseln kann."
(Francis Picabia, französischer Schriftsteller und Maler)

Diskutiert, was Francis Picabia damit gemeint haben könnte.

Zusammen in einer Gruppe arbeiten – auch wenn alle sehr verschieden sind?

In immer mehr Klassen lernen Regelschüler und Kinder, die wegen ihrer Behinderung mehr Unterstützung beim Lernen und im Schulalltag brauchen, zusammen. Wie funktioniert das? Gibt es neue, besondere Konflikte?

M4 Achtung, jetzt kommen wir

Autismus
Es gibt Kinder und Jugendliche mit Autismus, die viel Routine brauchen, sich nicht so gut auf Gruppen einlassen können und lieber und besser alleine arbeiten. Menschen mit Autismus haben aber oft spezielle Fähigkeiten und können lernen, ihre Begabungen gut einzusetzen.

Zusatzkapitel Zusammenarbeiten in der Lerngruppe

Mediencode: 70003-02

Der 14jährige Jakob, ein Junge mit Trisomie21 („Downsyndrom") besucht zusammen mit drei anderen Kindern mit Handicap die siebte Klasse der Raichbergrealschule in Stuttgart.

Je anschaulicher der Unterricht, desto besser für Jakob. Von dem Lernniveau der anderen ist er jedoch weit entfernt. Im vergangenen Jahr hat er erst richtig Lesen und Schreiben gelernt. Zählen kann er mit Mühe bis 20, die anderen zählen und multiplizieren bis 200. Wenn Lehrer Samuel Dinkel eine Frage stellt, bleibt Jakobs Hand unten. Eine aktive Teilnahme am Unterricht ist noch nicht vorstellbar. Trotzdem sind Fortschritte sichtbar. Ein Jahr lang hat er fast nichts gesprochen, seit Sommer formuliert er auch mal einen komplexeren Satz. Auch das Rechnen und Lesen klappt deutlich besser.

Als es um die theoretische Einteilung der Dreiecke in spitze und stumpfe, gleichseitige und gleichschenklige geht, verlässt Jakob mit den drei anderen behinderten Kindern und der Sonderpädagogin Margarete Herbst die Klasse. Zu kompliziert. Sie begeben sich im Schulhaus auf die Suche nach Dreiecken in der Umgebung. Auch hier fällt es Jakob schwer, auf einem Bild die richtige Form zu finden. „N-N-Nase und M-M-Mund", sagt er stotternd und deutet auf zwei rote Dreiecke auf einem abstrakten Bild. „Was ist noch mal ein gleichschenkliges Dreieck?", fragt Margarete Herbst. Jakob spreizt seine Beine wie zuvor Lehrer Samuel Dinkel und lacht.

Zurück im regulären Unterricht, werden die Fotos den anderen gezeigt. Man sieht Jakob an, wie wohl er sich fühlt im Kreis der Klassenkameraden. Er ist umringt von seinen Freun-

In Klassen mit vielen unterschiedlich begabten Kindern wird manchmal mit festen Tischgruppen gearbeitet. Die Gruppen müssen gemeinsam Aufgaben lösen und die Starken müssen den Schwächeren helfen.

den Laurin, Emanuel und Marie. Die helfen ihm beim Legen der Streichhölzer, wiederholen geduldig den Stoff, wenn Jakob überfordert ist. Seit er in die Raichberg-Realschule gehe, sei er wesentlich entspannter, sagen Jakobs Eltern. Und wenn er seinen Namen schreibt, dann fügt er seiner Unterschrift stets mit großem Stolz das Kürzel seiner Klasse hinzu: Jakob, 7a.

Michael Gerster, Stuttgarter Nachrichten, 14.1.2013

INKLUSION

Inklusion bedeutet, dass keine Menschen ausgeschlossen werden. Kinder mit Behinderungen besuchen mit nicht-behinderten Kindern die gleiche Schule.

Inklusion heißt übersetzt Zugehörigkeit und steht für den Anspruch, dass im Schulsystem, am Arbeitsplatz oder in Freizeiteinrichtungen keine Menschen aufgrund ihrer Behinderung, aber auch z. B. aufgrund ihrer Herkunft ausgeschlossen werden. Inklusion ist ein Menschenrecht, das der Staat gewährleisten muss. Da es in Deutschland speziell ausgestatte Sonderschulen gibt, gibt es einen Streit darüber, ob alle diese Sonderschulen abgeschafft werden sollen oder weiterhin als Beratungszentren bleiben sollen. In Baden-Württemberg ist die Sonderschulpflicht seit 2015 abgeschafft. Die Eltern behinderter Kinder können sich aussuchen, ob sie ihr Kind auf einer Regelschule oder einem Sonderpädagogischen Bildungs- und Beratungszentrum (SBBZ) anmelden.

Erklärfilm zu Inklusion

Mediencode: 70003-03

M5 Alle gemeinsam im Klassenzimmer – mehr Konfliktstoff als „normal"?

Ulrike H. ist Sonderschullehrerin in Stuttgart und arbeitet seit einigen Jahren auch in Regelschulen, um dort Kinder mit Behinderungen gemeinsam mit gesunden Kindern zu unterrichten.

Gibt es in einer Inklusionsklasse andere Konflikte unter den Kindern und Jugendlichen oder ist das wie in jeder Klasse?

Wenn man die Unterschiedlichkeit von Menschen als selbstverständlich sieht, wenn man ansprechen kann, dass es Kinder gibt, die anders reagieren als das, was wir kennen, dann überwindet man anfängliche Unsicherheiten sehr schnell. Bei uns gibt es vor allem ein großes Thema: beginnende Pubertät mit allen Konflikten, die dabei einhergehen, ganz egal, von welchem Schüler ausgehend. Konflikte lösen wir genauso gut oder schlecht wie in jeder anderen Klasse.

Was ist für Sie denn das Wichtigste, damit Inklusion in der Schule gut gelingt?

Für mich ist das Wichtigste, dass es uns gemeinsam gelingt, Barrieren abzubauen – in den Köpfen, bei allen Rahmenbedingungen und im ganz Alltäglichen. Jeder Mensch ist in seiner Persönlichkeit einzigartig, egal, welche Voraussetzungen er in die Schule mitbringt.

Und was ist ihr schönstes Inklusions-Erlebnis?

Wenn meine Fünftklässler (auch die Jungs!) sich darum „schlagen", wer die Geo-Präsentation mit einer Schülerin mit Down-Syndrom machen darf, dann finde ich, haben wir alle in der Klasse etwas richtig gemacht.

Interview: Martina Tuda, 15.6.2016

AUFGABEN

1. Vergleicht die Lernsituation in inklusiven Lerngruppen mit dem Lernen in eurer Schulklasse – was kennt ihr auch von eurem Schulalltag, was ist bei euch anders (**M4, M5**)?
2. Stellt aus den Materialien (**M4, M5**) und euren eigenen Erfahrungen eine Liste zusammen, was alles wichtig ist, damit Kinder mit und ohne Behinderung gut zusammen lernen können.
3. Diskutiert, welcher der beiden Positionen ihr eher zustimmt:

> Ich finde, in einer Schulklasse sollte es beim Lernen unterschiedlich schwierige Aufgaben geben, damit jeder fair behandelt wird.

> Ich finde, in einer Schulklasse sollten immer alle das Gleiche lernen, sonst ist es unfair.

GRUNDWISSEN

WIE WICHTIG SIND GRUPPEN?

 # PEER-GROUP (M1-M2)

Für Jugendliche stellt die **Freundesclique** eine besondere soziale Gruppe dar. Gleichaltrige Freunde können sich viel Nähe und Bestätigung geben, weil sie bestimmte Werte teilen, einen ähnlichen Bücher- oder Musikgeschmack haben und sich über ähnliche Probleme austauschen können. Diese „Peer-Group"-Erlebnisse sind für Jugendliche oft wichtiger als Erfahrungen mit der eigenen Familie.

 # KONFORMITÄTSDRUCK (M3)

Gruppen können auch Druck und Zwang auf ihre Mitglieder ausüben. Unter dem gegenseitigen Druck, Anerkennung zu finden, erwarten die Gruppenmitglieder oft, dass sich alle ähnlich (mit allen „konform") verhalten und nicht von den – offenen oder unausgesprochenen Gruppenregeln, z. B. einem bestimmten Kleidungsstil – abweichen. Gruppen üben also **Konformitätsdruck** aus. Ein typischer Gruppenzwang sind zum Beispiel Mutproben oder der Zwang, zu viel Alkohol zu trinken, um sich als anerkanntes Gruppenmitglied zu erweisen. Dadurch sind Jugendliche auch besonders gefährdet, sich zu verletzen.

 # INKLUSION (M4-M5)

In **inklusiven Schulklassen** lernen Kinder mit und ohne Behinderung zusammen. Kinder mit Behinderung haben in Baden-Württemberg erst seit 2015 das Recht, eine Regelschule zu besuchen. Damit alle gut lernen können, arbeiten in inklusiven Schulklassen meist unterschiedlich ausgebildete Lehrerinnen und Lehrer zusammen. Je nach Art der Behinderung erhalten Kinder mit Handicap andere Aufgaben und werden individuell bewertet.

 # KOOPERATIVES LERNEN (Zusatzkapitel: M6-M7)

In der **Schule und der Arbeitswelt** ist es wichtig, gut in Gruppen zusammenarbeiten zu können, auch wenn die Gruppen sehr unterschiedlich zusammengesetzt sind. Sehr unterschiedliche Gruppen können den Vorteil haben, dass die Mitglieder viele verschiedene Fähigkeiten mitbringen, um eine Aufgabe zu lösen. Eine ähnlich zusammengesetzte Gruppe kann dafür vielleicht eine Spezialaufgabe besonders gut bearbeiten. In der Schule helfen Methoden des **kooperativen Lernens** bei der Gruppenarbeit, z. B. die Vergabe bestimmter Rollen wie Zeitwächter oder Protokollant.

2.3 Streit unter Jugendlichen – einen Konflikt im Rollenspiel analysieren und lösen

In der Gemeinsam-Aktiv-Aufgabe am Kapitelanfang habt ihr euch schon Gedanken darüber gemacht, warum es auf dem Bolzplatz einen Streit zwischen Franzi, Muhrat, Florian und Janina geben könnte. Folgendes hat sich zugetragen:

M1 Ins Freibad mit dem kleinen Bruder?

Franzi *Muhrat*

Worin genau besteht der Konflikt?

Florian *Janina*

Es ist die letzte Woche der Sommerferien – Franzi (12), Janina (13), Muhrat und Florian (beide 12) kicken nachmittags im Park lustlos mit dem zerfledderten Ball von Florian.

„He, was machen wir jetzt?", fragt Janina. „Ich hab' keine Lust mehr auf Fußball". „Oh Mann", stöhnt Muhrat, „wir haben uns aber zum Kicken verabredet, ich will fit sein, wenn nächste Woche das Training wieder anfängt."

„Ja, los, Janina, mecker' nicht rum, geh´ ins Tor", motzt Franzi ihre Freundin an.

„Komm, wir gehen noch ins Freibad", schlägt Florian vor, „Eleni und die anderen sind auch da". – „Cool, ich lauf gleich los und hol meine Schwimmsachen", sagt Janina und freut sich.

„Bis wir da sind, ist es längst vier Uhr und ich muss um halb fünf zuhause sein, um auf Mehrdad aufzupassen, hab ich meiner Mutter versprochen", sagt Muhrat kleinlaut. „Dann geht halt ohne mich" – er dreht sich um und will los.

„Halt! Jetzt biste gleich beleidigt", versucht Franzi ihn aufzuhalten: „Dann nehmen wir deinen kleinen Bruder halt mit".

Janina ruft: „Oh nein, bloß nicht! Das ist doch Babykram, kleine Brüder im Freibad ... Geh doch nach Hause, du Mamikind!". Muhrat ist sauer und kickt Florians Ball wütend in die Büsche.

„Verdammt", schimpft Florian, „ich wollte, dass wir was zusammen machen."

„Na toll, und jetzt ist der Streit da, Idioten", Franzi ist fast zum Heulen zumute.

Autorentext

WAS IST EIN KONFLIKT? – EIN MODELL

Konfliktbeteiligter A	Konflikt	Konfliktbeteiligter B
Interesse Standpunkt Handlungswunsch	Unvereinbar?	Interesse Standpunkt Handlungswunsch

Zusatzkapitel „Ärgern oder Mobbing – wann hört der Spaß auf?"

Mediencode: 70003-04

Menschen streiten sich manchmal über verschiedene Meinungen. Aus dem Streit kann ein Konflikt entstehen.

Jeder von uns hat schon einmal mit Freunden oder in der Familie Streit gehabt. Meistens beginnt es so, dass man unterschiedliche Meinungen hat und sich nicht einigen kann. Der Begriff „Konflikt" kommt vom lateinischen Wort „confligere", das „zusammenschlagen" oder „zusammenprallen" bedeutet. Bei einem Konflikt gibt es zwischen Menschen, einzelnen Gruppen oder Staaten ein Problem, das für alle Beteiligten wichtig ist und geklärt werden muss. Aber auch ein einzelner Mensch kann mit sich selber im Konflikt liegen. Wenn ein guter Freund beispielsweise von mehreren Personen angegriffen wird, haben wir sicher den Wunsch, ihm zu helfen. Gleichzeitig haben wir aber auch Angst, selbst angegriffen zu werden. Diesen Konflikt müssen wir mit uns selbst lösen, indem wir uns entscheiden, was wir tun. Es gibt Konflikte, die sich über Jahre immer mehr verstärken und ganze Regionen oder Staaten in einen Dauerstreit (Dauerkonflikt) bis hin zum Krieg bringen.

Nach: Gerd Schneider, Christiane Toyka-Seid, www.hanisauland.de, Abruf am 14.6.2016

M2 Wer will was?

a)

Janina
... ist die älteste von den Vieren und hat auch schon ein paar ältere Freundinnen und Freunde. Sie hat überhaupt keine Lust, im Schwimmbad mit jüngeren Kindern gesehen zu werden. Muhrat soll sich von seiner Mutter nicht so viel sagen lassen, findet sie.

Florian
... will einfach gerne mit seinen Freunden zusammen sein und Spaß haben, ob Kicken oder Freibad, ob mit oder ohne Bruder ist ihm eigentlich egal.

Franzi
... möchte auch lieber ins Freibad – aber am liebsten mit allen zusammen. Sie wohnt neben Muhrat, deshalb kennt sie seine Familie ganz gut. Den kleinen Bruder findet sie auch etwas nervig.

Muhrat
... ist es vor seinen Freunden peinlich, dass er immer wieder einmal auf seinen 8-jährigen Bruder aufpassen muss. Er will aber auch, dass seine Freunde ihn verstehen und auch seinen Bruder akzeptieren.

b)

> **Luca, ein gemeinsamer Freund**
> … möchte beim Lösen des Konflikts helfen. Er macht zwei Lösungsvorschläge: „Jetzt mach Muhrat doch kein schlechtes Gewissen. Er hat nun mal seiner Mama versprochen, auf Mehrdad aufzupassen.…"
> 1. „Wenn es euch wichtig ist, dass wir alle gemeinsam Zeit verbringen, dann bleiben wir hier und spielen wie geplant weiter Fußball. Mehrdad kann dazukommen. Morgen können wir dann ohne Muhrats kleinen Bruder ins Freibad gehen.
> 2. „Wir könnten aber auch noch einen Freund von Mehrdad mit ins Freibad nehmen. Dann können die beiden miteinander spielen und wir haben unsere Ruhe."

M3 Checkliste für ein gelungenes Rollenspiel

Checkliste Rollenspiel

- ✓ Die Rollenspieler wurden inhaltlich gut auf ihre Rolle vorbereitet.
- ✓ Die Rollenspieler haben ihre Rolle glaubwürdig gespielt.
- ✓ Die weiteren Personen waren fair und neutral.
- ✓ Gesprächsregeln wurden eingehalten.
- ✓ Es wurde eine realistische Konfliktlösung erarbeitet.
- ✓ Die Rollenspieler konnten nach dem Rollenspiel berichten, wie es ihnen während des Spiels in ihrer Rolle ergangen ist.
- ✓ Die Rollenspieler haben ein Feedback bekommen.
- ✓ Das Konfliktgespräch wurde in der Klasse inhaltlich ausgewertet.

H zu Aufgabe 3
Zum Ablauf des Rollenspiels:
- Jeder soll seine Sichtweise und seine Gefühle erklären dürfen.
- Die Rollenspieler verhalten sich so, wie es die Rollenkarte ihnen vorgibt.
- Wenn ein Rollenspieler den anderen nicht verstanden hat, fragt er noch einmal nach.
- Die Rollenspieler diskutieren mögliche Lösungen.
- Eine der neutralen Personen fasst das Ergebnis des Gesprächs zusammen und fragt nach, ob sich alle einig sind.

AUFGABEN

1. Untersucht mithilfe des Konfliktmodells **#Was ist ein Konflikt?** den geschilderten Fall von Franzi, Florian, Muhrat und Janina (**M1**). Überlegt euch, welche Interessen die Jugendlichen wohl jeweils haben oder haben könnten.
2. Bereitet in Gruppen Rollenspieler darauf vor, den Konflikt zu lösen. Es sollen auch ein oder zwei neutrale Personen, z. B. weitere Freunde oder ein Elternteil, an dem Gespräch teilnehmen. Ergänzt dazu die Rollenkarten (**M2**).
3. Führt das Rollenspiel durch.
4. Wertet das Rollenspiel und das Ergebnis gemeinsam mithilfe der Checkliste **M3** aus.
5. Begründe, welchen der beiden Lösungsvorschläge du für den besseren hältst (**M2b**).

GRUNDWISSEN

WIE KÖNNEN KONFLIKTE GELÖST WERDEN?

KONFLIKT

Das Wort **Konflikt** kommt von dem lateinischen Verb confligere, das heißt „zusammenstoßen". Wenn unterschiedliche Meinungen oder Interessen aufeinanderstoßen, kann es zu einem Konflikt kommen. Der Konflikt kann unausgesprochen vorhanden sein oder als offener Streit zwischen Menschen oder sogar als ein politischer und militärischer Konflikt zwischen Staaten ausgetragen werden.

KONFLIKTE ANALYSIEREN (M1-M3)

Konflikte kann man mithilfe eines **Konfliktmodells analysieren** (= untersuchen). Du musst dazu herausarbeiten, welche Personen oder Organisationen (= **Akteure**) an dem Konflikt beteiligt sind. Dann beschreibst du, welche **Interessen, Standpunkte und Handlungswünsche** die Akteure haben. Dadurch wird klar, worin genau der Konflikt liegt. Das ist auch der erste Schritt, um einen Konflikt lösen zu können, indem die Akteure über ihre unterschiedlichen Sichtweisen sprechen und sich auf eine Lösung einigen, also einen **Konsens** finden.

MOBBING (Zusatzkapitel: M4-M8)

Konflikte unter Jugendlichen können sich verfestigen und so kann **Mobbing** entstehen. Von Mobbing spricht man, wenn jemand über einen längeren Zeitraum hinweg immer wieder der oder die Unterlegene ist, von einzelnen oder einer Gruppe geärgert oder drangsaliert wird. Mobbing findet oft vor Zuschauern und Mitläufern statt. Meistens ist Hilfe von außen notwendig, um Mobbing zu beenden. Es gibt kein typisches Mobbingopfer – jeder kann zur falschen Zeit am falschen Platz sein und ein Mobbingopfer werden. Der erste Schritt, um Mobbing zu beenden, ist, dass sich die Betroffenen an eine vertraute Person wenden und um Hilfe bitten.

SELBSTEINSCHÄTZUNG

Du hast dich in diesem Kapitel damit auseinandergesetzt, wie Jugendliche in ihren Gruppen und in der Gesellschaft leben. Du hast dir erarbeitet, dass Jugendliche in sozialen Rollen handeln – und welche Konflikte dabei entstehen können.
Mit der Checkliste kannst du noch einmal überprüfen, was du gelernt hast.

Ich kann ...	Das klappt schon ...	Hier kann ich noch üben ...
... mindestens drei unterschiedliche Rollenerwartungen an mich benennen.	👍 👉 👎	Kapitel 2.1: M5-M8, #Soziale Rolle
... an zwei Beispielen erläutern, wie sich die Rollenerwartungen von anderen an mich von meinen eigenen Wünschen unterscheiden.	👍 👉 👎	Kapitel 2.1: M5
... mit Beispielen erläutern, was eine soziale Rolle ist.	👍 👉 👎	Kapitel 2.1: M6, M7, M10 #Soziale Rolle
... Konflikte in sozialen Gruppen untersuchen und Lösungen finden.	👍 👉 👎	Kapitel 2.2: M3 #Gruppe und Gruppendruck
... die Vor- und Nachteile von Lösungen bei einem Konflikt erläutern.	👍 👉 👎	Kapitel 2.3: M1-M3 #Was ist ein Konflikt?

TRAINING

M1 „Komm, wenn du dazu gehören willst, dann lassen wir´s heute Abend krachen ..."

Gefährliches Spiel: Ein Jugendlicher lässt sich hochprozentigen Alkohol durch einen Trichter einfüllen.

Carlo, Athanasios, Hanna und Paul sind alle 13 Jahre alt und eine richtige Dorfclique. Seit Jan neu hinzugezogen ist, hängt er oft mit den Vieren zusammen am Spielplatz hinter der alten Kirche herum. Er mag Hanna und Athanasios besonders gern und wäre gerne enger mit ihnen befreundet. Jan macht Judo als Leistungssport – seine Eltern sind streng und neben Training und Schule hat Jan kaum Freizeit, um andere Jugendliche kennenzulernen. „He, Jan, wenn du richtig zu uns dazu gehören willst", grinst Carlo, „dann lassen wir´s heute Abend richtig krachen. Beim Feuerwehrfest um neun hinterm Geräteschuppen, da ist was los, sag ich dir!"

Am Abend sitzen die Jugendlichen des Dorfes am Rande des Festplatzes. Hinterm Schuppen lassen einige die Bierflaschen kreisen. Auch Hanna und Paul haben eine Flasche in der Hand. „Hopp, Jan, auf Ex oder du kannst dich bei uns nicht mehr sehen lassen", Carlo hält Jan eine halbleere Schnapsflasche entgegen. Jan zögert, er will das eigentlich nicht und hat am nächsten Morgen einen Wettkampf. Er schaut zu Hanna und Paul. „Feigling", zischt Hanna.

Aufgaben

1. Erläutere, welche sozialen Rollen Jan einnimmt und welche Erwartungen an ihn gerichtet werden (**M1**).
2. a) Untersuche den Konflikt mithilfe des Konfliktmodells.
   b) Erstelle dazu ein Schaubild.
3. Beschreibe zwei unterschiedliche Lösungen des Konfliktes.
4. Begründe, welchen der beiden Lösungsvorschläge du für den besseren hältst.

H zu Aufgabe 2b)
Verwende Symbole für die beteiligten Personen, nutze Pfeile, Verbindungslinien und Beschriftungen, um den Konflikt zu verdeutlichen.

Adriana – eine typische Jugendliche?

Adrianas Medienprotokoll

Medium	Dauer der Nutzung an einem normalen Werktag?	Wozu habe ich es genutzt?
Internet	5 Stunden / Tag	Kommunikation, Spiele, Information, Unterhaltung
Fernsehen (auch übers Internet)	100 Minuten / Tag	Unterhaltung
Bücher	1 Stunde / Tag	Schule / Unterhaltung
Radio (auch übers Internet)	80 Minuten / Tag	Unterhaltung / Information

Was weißt du schon?

1. Beschreibe die Mediennutzung von Adriana.
2. Erstelle nach dem Vorbild von Adriana eine Übersicht zu deiner eigenen Mediennutzung. Ergänze dabei die Medien und Nutzungsmöglichkeiten, in denen du dich von Adriana unterscheidest.
3. a) Starte einen Selbstversuch: Verzichte für eine Woche auf das Internet.
   b) Notiere, was du durch den Verzicht auf das Internet gewonnen hast.

3

#Leben in der Medienwelt

Hast du dir schon einmal die Frage gestellt, welche Auswirkung dein Umgang mit Medien hat? Verhältst du dich im Internet anders als sonst oder bist du eigentlich so wie immer? Vor allem moderne Medien wie das Internet machen vielen Menschen Angst. Man weiß nicht, wer sich hinter einer Twitter-Nachricht oder hinter einer Homepage verbirgt. Kann man dann alles glauben, was im Internet steht und ist es überhaupt klug, selbst immer offen und ehrlich zu sein?

Auch wenn du dich viel mit Medien beschäftigst, kann es sein, dass du mal nicht nachdenkst und einen Fehler machst. Selbst wenn dir das passiert, hast du aber auch Rechte, die kein anderer verletzen darf. Es ist wichtig, dass du diese Rechte kennst, damit du diese von anderen einfordern kannst.

Was lernst du in diesem Kapitel?

... wie du dich mit Medien beschäftigst.
... welche Auswirkungen das auf dich hat.
... ob du im Internet immer offen und ehrlich sein sollst.
... welche Rechte du hast, wenn du mal einen Fehler machst.

GEMEINSAM AKTIV

Wir gestalten einen eigenen Medienbeitrag

Die meisten Nachrichten sind von Erwachsenen gemacht. Auch sind es meist Erwachsene, an die sich die Berichte wenden.

Mithilfe dieses Kapitels könnt ihr selbst zum Nachrichtenmacher werden. Als Journalisten, die in einer Redaktion mitarbeiten, gestaltet ihr gemeinsam eine Nachricht zur Mediennutzung von Jugendlichen. Vielleicht könnt ihr sie sogar in einem passenden Medium (z. B. Tageszeitung) veröffentlichen.

Geht dabei so vor:

1 Bildet Gruppen von 3-4 Schülerinnen und Schülern und haltet eine Redaktionskonferenz (Treffen der Journalisten) ab.

2 Entscheidet euch für ein Thema, zu dem ihr eine Nachricht gestalten wollt.
- Selbstdarstellung im Internet (→ Kapitel 3.2: M1-M4)
- Cybermobbing (→ Kapitel 3.2: M8-M10)
- Datenschutz (→ Kapitel 3.2: M5-M7)
- E-Sport (→ Kapitel 3.2: M11-M13)
- Internetsucht (→ Kapitel 3.2: M14-M6)

3 Sammelt als Journalisten Informationen zu eurem Thema.
(→ Kapitel 3.1: Methode)

4 Führt eine Redaktionskonferenz durch.
- Entscheidet euch, was ihr mit eurer Nachricht erreichen wollt.
(→ Kapitel 3.1: M1)
- Wählt ein geeignetes Medium, in dem ihr eure Ergebnisse veröffentlichen wollt.
(→ Kapitel 3.1: M4-M6)

5 Gestaltet euren Nachrichtenbeitrag.
(→ Kapitel 3.1: M3)

6 Überarbeitet eure Beiträge in der Redaktionskonferenz.
a) Prüft, ob die Form der Nachricht zum gewählten Medium passt.
b) Prüft, ob es inhaltliche und sprachliche Fehler gibt.

7 Veröffentlicht eure Nachricht.

3.1 Medien – zwischen Ereignis und Information

Was ist eine Nachricht wert?

In deinem Leben passieren jeden Tag viele Dinge. Aber nicht jedes Ereignis ist eine Nachricht wert. Wer entscheidet das und wie?

M1 Aus der Medienwelt

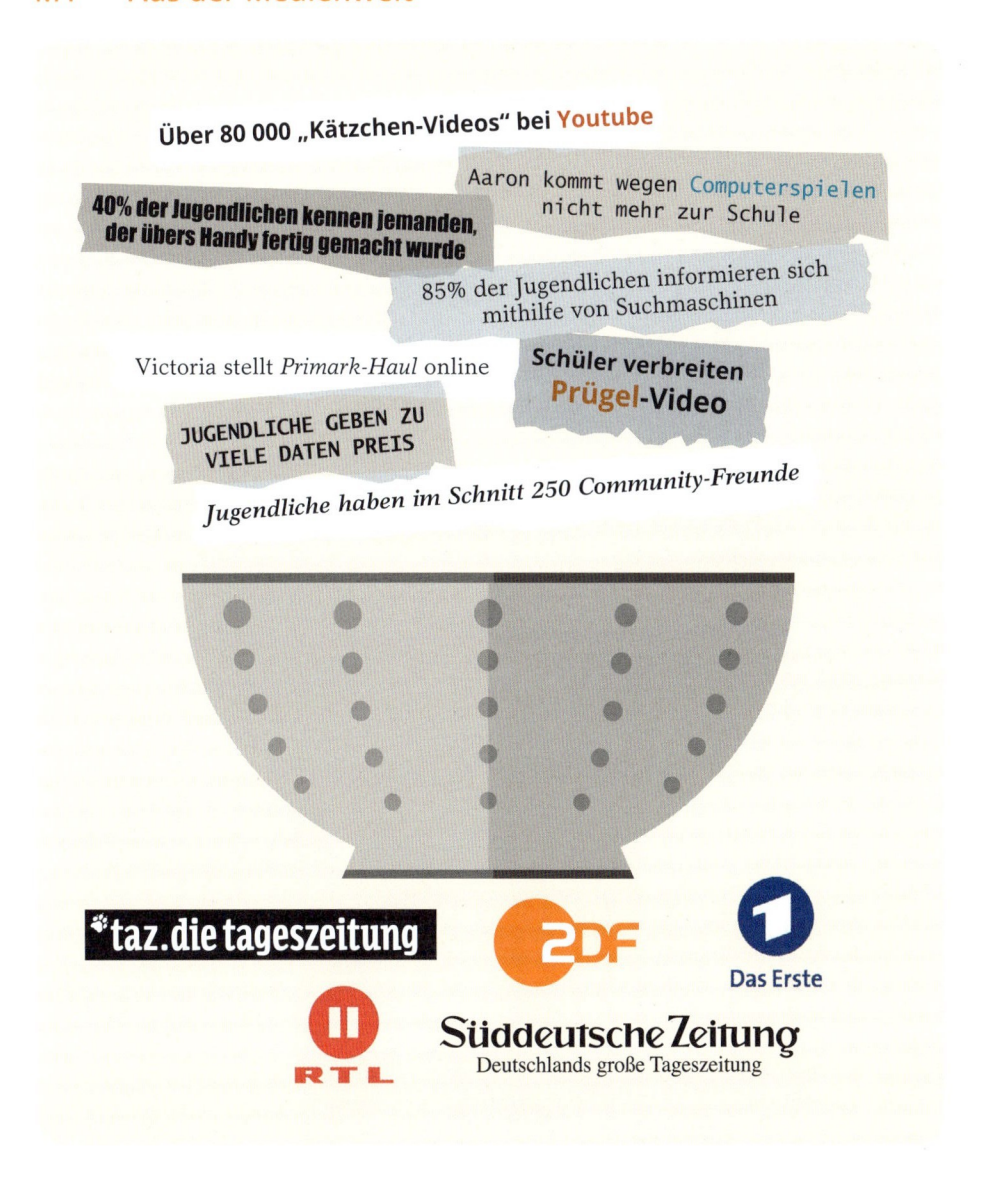

Über 80 000 „Kätzchen-Videos" bei Youtube

Aaron kommt wegen Computerspielen nicht mehr zur Schule

40% der Jugendlichen kennen jemanden, der übers Handy fertig gemacht wurde

85% der Jugendlichen informieren sich mithilfe von Suchmaschinen

Victoria stellt *Primark-Haul* online

Schüler verbreiten **Prügel**-Video

JUGENDLICHE GEBEN ZU VIELE DATEN PREIS

Jugendliche haben im Schnitt 250 Community-Freunde

taz.die tageszeitung · ZDF · Das Erste · RTL · Süddeutsche Zeitung – Deutschlands große Tageszeitung

MEDIEN

Unter Medien versteht man alle Techniken, mit denen Informationen übermittelt werden. Jeden Tag passieren auf der Welt unglaublich viele Dinge. Du selbst bekommst nur einen Bruchteil davon mit. Das meiste erfährst du über Medien. Früher waren das häufig Briefe. Heute ist es oft das Internet. Massenmedien, wie das Fernsehen, das Radio oder große Tageszeitungen erreichen viele Menschen.

AGENDA SETTING

Auch Medien können nicht alles weitergeben, was auf der Welt geschieht. Sie treffen eine Auswahl. Durch ihre Auswahl bestimmen sie, was wir wissen. Sie steuern, über welche Probleme wir uns Gedanken machen und welche Themen wir für wichtig halten. Dieser Vorgang heißt Agenda Setting.

M2 Mediennutzung der 14- bis 29-Jährigen

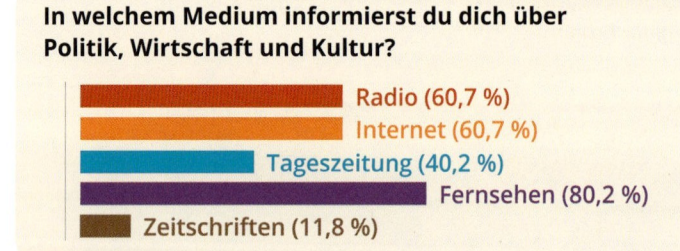

In welchem Medium informierst du dich über Politik, Wirtschaft und Kultur?

- Radio (60,7 %)
- Internet (60,7 %)
- Tageszeitung (40,2 %)
- Fernsehen (80,2 %)
- Zeitschriften (11,8 %)

AUFGABEN

H zu Aufgabe 1
Verwendet dazu euer Medientagebuch, das ihr für die Auftaktseite erstellt habt.

H zu Aufgabe 2a)
Stellt euch dazu folgende Fragen:
- Welche Informationen sind für eine größere Gruppe Menschen wichtig?
- Welche Informationen weisen auf ein allgemeines Problem hin?

1. Vergleicht eure Mediennutzung.
2. a) Entscheide, welche der Ereignisse durch das Sieb fallen und zur Nachricht werden sollten (**M1**).
   b) Benenne deine Auswahlkriterien.
   c) Begründe, ob eines der Themen so wichtig ist, dass sich die Menschen darüber Gedanken machen sollten.
3. In welchem Medium informierst du dich über Politik, Wirtschaft und Kultur? Vergleiche deine Antworten mit den Ergebnissen aus **M2**.
4. Diskutiert, ob ein Ereignis für verschiedene Medien verschiedene Voraussetzungen erfüllen soll, um zur Meldung zu werden.

Welches Medium passt zu meiner Nachricht?

Medien unterscheiden sich. Manche geben Informationen als Text weiter, andere als Bild oder Film. Wenn du selbst eine Nachricht gestaltest, musst du diese Unterschiede bedenken. Nicht in allen Medien kann man leicht selbst veröffentlichen. Bei Zeitungen und im Fernsehen gibt es Redaktionskonferenzen, die bestimmen, was veröffentlicht wird. Im Internet findet man leichter ein Publikum, möglicherweise aber ein anderes als mit einem Zeitungs- oder Fernsehbeitrag.

M3   Eine Nachricht veröffentlichen

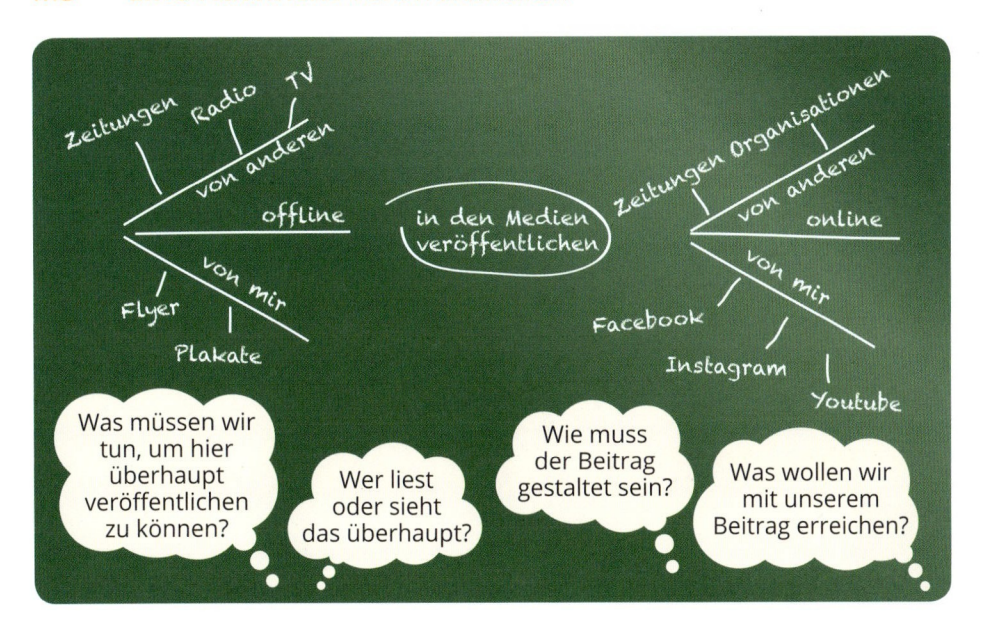

(Tafelbild – Mindmap: "in den Medien veröffentlichen" mit den Ästen "offline" (Zeitungen, Radio, TV, von anderen; Flyer, Plakate, von mir) und "online" (Zeitungen, Organisationen, von anderen; Facebook, Instagram, Youtube, von mir).

Gedankenblasen:
- Was müssen wir tun, um hier überhaupt veröffentlichen zu können?
- Wer liest oder sieht das überhaupt?
- Wie muss der Beitrag gestaltet sein?
- Was wollen wir mit unserem Beitrag erreichen?)

\# URHEBERRECHT

Immer wenn du etwas veröffentlichst, musst du das Urheberrecht beachten. Du darfst nur die Bilder, Texte und Videos veröffentlichen, die du selbst erstellt hast.

In allen anderen Fällen musst du erst den Urheber des Bildes bzw. Textes oder Videos fragen, ob eine Veröffentlichung in Ordnung ist.

An allen Werken, die du selbst erstellt hast, besitzt du das Urheberrecht. Du musst auch immer die Quelle bei Weiterverwendung angeben und die Zitierregeln beachten.

AUFGABEN

1. a) Ergänzt die Mindmap auf der Tafel (**M3**).
   b) Findet Antworten auf die Fragen der Schülerinnen und Schüler (**M3**).

H zu Aufgabe 1b)
Entscheidet euch zuerst für ein Medium und beantwortet dann die Fragen.

F zu Aufgabe 1b)
Legt ein Vergleichsraster für verschiedene Medien an.

Fernsehen, Youtube oder Zeitung – was heißt das für eine Nachricht?

Medien sind verschieden. In einem Fernsehbericht treten Menschen anders auf als in einem Youtube-Video. Bei Print-Medien wie Zeitungen steht der Text mehr im Vordergrund. Deshalb kann man mit verschiedenen Medien verschiedene Menschen erreichen. Welches Medium würdest du zur Verbreitung deiner Nachricht wählen?

M4   Das Sommerinterview im ZDF

Jedes Jahr stellen sich bekannte Politiker in den Sommerferien in einem Interview Journalisten des ZDF. Die Interviews dauern etwa 20 Minuten. Dabei geht es um wichtige Fragen der aktuellen Politik. Das Sommerinterview 2015 sahen etwa 1,5 Mio. Menschen.

Die Leiterin des ZDF-Hauptstadtstudios Bettina Schausten im Gespräch mit Bundeskanzlerin Angela Merkel während des Sommerinterviews 2015.

M5   #NetzFragtMerkel

Am 13.7.2015 veröffentlichte der Youtuber LeFloid auf seinem Youtube-Kanal das Video eines Interviews, das er mit Bundeskanzlerin Angela Merkel geführt hatte. Das Interview dauerte 30 Minuten. Seine Fragen sammelte er im Vorfeld unter dem Hashtag #NetzFragtMerkel. Vier Tage nach der Veröffentlichung hatte das Video knapp 3 Millionen Zuschauer.

M6 Die Bundeskanzlerin im Interview

„Aus tiefer Überzeugung"
Deutschland, 31. August 2015:

Angela Merkel sagt die drei Worte, die in die Geschichte ihrer Kanzlerschaft eingehen werden: „Wir schaffen das." Ein Jahr danach erklärt die CDU-Chefin, warum dieser Satz für sie immer noch richtig ist – und weshalb sich gerade Deutschland nicht wegducken darf.

In regelmäßigen Abständen geben Politiker großen Zeitungen Interviews. Dabei haben sie die Möglichkeit, ihre aktuelle Politik zu erklären. Wie viele Menschen die Interviews lesen, hängt auch davon ab, wie viele Exemplare der Zeitung gedruckt werden. Am meisten Exemplare (2 Millionen) druckt die Bild-Zeitung, Andere große Zeitungen wie die Süddeutsche Zeitung oder die Frankfurter Allgemeine Zeitung haben bereits eine viel geringere Auflage (etwa 300 000).
Autorentext

AUFGABEN

1. Formuliere deine Erwartungen an die drei Interviews (**M4-M6**).
2. Entscheide, mit welchem der Interviews (**M4**, **M5** oder **M6**) du dich eher beschäftigen würdest.
3. Stelle dir vor, du wärst Medienberater der Bundeskanzlerin / des Bundeskanzlers. Begründe, welche Medien du nutzen würdest, um bestimmte Bevölkerungsgruppen zu erreichen.

H zu Aufgabe 2
Beantworte die Fragen:
- Wo gibt es die meisten Informationen? (Umfang)
- Wo bekommst du die wichtigsten Informationen? (Sachlichkeit)
- Wie treten die Interviewer auf? (Aufmachung)
- An wen richten sich die Interviews? (Zielgruppe)

F zu Aufgabe 3
Vergleiche, wie ein aktuelles Thema in verschiedenen Medien behandelt wird.

Kann ich Informationen aus dem Internet trauen?

Nicht alle Informationen aus dem Internet sind verlässlich. Weißt du, welchen Informationen du trauen kannst?

M7 Informierende Mediennutzung der 14- bis 29-Jährigen

Bei welchem Internetangebot informierst du dich über Politik, Wirtschaft und Kultur?

- Suchmaschinen (Google): 87 %
- Videos (Youtube): 63 %
- Soziale Netzwerke (Facebok / Twitter): 29 %
- Wikipedia: 37 %
- Nachrichtenportale von Zeitungen: 14 %

Zahlen nach: Medienpädagogischer Forschungsverbund Südwest (LFK, LMK), JIM 2016, www.mpfs.de

M8 Wise Guys – Facebook

> Ich weiß genau, wann Tom seine Meerschweinchen füttert
> und welche Szene welches Films die Lisl so erschüttert.
> Ich kenne Tinas Zimmer im Urlaub in Tirol
> und weiß: Ihr kleiner Sohn fühlt sich grade nicht so wohl.
> Melina hat aktuell 'n bisschen Langeweile.
> Olli sucht verzweifelt seine Nagelfeile.
> Das sind Informationen, und das ist ja das Nette,
> die ich sonst nicht hätte. [....]
>
> Bevor ich morgens schnell bei Facebook reinguck,
> hab ich keine Ahnung, wie's mir geht.
> Bevor ich morgens schnell bei Facebook reinguck,
> weiß ich nicht, ob sich die Welt noch dreht.

Text & Musik: Daniel Dickopf, Facebook, Edition Wise Guys, Köln

---

 # INFORMATIONSFUNKTION DER MEDIEN

Medien verbreiten Informationen.
In einer Demokratie sollen sich alle Menschen für ihre Interessen einsetzen können. Dazu brauchen sie Informationen. Weil das so wichtig ist, schützt das Grundgesetz in Artikel 5 die Freiheit der Presse.

3.1 Medien – zwischen Ereignis und Information

M9 Merkel-Selfie mit Brüssel-Terrorist?

a) *Als die folgende Nachricht auf Facebook erschien, wurde sie schnell 2.400 k geteilt und über 11 000 Mal gelesen. Dabei ist sie nicht wahr: Anas Madamouni ist kein Terrorist. Er kam 2015 als Flüchtling aus Syrien nach Deutschland. Der Text zu dem Post wurde aus dem Internet kopiert. Er war auf der Seite „MM News" genau so erschienen. Die Verfasser dort hatten einfach Userkommentare auf Facebook durchgelesen.*

Anonymous
1. Std

Im letzten Jahr kam es zu verschiedenen Selfies von Politikern zusammen mit sogenannten Flüchtlingen. Manche von ihnen erwiesen sich später als schwer kriminell. Nun ist ein Merkel-Selfie aufgetaucht, dass Merkel gemeinsam mit einem IS-Terroristen der Brüssel-Anschläge zeigt.

Dumm, dümmer, Angela: Hat Merkel ein Selfie mit einem der Brüssel-Terroristen gemacht?

Auf dem Foto mit Merkel mimt er den Flüchtling. Doch in Wahrheit ist er IS-Terrorist? Noch ist die Identität des jungen Mannes an Merkels Seite nicht 100-prozentig geklärt. Doch die Ähnlichkeit zwischen dem Mann auf dem Merkel-Selfe und dem Fahndungsfoto ist verblüffend.

Nach: www.mimikama.at, Abruf am 21.2.2017

b)
> Liebes „Fake Anonymous", liebe „MM News", liebes „noch.info", liebe Alle anderen, die diese Meldung bedenkenlos kopiert und in den sozialen Netzwerken geteilt haben:
> _____

Nach: www.mimikama.at, Abruf am 21.2.2017

AUFGABEN

1. Bei welchem Internetangebot informierst du dich über Politik, Wirtschaft und Kultur? Vergleiche deine Antworten mit den Ergebnissen aus **M7**.
2. Formuliere die Kritik der Wise Guys an Informationen aus Facebook in eigenen Worten (**M8**).
3. Nenne mögliche Folgen der Falschmeldung (**M9a**).
4. Schreibe die Nachricht **M9b** zu Ende.

H zu Aufgabe 1
Gibt es Gemeinsamkeiten oder Unterschiede?

H zu Aufgabe 3
Unterscheide zwischen Folgen für Anas Madamouni, für Angela Merkel und für die Leser der Nachricht.

F zu Aufgabe 4
Erkläre den Slogan „Erst checken, dann teilen".

KOMPETENZ: Methode

Im Internet recherchieren

Das Internet bietet viele verschiedene Informationen an. Bei den tausenden Internetseiten kann man schnell den Überblick verlieren. Eine Recherche im Internet muss daher strukturiert angegangen werden.

1. Wähle eine Suchmaschine aus
Eine Suchmaschine hilft dir, die Unmengen an Informationen im Internet zu durchsuchen. Du öffnest eine Suchmaschine, indem du ihre Internetadresse in deinem Browser eingibst.

- Die bekannteste Suchmaschine ist „Google" *(www.google.de)*.
- „DuckDuckGo" sammelt keine Daten von dir. *(www.duckduckgo.de)*
- „Blinde-Kuh" *(www.blinde-kuh.de)* richtet sich speziell an jüngere Sucher.

2. Formuliere den Suchbegriff
Für ein gutes Ergebnis solltest du deine Suche genau formulieren.
- Verbinde zwei Begriffe durch ein +, um die Suche einzugrenzen.
(Schule + Handy)

- Setze Begriffe in Anführungszeichen, um nach genau dieser Wortkombination zu suchen.
(„Handyverbot in der Schule")

3. Wähle aus den Ergebnissen
Als Ergebnisse bekommst du eine Liste mit Überschriften und kurzen Texten.
- Klicke die Seite an und überfliege den Inhalt.
- Wenn du glaubst, dass die Seite dir weiterhilft, kannst du sie genauer prüfen (→ Schritt 4).

- Wenn die Seite dir nicht die gewünschten Informationen gibt, klickst du auf den Pfeil links oben. Dann kommst du zurück auf die Liste der Suchergebnisse und kannst eine neue Seite auswählen.

Wenn du auch nach mehreren Versuchen keine passende Seite gefunden hast, solltest du den Suchbegriff ändern oder eine andere Suchmaschine wählen.

4. Prüfe die Seite
Jeder kann im Internet eine Information posten. Daher ist es wichtig, die Verlässlichkeit einer Internetquelle zu prüfen.

Folgende Fragen helfen dir dabei:
- **Wer ist für die Seite verantwortlich?**
(Gibt es Kontaktdaten, im besten Fall von einer öffentlichen Institution oder einer bekannten Nachrichtenseite?)
- **Inhalt/sachliche Richtigkeit**
(Wie aktuell sind die Informationen? Lassen sich die Aussagen überprüfen? Werden Quellen angegeben?)
- **Warum werden die Informationen veröffentlicht?**
(Was ist das Ziel der Seite? An wen richtet sich die Information? Ist das Dokument sachlich und neutral? Wird versucht, den Leser zu beeinflussen?)

5. Sichere die Informationen
Willst du die Informationen einer Seite verwenden, solltest du sie sichern.
- Markiere die Informationen, die du weiter verwenden willst und kopiere sie mit einem Rechtsklick.
- Achte bei der Weiterverwendung fremder Texte, Bilder oder Videos auf die Einhaltung des Urheberrechts.

- Öffne ein Textdokument. Klicke mit der rechten Maustaste in das Dokument und wähle „einfügen".
- Auf die gleiche Weise solltest du die Internetadresse der Information kopieren. Diese findest du in der Zeile ganz oben in deinem Browserfenster.
- Speichere das Textdokument.

GRUNDWISSEN

WIE BEEINFLUSSEN MICH MEDIEN?

MEDIEN WÄHLEN AUS (M2-M6)

Medien wählen aus, über welche Ereignisse sie berichten. Für die Auswahl der Medien gibt es Gründe. Zum Beispiel, dass besonders viele Menschen von einem Ereignis betroffen sind oder dass es besonders außergewöhnlich ist. Durch ihre Auswahl bestimmen die Medien, von welchen Ereignissen wir erfahren und welche wir für wichtig halten. Dieses Agenda Setting macht die Medien mächtig. Nur wer sich und seine Anliegen in die Medien bringt, kann hoffen, gehört zu werden.

MEDIEN INFORMIEREN (M3, M7, M9)

Da du nicht überall dabei sein kannst, bist du auf Medien angewiesen, um an Informationen zu kommen. Die Informationsfunktion ist eine wichtige Aufgabe von Medien. Nur wer informiert ist, kann mitreden und sich für seine Interessen einsetzen. Deshalb schützt das Grundgesetz die Freiheit der Presse. Du solltest, den Wert einer Information einschätzen zu können. Ist die Information für mich überhaupt wichtig? Kann ich der Information trauen? Vor allem im Internet kann das eine Herausforderung sein. Weil hier jeder seine Informationen verbreiten kann, gibt es sehr viele Informationen und viele sind für dich nicht wichtig. Außerdem weiß man nicht immer, wer sich hinter einer Information verbirgt und kann daher auch nicht einschätzen, wie wahr sie ist.

MEDIEN UNTERSCHEIDEN SICH (M4-M6)

Alle Medien übermitteln Informationen. Sie tun es jedoch nicht auf die gleiche Weise. Manche Medien verwenden Texte, andere vor allem Bilder oder Filme. Das hängt auch von der Zielgruppe ab. Soll eine Nachricht jüngere Menschen ansprechen, sollte sie anders präsentiert werden, als wenn sie sich an Ältere richtet. Massenmedien wollen viele Menschen erreichen. Das führt zu einem wenig ausgefallenen Auftreten. Nicht bei allen Medien kann man davon ausgehen, dass sich eine Nachrichtenredaktion Gedanken gemacht hat, was die Inhalte eines Beitrages sein sollen. Vor allem bei Online-Medien kann es vorkommen, dass Einzelne die Nachrichten verbreiten, die ihnen angemessen erscheinen. Solche Unterschiede sollte man sich bewusst machen, wenn man Nachrichten hört. Sie sind wichtig, um deren Wert einschätzen zu können. Wichtig sind sie aber auch für diejenigen, die eine Nachricht veröffentlichen wollen. Die Wahl des Mediums bestimmt die Gestaltung der Nachricht.

3.2 Digitale Medien – Auswirkungen auf unser Leben

Mein Internetprofil – Spiegel meiner Persönlichkeit?

Vielleicht hast du selbst ein eigenes Internetprofil, zum Beispiel bei Facebook. Dann musst du dich fragen, wie du dich anderen präsentieren willst. Zeigst du dein wahres Ich oder gibst du nur Ausschnitte deiner Person preis? Bist du im Internet womöglich ein ganz anderer Mensch? Wie wirkt deine Internetpersönlichkeit auf dein wirkliches Leben zurück?

M1 „The Chancellor and me after the victory"

Der Fußball-Weltmeister Lukas Podolski postet am Abend des WM-Finalsieges der deutschen Mannschaft in Rio de Janeiro 2014 ein Selfie mit Bundeskanzlerin Angela Merkel auf Twitter.

M2 Ich schaue mir mein Bild genau an

Online muss sich heute jeder selbst vermarkten. Richtig Posen und Ausleuchten gehören dazu. Dem Magazin „Yaez" erklärt Kiara wie viel sie im Web von sich
5 *zeigt – und was sie lieber nicht hochlädt.*

Kiara, wie wichtig ist es dir, in sozialen Medien gut anzukommen?
Ich achte schon darauf, wer meine Posts mit einem "Gefällt mir" markiert. Ich freue mich dann, wenn es 10 coole Leute sind. Und ich schaue mir ein Bild genau an, bevor ich es hochlade, aber das passiert schon fast unterbewusst. Auf der anderen Seite würde ich auch mal etwas posten, für das ich 15 nicht so viele Likes bekomme – verbiegen werde ich mich niemals für meine Facebook-Freunde.

Erklärfilm zu Soziale Medien

Mediencode: 70003-06

Kennst du Leute, die sich richtig einen Kopf um ihr Image im Netz machen?

Die kennt doch jeder! Ich bin mit Leuten bei Facebook befreundet, die in der Schule total schüchtern sind und dann im Netz ein ganz anderes Bild von sich zeigen. Ganz extrem ist es bei den Fünftklässlern, ich bin einmal in der Woche als Mediator bei ihnen. Die Konflikte drehen sich immer wieder um einen Chat, den die ganze Klasse bei WhatsApp hat. Da werden Fotos und Videos herumgeschickt, was manchen nicht passt. Alle Streitereien werden über diesen Chat ausgetragen. Die sind alle schon total süchtig und leben wie in einer Parallelwelt.

Wo siehst du hier die größte Gefahr?

Die ganze Klasse definiert sich darüber, was andere im Chat über einen schreiben. Da wird eine Schülerin beleidigt und fühlt sich angegangen. Ich versuche dann herauszufinden, warum die Mitschüler das geschrieben haben, und möchte den Konflikt aufklären. Oft hilft es, miteinander zu reden. Wahrscheinlich wäre man schon ein Stück weiter, wenn nicht alle Fünftklässler ein Smartphone hätten.

Kira Bück, YAEZ, Die Jugendzeitung, Ausgabe 71, April 2014, S. 4

Mediator
Ein Mediator hilft, einen Streit zu lösen. Er ist nicht am Streit beteiligt und kann daher zwischen den Konfliktparteien vermitteln.

Viele Selfies sollen ein schmeichelhaftes Bild der Person abgeben, so wie sie von den anderen gesehen werden will.

M3 Diese Gefallsucht kann zur Falle werden

Die Regeln sind klar: Je angesagter die Location ist, in die man sich eincheckt, desto mehr Leute sind beeindruckt. Je stylischer das Outfit auf dem Selfie, desto mehr begeisterte Kommentare. Also überlegen wir genau, was wir von unserem Leben preisgeben. „Wir lernen, dass ein Post aus dem Museum weniger für Furore sorgt als einer von der Kartbahn. Diesen Regeln unterwerfen sich die Nutzer sozialer Netzwerke. Anstatt also zu leben, macht man sich Gedanken darüber, was man berichten kann – diese Gefallsucht kann zur Falle werden", sagt Heike Kaiser-Kehl, Diplom-Psychologin bei dieonlinepsychologen.de.

Kira Bück, YAEZ, Die Jugendzeitung, Ausgabe 71, April 2014, S. 5

M4 Die Psychologin fragt

Wie wichtig ist es dir, dich im Internet cool und hip zu präsentieren?

Sollen deine Selfies und Posts im Internet andere beeindrucken?

Was denkst du, sagen deine Freunde, wenn sie deine Posts und Selfies im Internet mit dem vergleichen, was sie im real life von dir sehen?

Was machst du, wenn du nichts Spannendes posten kannst?

Fragen nach Kira Bück, YAEZ, Die Jugendzeitung, Ausgabe 71, April 2014, S. 5.

H zu Aufgabe 2
Wähle ein Selfie aus, das dir besonders gut gefällt und beschreibe es.

F zu Aufgabe 2
Setze die Beschreibung in einem eigenen Selfie um.

H zu Aufgabe 5
- Wie wirst du selbst zu deinen Posts von heute stehen?
- Was wird dein möglicher Arbeitgeber von dir denken, wenn er die Posts und Selfies sieht?
- Was könnte dein Schwarm von dir halten?

F zu Aufgabe 3
Stelle dir vor, du wärst selbst in der „Falle Gefallsucht" (M3) gefangen. Beantworte die Fragen der Psychologin aus M4.

AUFGABEN

1. Mit wem würdest du gerne auf einem Selfie zu sehen sein? Begründe deine Entscheidung (**M1**).
2. Beschreibe, was auf Bildern von dir zu sehen sein müsste, damit du sie ins Internet stellen würdest (**M2, M3**).
3. Stelle dich den Fragen der Psychologin und beantworte sie schriftlich (**M4**).
4. Erstelle eine Diagnose. Bist du in der Falle Gefallsucht gefangen (**M3, M4**)?
5. In drei Jahren wirst du voraussichtlich deinen Schulabschluss haben. Vielleicht bewirbst du dich auf einen Ausbildungsplatz, vielleicht bist du frisch verliebt. Ganz sicher bist du fünf Jahre älter. Begründe, warum dir deine Posts von heute nicht unbedingt egal sein können.

Meine Daten im Internet – na und?

Im Internet gibst du immer Informationen an andere weiter. Oft ist dir das noch nicht einmal bewusst. Aber jeder Klick auf einen Link gibt anderen Informationen über dich. Oft reicht es schon, eine App zu öffnen. Selbst wenn du eigentlich nichts zu verbergen hast, sammeln andere diese Informationen, um einen Nutzen daraus zu ziehen.

Erklärfilm zum Datenschutz

Mediencode: 70003-07

M5 Wie sieht dein Tag in Daten aus?

Dein Tag in Daten
All diese deiner Daten und viele mehr werden an nur einem Tag gespeichert.

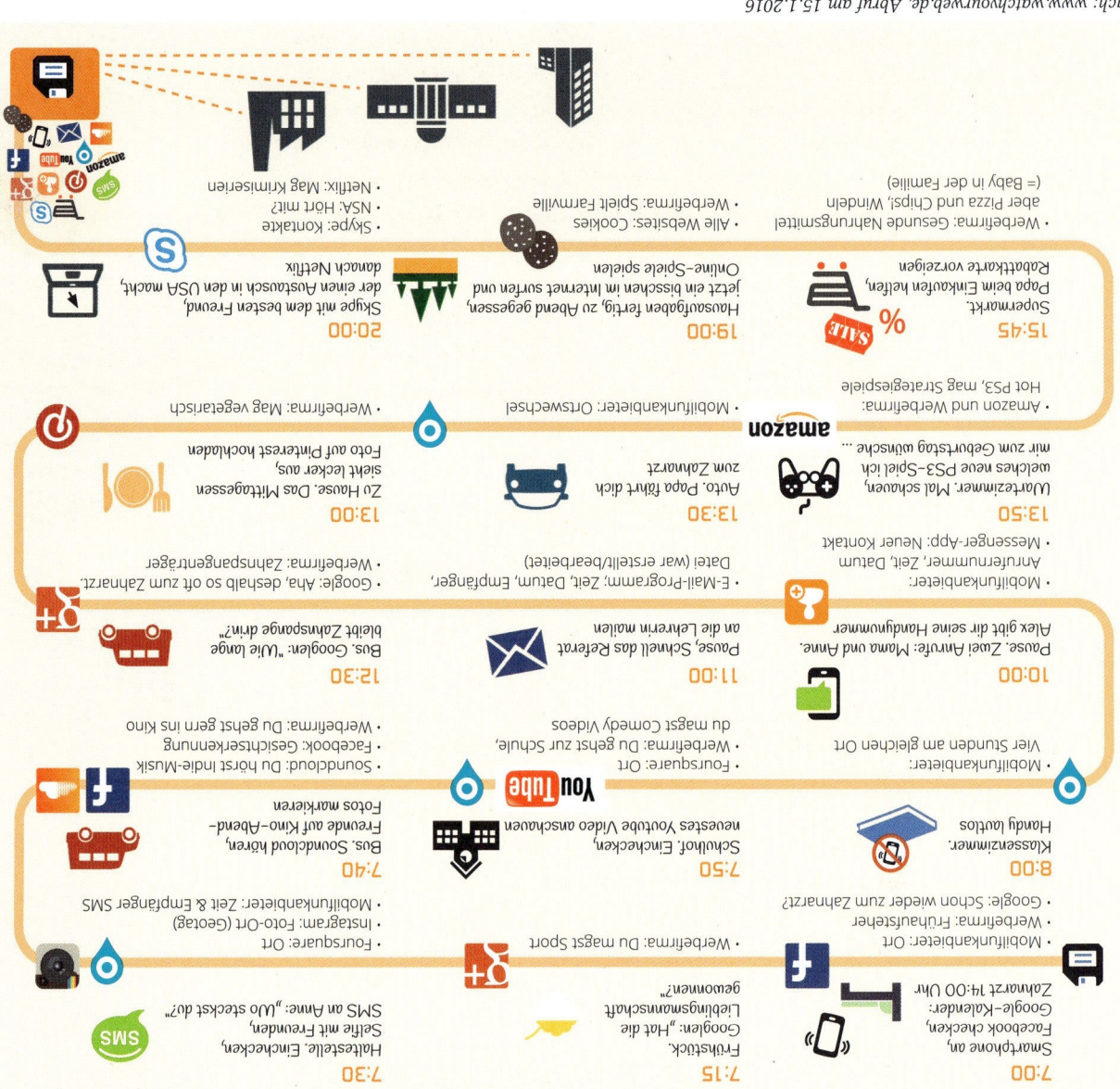

7:00
- Smartphone an, Facebook checken, Google-Kalender: Zahnarzt 14:00 Uhr
- Mobilfunkanbieter: Ort
- Werbefirma: Frühaufsteher
- Google: Schon wieder zum Zahnarzt?

7:15
- Frühstück, Googlen: „Hat die Lieblingsmannschaft gewonnen?"
- Werbefirma: Du magst Sport

7:30
- Haltestelle, Einchecken, Selfie mit Freunden, SMS an Anne: „Wo steckst du?"
- Foursquare: Ort
- Instagram: Foto-Ort (Geotag)
- Mobilfunkanbieter: Zeit & Empfänger SMS

7:40
- Bus, Soundcloud hören, Freunde auf Kino-Abend-Fotos markieren
- Soundcloud: Du hörst Indie-Musik
- Facebook: Gesichtserkennung
- Werbefirma: Du gehst gern ins Kino

7:50
- Schulhof, Einchecken, neuestes Youtube Video anschauen
- Foursquare: Ort
- Werbefirma: Du gehst zur Schule, du magst Comedy Videos

8:00
- Klassenzimmer: Handy lautlos
- Mobilfunkanbieter: Vier Stunden am gleichen Ort

10:00
- Pause. Zwei Anrufe: Mama und Anne. Alex gibt dir seine Handynummer
- Mobilfunkanbieter: Anrufernummer, Zeit, Datum
- Messenger-App: Neuer Kontakt

11:00
- Pause. Schnell das Referat an die Lehrerin mailen
- E-Mail-Programm: Zeit, Empfänger, Datei (war erstellt/bearbeitet)

12:30
- Bus. Googlen: „Wie lange bleibt Zahnspange drin?"
- Google: Aha, deshalb so oft zum Zahnarzt.
- Werbefirma: Zahnspangenträger

13:00
- Zu Hause. Das Mittagessen sieht lecker aus. Foto auf Pinterest hochladen
- Werbefirma: Mag vegetarisch

13:30
- Auto, Papa fährt dich zum Zahnarzt
- Mobilfunkanbieter: Ortswechsel

13:50
- Wartezimmer. Mal schauen, welches neue PS3-Spiel ich mir zum Geburtstag wünsche ...
- Amazon und Werbefirma: Hot PS3, mag Strategiespiele

15:45
- Supermarkt. Papa beim Einkaufen helfen, Rabattkarte vorzeigen
- Werbefirma: Gesunde Nahrungsmittel aber Pizza und Chipsi, Windeln (= Baby in der Familie)

19:00
- Hausaufgaben fertig, zu Abend gegessen, jetzt ein bisschen im Internet surfen und Online-Spiele spielen
- Alle Websites: Cookies
- Werbefirma: Spielt Farmville

20:00
- Skype mit dem besten Freund, der einen Austausch in den USA macht, danach Netflix
- Skype: Kontakte
- NSA: Hört mit?
- Netflix: Mag Krimiserien

Nach: www.watchyourweb.de, Abruf am 15.1.2016

M6 „Ich kam mir vor wie eine Schwerverbrecherin"

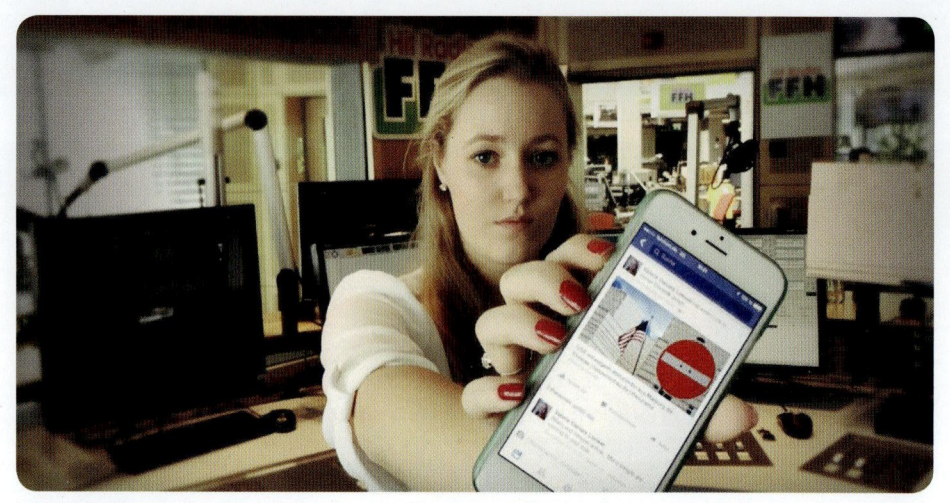

Die Abiturientin Aimee Schneider aus Hessen wollte im August 2015 Verwandte in den USA besuchen und wurde von Grenzbeamten abgewiesen.

illegale Arbeitsmigranten
Menschen, die ohne Erlaubnis in ein fremdes Land kommen und dort Geld verdienen wollen

Aimee Schneider wollte nach dem Abitur Verwandte in Ohio besuchen, doch am Flughafen verhörten US-Beamte sie stundenlang, nahmen sie unter Eid und setz-
5 *ten sie ins Flugzeug zurück nach Deutschland – warum?*

Frau Schneider, Sie sind eine Staatsfeindin der USA?

Ich wollte nach dem Abitur für vier
10 Monate meine Großcousine in Cleveland besuchen, ein bisschen reisen, mein Englisch verbessern. Der Beamte in Philadelphia hat mich bei der Passkontrolle gefragt, was ich so lange in
15 den USA wolle. Urlaub bei Verwandten, was sonst? [...]

Das hat die Kontrolle nicht akzeptiert?

Nein. Ich wurde in einen separaten
20 Raum zu einer Art Verhör gebeten, das ziemlich ruppig verlief. Wir könnten doch einmal von Frau zu Frau reden, sagte die Beamtin. Sie erkenne Lügen schon von Weitem. Vier Monate
25 Urlaub, und dann noch in Cleveland, das macht doch keiner. Als ich dann von meiner Großcousine und ihren Kindern erzählte, wurde sie plötzlich sehr hellhörig. Ich sollte mein Handy herausrücken und ihnen die Face- 30 book-Nachrichten zwischen meiner Großcousine und mir zeigen. Irgendwann vor der Reise hatte ich geschrieben, dass ich auch mal auf die Kinder aufpassen könne. Warum auch nicht? 35 Ich gehöre zur Familie. Es war nie die Rede davon, dass ich Geld dafür bekommen sollte. Am Flughafen hieß es dann, ich wollte schwarz als Au-pair in den USA arbeiten. Ich galt plötzlich als 40 illegale Arbeitsmigrantin. **Wenn man das Vernehmungsprotokoll liest, könnte man tatsächlich den Eindruck bekommen Sie wollten zum Arbeiten kommen. Anscheinend** 45 **ging es in der Facebook-Unterhaltung auch darum, ob Sie Kinder einer Nachbarin oder Kollegin hüten und von der Schule abholen können.** Wir haben darüber gesprochen, 50 womit ich mich beschäftigen könnte, wenn meine Cousine auf der Arbeit ist. Ich wollte eine weitere Familie kennenlernen. Dass ich Geld dafür bekommen sollte, war nie geplant. 55

Interview: Bernd Kramer, www.spiegel.de, 5.8.2015

M7 Wen interessiert was?

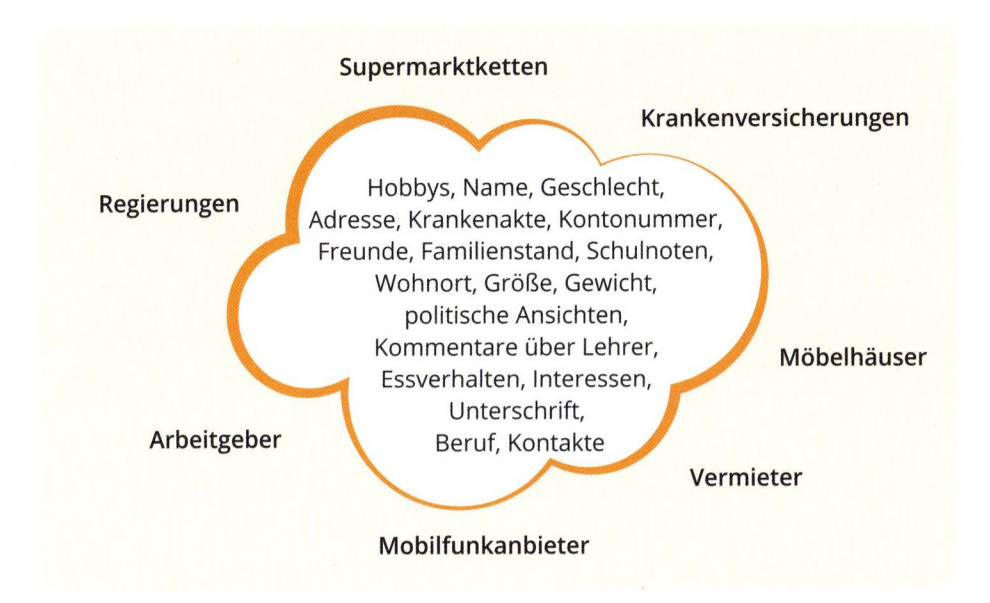

Supermarktketten

Krankenversicherungen

Regierungen

Hobbys, Name, Geschlecht, Adresse, Krankenakte, Kontonummer, Freunde, Familienstand, Schulnoten, Wohnort, Größe, Gewicht, politische Ansichten, Kommentare über Lehrer, Essverhalten, Interessen, Unterschrift, Beruf, Kontakte

Möbelhäuser

Arbeitgeber

Vermieter

Mobilfunkanbieter

RECHT AUF INFORMATIONELLE SELBSTBESTIMMUNG

Du hast das Recht, selbst zu bestimmen, welche Informationen über dich weiter gegeben werden.

Jeder, der Daten von dir besitzt, zum Beispiel deine Schule oder ein Internetdienst muss sicherstellen, dass kein Unbefugter Zugang zu deinen Daten hat. Keiner darf Informationen über dich weiter geben, ohne dass du deine Einwilligung gegeben hast. Vor allem kostenlose Angebote im Internet kannst du aber häufig nur nutzen, wenn du erlaubst, dass deine Daten weiter gegeben werden. Was genau mit deinen Daten passieren kann, steht in den Datenschutzbestimmungen oder den Allgemeinen Geschäftsbedingungen der Anbieter.

AUFGABEN

1. Erstelle deinen eigenen Tagesablauf in Daten (**M5**).
2. Erstelle eine Liste von Informationen, die im Internet oder auf anderen Wegen über dich in den Umlauf gekommen sind.
3. Erkläre den Zusammenhang zwischen Aimee Schneiders Einreiseverbot in die USA und ihren Posts auf Facebook (**M6**).
4. Begründe, warum die einzelnen Institutionen sich für die Informationen aus der Datenwolke interessieren könnten (**M7**).

F zu Aufgabe 1
Halte fest, wer welche Informationen wofür verwenden könnte.

F zu Aufgabe 2
Recherchiere in den Datenschutzrichtlinien eines Anbieters (z. B. Google, Facebook, Whatsapp, Instagramm, Snapchat etc.), was dieser mit deinen Daten macht.

H zu Aufgabe 3
Notiere zunächst, welche Informationen Aimee Schneider gepostet hat.

Nacktbilder im Internet – selbst schuld?

Nicht nur du gibst im Internet Informationen über dich weiter. Es kann vorkommen, dass du zum Thema der Unterhaltungen von anderen wirst. Möglicherweise verletzt dich das, zum Beispiel wenn peinliche Fotos von dir weiter geschickt und diese kommentiert werden.

M8 Lauras Entblößung

Die 14-jährige Laura hat einem Jungen, den sie von Skype und Facebook kennt, über Whatsapp ein Video geschickt. Auf dem Video ist sie nackt zu sehen. Der Junge schickt das Video an Lauras Exfreund weiter und zwei Wochen später kennt es die ganze Schule. Laura sieht in der Pause, wie Mitschüler sich das Video anschauen, sie wird ausgegrenzt. Weder die Eltern noch die Lehrer oder die später eingeschaltete Polizei können wirklich helfen. Erst nachdem sie in die Parallelklasse wechselt, einen Großteil ihrer Facebook-Freunde löscht und sich eine neue Telefonnummer besorgt, entspannt sich die Situation.

Jana Simon, www.zeit.de, 18.6.2014

Erklärfilm zu Gefahren sozialer Netzwerke

Mediencode: 70003-08

M9 Aussagen zum Fall „Laura"

Lauras Ex-Freund: „Mobbing hat es immer gegeben, jetzt kommt das Internet erschwerend hinzu."

Sozialarbeiter: „Wir als Lehrer kriegen so gut wie nichts mit."

„Ich wollte nie, dass jemand außer diesem Jungen was davon mitbekommt."

Mutter: „Ich wollte Aufmerksamkeit."

Laura: „Weißt du nicht, was du uns damit antust? Bin ich die Mutter der Nutte der Stadt?!"

Lehrer: „Laura wollte sich mit dem Video aufspielen. Eigentlich hätte sie sich bei mir entschuldigen müssen."

„Laura hat niemandem etwas getan, sie war nur strunzdämlich."

Nach: Jana Simon, www.zeit.de, 18.6.2014

M10 Ist Sexting ein Problem?

Nele und Dominic sind beide 17 Jahre alt und seit einem Jahr ein Pärchen. […]. Jeden Abend vor dem Schlafengehen zücken sie noch einmal ihre Smartphones und schicken sich Liebesgrüße per Whatsapp, ab und zu auch einen leichtbekleideten Schnappschuss aus dem Bad oder Bett. […]
Ist was sie da tun riskant? Natürlich. Anti-Sexting-Kampagnen sehen Dominic als jemanden, der Neles private Bilder vermutlich allen seinen Kumpels zeigen wird, um damit anzugeben, und der die intimsten Fotos beim geringsten Anlass als Racheaktion ins Internet stellen würde. Solche Kampagnen glauben, sie vermitteln „Medienkompetenz", wenn sie Nele mitteilen: „Du darfst dich deinem Freund nackt zeigen und mit ihm schlafen, aber ein Oben-Ohne-Bild von dir darfst du ihm niemals geben, das wäre leichtsinnig, und wenn er es missbraucht, bist du selber schuld." […] Und dabei gibt es beim illegalen Weiterleiten privater Bilder nicht nur einen einzelnen Täter, sondern eine Masse an Täterinnen und Tätern, die sich alle strafbar machen.

Nicola Döring, www.medienbewusst.de, 29.7.2014

Sexting
Jugendliche schicken sich freizügige Handy-Schnappschüsse

RECHT AM EIGENEN BILD

Du musst immer zustimmen, bevor jemand ein Foto von dir weiterleiten oder veröffentlichen will.

In Deutschland gibt es das Recht am eigenen Bild (§22 KunstUrhG). Wenn dich jemand in einer Wohnung oder in einem besonders geschützten Raum, z. B. einer Umkleidekabine oder Toilette fotografiert, ohne dass du es erlaubt hast, kannst du ihn bei der Polizei anzeigen. Er und alle, die das Bild dann weitergegeben haben, können dafür bis zu ein Jahr ins Gefängnis kommen oder eine Geldstrafe bekommen (§201a StGB).

AUFGABEN

1. Könnt ihr euch vorstellen, dass so etwas passiert? Tauscht euch über den Fall Laura aus (**M8**).
2. a) Ordne die folgenden Sprecher den Aussagen aus **M9** zu: Mutter, Laura, Lauras Ex-Freund, Lehrer, Schulsozialarbeiterin.
   b) Ordne die Aussagen danach, wie sehr du diese nachvollziehen kannst.
3. Formuliere aus der Position der Autorin (**M10**) eine Antwort auf die Aussagen der Mutter, Lauras und deren Ex-Freund (**M8, M9**).
4. Erstellt Richtlinien zum Umgang mit Internetdaten, die verhindern sollen, dass ihr Opfer, Täter oder Mitläufer von Cyber-Mobbing werdet.

F zu Aufgabe 4
Erstellt ein Informationsplakat mit euren Richtlinien und hängt dieses im Klassenzimmer auf.

E-Sport – ein Sport wie jeder andere?

Manche Menschen nutzen das Internet und den Computer nicht nur um Informationen auszutauschen. Sie nutzen das Medium zur Unterhaltung. Mit Computerspielen verbringen sie viel Zeit. Manche arbeiten sogar als professionelle Computerspieler. Bei Wettkämpfen treffen sie sich und tragen ihre Spiele vor einem großen Publikum aus.

M11   ESL One Frankfurt

Die ESL One Frankfurt ist Europas größtes E-Sport Event. Die Matches werden auf großen Leinwänden für das Publikum übertragen.

M12   Ist E-Sport Sport?

Prof. Dr. Froböse ist Wissenschaftler an der Sporthochschule Köln und beschäftigt sich mit E-Sport. Die Zeitschrift Computerbild hat ihn dazu interviewt.

Sind E-Sportler denn überhaupt Sportler?
Offiziell, nein. Der Deutsche Olympische Sportbund (DOSB) nennt als Grund gegen eine Anerkennung als Sportart, dass eine „die Sportart bestimmende motorische Aktivität fehle." Betrachtet man [...] die von außen sichtbaren Bewegungen, so ist E-Sport natürlich nicht vergleichbar mit anderen Sportarten wie Fußball. Betrachtet man jedoch [...] Anforderungen wie schnelle Reaktionen, Antizipation und Taktik, so werden einige Parallelen zum „richtigen" Sport deutlich. Von daher ist es meiner Meinung nach legitim, auch beim E-Sport von Sport zu sprechen.

Welche Voraussetzungen muss ein E-Sportler erfüllen, um erfolgreich zu sein? Mit welchen Sportarten ist das Profil vergleichbar?
Neben den spielbezogenen Inhalten sollte ein E-Sportler optimaler Weise gute körperliche Grundvoraussetzungen mitbringen, um die kognitiven und mentalen Komponenten positiv zu beeinflussen. Zudem sollte die Kräftigung der Muskulatur nicht vernachlässigt werden. E-Sport

legitim
hier: angemessen

bringt leider lange Sitzzeiten mit sich, was häufig in Verspannungen und Rückenschmerzen resultiert. Regelmäßiges Krafttraining der gesamten Rumpfmuskulatur kann ebenso einen wichtigen Beitrag zur Vermeidung der genannten Begleiterkrankungen leisten. Auch gezielt eingesetzte Kurzentspannungsverfahren sind empfehlenswert. Diesbezüglich ähnelt das Anforderungsprofil eines E-Sportlers dem eines Schach- oder Billardspielers oder dem eines Sportschützen.

resultieren
hier: dazu führen

Interview, Rüdiger Kopp, www.computerbild.de, 13.11.2014

M13 Entspannungstipps für PC-Gamer

1. Falte die Hände und kehre die Handflächen nach außen.
2. Strecke die Arme auf Schulterhöhe.
3. Presse die Handflächen, bis du die Dehnung in den Armen und zwischen den Schulterblättern spürst.
4. Halte die Dehnung 20 Sekunden und wiederhole sie zwei Mal.
5. Halte den linken Zeigefinger etwa 15 cm, den rechten etwa 30 cm von den Augen.
6. Fokussiere nun abwechselnd die Zeigefinger. Konzentriere dich dabei auf deine Gedanken, nicht auf deine Finger.
7. Versuche das Bild festzuhalten, wenn du einen der Finger doppelt siehst.
8. Wiederhole die Übung mehrfach.
9. Lege die Spitzen von Daumen, Ringfinger und kleinem Finger aufeinander und strecke dabei die übrigen Finger.
10. Übe mit den Fingern nur einen leichten Druck aus. Die Hände sollten Entspannt bleiben.
11. Mache die Übung gleichzeitig mit beiden Händen und atme bewusst und langsam.

Nach: medienmacher.de, www.daimler-betriebskrankenkasse.com, 15.1.2016

AUFGABEN

1. Beschreibe das Bild (**M11**).
2. Nenne Fähigkeiten, die ein PC-Spieler trainiert und Voraussetzungen, die ein guter PC-Spieler erfüllen muss (**M12**).
3. Vergleiche E-Sport mit einer anderen Sportart wie z. B. Fußball oder Schwimmen.
4. a) Führt gemeinsam die Entspannungsübungen **M13** durch.
   b) Beschreibt deren Wirkung.

F zu Aufgabe 1
Verschafft euch auch auf Youtube einen Eindruck von der Stimmung auf E-Sport-Events.

Wie kann ich einem internetsüchtigen Freund helfen?

Das Angebot im Internet ist so groß und vielfältig, dass es manchmal schwer fällt, sich vom Computer zu lösen. Dann verbringst du mehr Zeit im Internet, als du eigentlich wolltest. Wenn du dich so viel mit dem Computer beschäftigst, dass dein geregelter Alltag darunter leidet, schwebst du in der Gefahr, internetsüchtig zu sein. Etwa einer von 20 Jugendlichen ist davon betroffen.

M14 Was tue ich, wenn Luca …

… überhaupt permanent vor dem PC sitzt?

… daher auch keine Hausaufgaben mehr macht?

… Probleme mit seinen/ihren Eltern hat, weil die finden, dass er oder sie zu viel vor dem Computer sitzt?

… sich dann auch immer seltener bei mir meldet?

… nicht gut drauf ist, wenn kein PC in der Nähe ist?

… sofort anfängt Computer zu spielen, wenn er von der Schule nach Hause kommt?

… wenn wir uns dann sehen, er nur noch von Computerinhalten spricht?

M15 Internetsucht – so wurde mir geholfen

An dieser Stelle erzählt uns ein junger Mann, wie er den Ausstieg aus seiner Computersucht gemeistert hat.
Hallo Christian, du hast uns er-
5 **zählt, dass du fast drei Jahre lang computersüchtig warst. […] Wie haben deine Freundin und deine Eltern das ausgehalten?**
[…] Ich denke, am Anfang haben sie
10 auch noch nicht gewusst, dass das vielleicht eine Sucht sein könnte. Da es aber mit der Zeit nicht besser wurde, hat mir dann irgendwann meine Freundin die Pistole auf die Brust ge-
15 setzt und gesagt, sie halte das nicht mehr aus und ich solle endlich was dagegen tun, sonst würde sie sich von mir trennen. […] Meine Freundin hatte mir gesagt, dass es spezielle Bera-
20 tungsstellen für mein Problem gäbe. […]
Wie lief das denn in der Beratungsstelle so ab?
[…] Die Leute dort haben mich so an-
25 genommen wie ich bin. Das war echt angenehm. Wir haben einfach nur viel gesprochen, über mein Zuhause, meine Eltern, meine Freundin, die Schule, was mich so bedrückt oder
30 nervt, aber auch ganz viel über

die Computerspiele, die ich so faszinierend fand. Die Beraterin kannte sich voll gut aus und hat mich überhaupt nicht verurteilt. Das fand ich
35 total super. [...] Sie hat mir aber auch ziemlich deutlich gemacht, dass ich ein Problem habe und dass ich mein Computerverhalten ändern muss. Und gemeinsam haben wir besprochen,
40 wie ich das machen kann. [...] Der härteste Schritt war, alle Spiele von meinem Computer zu löschen und mich vorher von meinen Mitspielerinnen und Mitspielern zu verabschieden. [...] Nachdem das geschafft
45 war, hatte ich auf einmal so viel Zeit übrig. Die hab ich dann versucht, wieder sinnvoller zu nutzen. Freunde treffen, ins Kino gehen, mehr Zeit mit meiner Freundin verbringen usw.
50 Immer wenn ich trotzdem was am Computer erledigen wollte, hab ich einfach drauf geachtet, bestimmte Zeiten einzuhalten. Das hat ziemlich gut funktioniert. Heute bin ich jeden-
55 falls nicht mehr süchtig nach irgendwelchen Onlinewelten.

www.ins-netz-gehen.de, 15.1.2016

Viele Betroffene ziehen sich stark aus dem sozialen Leben zurück und spielen Tag und Nacht nur noch am Computer.

M16 Tipps zur Vermeidung von Internetsucht

Tipps

- Nutze einen (Online-)Wecker, um dich nach einer vorbestimmten Zeit an das Aufhören erinnern zu lassen.
- Installiere Sicherheitssoftware, um bestimmte Anwendungen (z. B. Onlinespiele) zu sperren.
- Gib die Administratorenrechte von deinem PC an eine Person deines Vertrauens (z. B. deine Eltern) ab.
- Verbanne den PC aus deinem Zimmer und stelle ihn an einem möglichst ungemütlichen Ort auf.
- Plane regelmäßige Aktivitäten, die dich vom Computer fernhalten.
- Suche dir Hilfe, wenn du unsicher bist, ob du bereits internetsüchtig bist.

AUFGABEN

1. Tauscht euch darüber aus, wie ihr in den Situationen aus **M14** jeweils reagieren würdet.
2. Erstelle eine Liste von Personen und Maßnahmen, die Christian geholfen haben (**M15**).
3. Ordne die Tipps aus **M16** jeweils einer der drei folgenden Aussagen zu:
   - Könnte ich mir vorstellen
   - Sollte ich darüber nachdenken
   - Kommt für mich derzeit nicht in Frage.

F zu Aufgaben 2 und 3
Gestalte einen Infoflyer zum Umgang mit Internetsucht.

Z a) Überlege, ob du jemanden kennst, dem der eine oder andere Tipp helfen könnte.
b) Entscheide, ob du den Tipp weiter geben willst.

GRUNDWISSEN

WELCHE AUSWIRKUNGEN HABEN DIGITALE MEDIEN AUF MEIN LEBEN?

 # EINFLUSS VON MEDIEN

Der Umgang mit digitalen Medien beeinflusst dich, ob du das willst oder nicht. Wie sie dich beeinflussen, hängt von dir und deiner Mediennutzung ab. Es gibt viele Möglichkeiten aber auch Gefahren, wie z. B. Cybermobbing oder Internetsucht.

Gewaltdarstellungen in Unterhaltungsmedien können die Entstehung aggressiver Gedanken, Gefühle und Handlungen begünstigen. Welche Rolle dieser Effekt für die Entstehung von Gewalt im echten Leben spielt, bleibt allerdings noch unklar.

 # BESTMÖGLICHE VERSION VON DIR? (M1-M4)

Wer ein Internetprofil hat, möchte dort möglichst gut auf andere wirken. Häufig führt das dazu, dass man Dinge schön redet oder interessanter gestaltet, als sie in Wirklichkeit sind. Was passiert aber, wenn die Person im Internet immer weniger mit der Person der Realität zu tun hat? Und wenn du befürchten musst, dass die eigenen Übertreibungen und kleineren Lügen auffliegen? Dann besteht die Gefahr, dass du dich immer mehr von anderen zurückziehst und nach und nach den Bezug zur Realität verlierst.

Selbst wenn du in deinem Profil bei der Wahrheit bleibst, solltest du aufpassen, was du postest. Deine Einträge sind nicht nur heute, sondern auch in der Zukunft, zu sehen. Und vielleicht willst du bei der einen oder anderen Äußerung oder Situation nicht, dass sie für alle Zeit und für alle sichtbar im Internet bleibt.

 # RECHT AUF INFORMATIONELLE SELBSTBESTIMMUNG (M5-M7)

Alles, was du im Internet tust, wird dokumentiert. Die Informationen, die so gesammelt werden, lassen sich leicht zusammenfassen. So entsteht nach und nach ein ziemlich genaues Bild von deiner Person. Mit diesen Daten können Unternehmen gute Geschäfte machen, indem sie dir z. B. gezielt Werbung zusenden.

Du hast das Recht, selbst zu bestimmen, welche Informationen über dich weiter gegeben werden. Achte daher immer darauf, wem du welche Informationen gibst und was dieser mit den Informationen machen will. Diese Informationen findest du in den AGBs oder den Datenschutzrichtlinien der Anbieter.

GRUNDWISSEN

 # RECHT AM EIGENEN BILD (M8-10)

Schnell kann es passieren, dass digitale Bilder von dir gemacht oder verbreitet werden, ohne dass du das willst. Deshalb ist es für dich wichtig zu wissen, dass du das Recht am eigenen Bild hast. Du musst immer zustimmen, bevor jemand ein Bild von dir macht oder weiterleitet. Ganz besonders gilt das in besonders geschützten Räumen wie Wohnungen, öffentlichen Toiletten oder auch in der Schule. Umgekehrt musst auch du fragen, ob du Bilder von anderen machen oder weiterleiten darfst.

 # E-SPORTS (M11-M13)

Computerspiele können mehr sein als Spiel. Sie können zentrale Fähigkeiten wie Reaktionsfähigkeit oder taktisches Denken trainieren. Daher fordern manche, E-Sport – Computerspiele, in denen in Wettkämpfen gegeneinander angetreten wird, als Sportart anzuerkennen. Das zentrale Argument dagegen ist, dass sich die Computerspieler zu wenig bewegen.

 # GEFAHR INTERNETSUCHT (M14-M16)

Etwa einer von 20 Jugendlichen ist gefährdet, internetsüchtig zu werden. Wenn du merkst, dass du zu Hause nichts anderes mehr machst, als vor dem Computer zu sitzen, deshalb sogar die Schule oder deine Freunde vernachlässigst, solltest du aufpassen. Um Internetsucht vorzubeugen, kannst du zum Beispiel den Computer an einem möglichst ungemütlichen Ort aufstellen oder einen Online-Wecker installieren. Damit es dir erst gar nicht in den Sinn kommt, Computer zu spielen, kannst du auch alternative Tätigkeiten planen. Wenn du unsicher bist, ob du oder ein Freund internetsüchtig ist, solltest du dir Hilfe suchen. In vielen Orten gibt es mittlerweile Beratungsstellen.

SELBSTEINSCHÄTZUNG

In diesem Kapitel hast du viel über Medien und deren Nutzungsmöglichkeiten, aber auch deren Gefahren gelernt. Mithilfe des Selbsteinschätzungsbogens kannst du überprüfen, was du dazu weißt.

Ich kann ...	Das klappt schon ...	Hier kann ich noch üben ...
... zwei Auswahlkriterien für Nachrichten nennen.	👍 👉 👎	Kapitel 3.1: M1, M3
... erklären, wie Medien meine Wahrnehmung der Welt beeinflussen.	👍 👉 👎	Kapitel 3.1: M1, M3; M7-M9
... an einem Beispiel erklären, wie Medien mein Leben bereichern.	👍 👉 👎	Kapitel 3.2: M1, M5, M10
... an einem Beispiel erklären, wie Medien mein Leben gefährden.	👍 👉 👎	Kapitel 3.2: M3-M4; M6-M8
... rechtliche Bestimmungen zum Schutz meiner Daten nennen.	👍 👉 👎	Kapitel 3.1: #Urheberrecht Kapitel 3.2: #Recht auf informationelle Selbstbestimmung, #Recht am eigenen Bild
...zwei Medien miteinander vergleichen.	👍 👉 👎	Kapitel 3.1: M4-M6

TRAINING

M1 Happy Slapping?

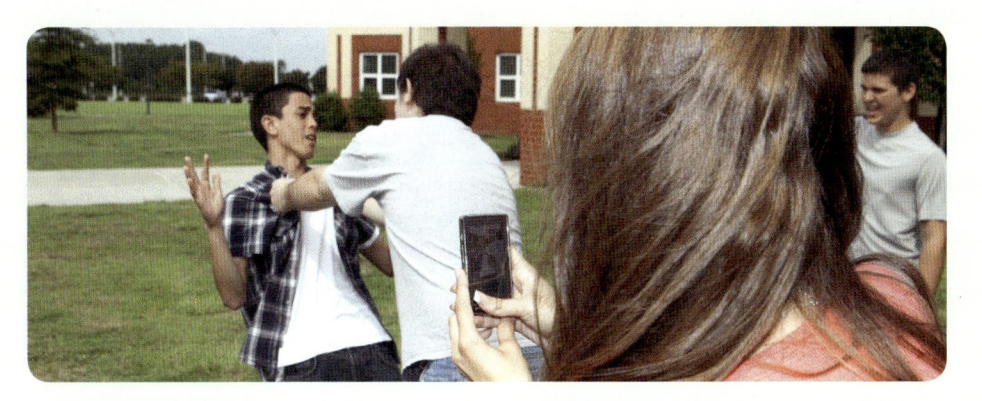

Beim „Happy Slapping" (= „fröhliches Schlagen") wird eine Person meist von mehreren Tätern angegriffen, geschlagen und gedemütigt und die Tat gefilmt.

Aufgaben

1. Nenne Gründe, aus denen der Filmer die in **M1** dargestellte Prügelszene auf Video festhalten könnte.
2. a) Gestalte für ein passendes Medium eine Nachricht, die die Folgen solcher Videos für Opfer und Täter deutlich machen soll.
   b) Begründe die Wahl deines Mediums.

M2 Mediale Vorbilder?

Ein Bild von Heidi Klum vor und nach Photoshop

Aufgaben

1. Beschreibe, wie sich die Bilder von Heidi Klum vor und nach der Bildbearbeitung unterscheiden (**M2**).
2. Stelle dir vor, du wärst Heidi Klum. Welches der beiden Bilder würdest du ins Internet stellen? Begründe deine Entscheidung.
3. Erläutere, welchen Einfluss bearbeitete Bilder auf Jugendliche haben können.

Was ist Familie?

Mann · Vater · Frau · Ehemann · Mutter · Großvater · Großmutter · Ehefrau · Kind

Was weißt du schon?

1. Übertrage die Begriffe der Klebezettel auf eigene Kärtchen.
2. Gruppiere mehrere Karten zu möglichst vielen verschiedenen Familien.
3. Übertrage deine Familie in dein Heft.

#Familie und Gesellschaft

Sicher lebst du mit anderen Menschen zusammen. Vielleicht mit deinen Eltern. Vielleicht mit deinem Vater oder deiner Mutter. Hast du Geschwister? Vielleicht hast du aber auch ganz andere Menschen gefunden, die sich um dich kümmern. Wahrscheinlich sind die Menschen, mit denen du zusammen lebst, deine Familie.

Wie gut es dir in deiner Familie geht, hängt eng damit zusammen, wie ihr euch gegenseitig behandelt. Deshalb ist die Frage „Wie wollen wir miteinander umgehen?" so wichtig. Wie helfen dir die Erwachsenen? Wie hilfst du ihnen? Und wie geht ihr miteinander um, wenn es mal Streit gibt?

In den meisten Familien funktioniert das ganz gut. Deshalb finden viele Menschen, dass die Familie für sie am allerwichtigsten ist. Nicht nur die einzelnen Menschen finden, dass die Familie für ihr Privatleben wichtig ist. Auch für alle zusammen, als Gesellschaft, ist es wichtig, dass es Familien gibt. Deshalb werden sie vom Staat unterstützt.

Was lernst du in diesem Kapitel?

... was ich unter einer Familie verstehe.
... warum eine Familie wichtig ist.
... wie der Staat den Familien hilft.
... wie man sich in der Familie gegenseitig helfen kann.
... wie wir streiten, ohne dass wir uns gegenseitig verletzen können.

GEMEINSAM AKTIV

Eine Rollendiskussion im Familienkreis führen

Am 22. Mai 2015 stimmten die irischen Bürger darüber ab, ob es homosexuellen Paaren erlaubt sein solle, Kinder zu adoptieren. Gut 62% der Iren stimmten mit Ja. Diese Entscheidung löste auch in Deutschland Diskussionen darüber aus, ob homosexuellen Paaren erlaubt werden solle, Kinder zu adoptieren. Auch in vielen Familien war das Thema heiß umstritten und es kam zu hitzigen Diskussionen beim Abendessen: „Sollen gleichgeschlechtliche Lebenspartner Kinder adoptieren dürfen?" – Mithilfe dieses Kapitels könnt ihr in Gruppen eine Diskussion zu der Streitfrage führen.

Geht dabei so vor:

1 Bildet Arbeitsgruppen von zwei bis fünf Schülerinnen und Schülern und gestaltet eine Familie.
- Entscheidet euch gemeinsam für eine Familienform, in der ihr die Diskussion führen wollt. (→ Kapitel 4.1: M3)
- Teilt die Rollen in der jeweiligen Familie untereinander auf.

2 Gestaltet für jedes Familienmitglied eine Rollenkarte. Die Karten sollten folgende Informationen haben:
- Name
- Alter
- Was ist der Person wichtig?
- Soll sich die Person für oder gegen das Adoptionsrecht für gleichgeschlechtliche Lebenspartner aussprechen?

H Gestalte die Rolle so, dass sie möglichst nahe an deiner Rolle im richtigen Leben ist.

F Gestalte deine Rolle so, dass sie deiner eigenen Rolle im richtigen Leben möglichst widerspricht.

3 Sammle Argumente, die du in deiner Rolle verwenden kannst.
- Erstelle eine Checkliste, die aus deiner Sicht erfüllt sein müsste, damit ein Paar ein Kind adoptieren darf. (→ Kapitel 4.1: M2, #Adoption)
- Informiere dich darüber, welche Erziehungsmittel Eltern anwenden können, um ihre Ziele zu erreichen.
 (→ Kapitel 4.1: M2, #Erziehung)
- Erstelle eine Pro-Kontra-Tabelle mit Gründen, die für bzw. gegen eine Adoption von Kindern durch gleichgeschlechtliche Paare sprechen.
 (→ Kapitel 4.2: Methode)
- Überlege, wie du in deiner Rolle Argumente der Gegenseite entkräften könntest.

4 Trefft euch am Familientisch zur Diskussion.
- Diskutiert, ob ihr Max und Titus eines der Adoptivkinder geben würdet.
 (→ Kapitel 4.1, M2)
- Beachtet dabei die Regeln für faires Streiten.
 (→ Kapitel 4.2, Methode)

4.1 Leben in Familien
Wie wichtig ist Familie?

Viele Menschen finden, dass ihre Familie für sie besonders wichtig ist. Wenn man aber genauer nachfragt, wie sie zu ihrer Familie stehen, bekommt man ganz verschiedene Antworten. Was genau bedeutet Familie für dich?

M1   Familie bedeutet mir ...

„Meine Eltern ermöglichen mir ein gutes Leben. Dank ihnen habe ich eigentlich alles, was ich jetzt habe. Dank ihnen kann ich gut leben, habe keine Probleme – so möchte ich auch sein, zum Beispiel, wenn ich später mal Familie habe."

„Ohne Familie wäre ich doch leicht depressiv, also ohne Familie wäre das doch schon ziemlich schade, keine Ahnung, die sind immer für einen da und helfen einem."

„Ich freue mich, wenn wir uns in der Familie nicht streiten. [Denn] wir streiten uns auch oft. [...] [M]eine kleine Schwester [und ich] streiten uns sehr oft und ich bekomme meistens auch Ärger. Und da bin ich nicht so glücklich. Aber ich mag es, wenn die Familie so zusammenhält und wir alle so zufrieden sind. Meine Familie bedeutet mir eigentlich – das ist eigentlich alles, was ich habe. Also meine Familie ist eigentlich das Wichtigste in meinem Leben."

„Wenn die Familie Hilfe braucht, bin ich bei ihr. Dann sage ich auch meinen Freunden: „Nein, jetzt geht es bei mir nicht. Ich muss erst nach meiner Familie schauen und sehen, wie wir da weiter kommen."

Nach: Marc Calmbach, Peter Martin Thomas, Inga Borchard, Bodo Flaig, Wie ticken Jugendliche? 2012 Lebenswelten von Jugendlichen im Alter von 14 bis 17 Jahren in Deutschland, Lizenzauflage für die Bundeszentrale für politische Bildung, Bonn 2012, S. 94; 136, 180; 216.

AUFGABEN

1. a) Schreibt Begriffe auf Karteikärtchen, die ausdrücken, was Familie für euch bedeutet (**M1**).
   b) Ordnet die Begriffe gemeinsam mit eurem Tischnachbarn nach positiven und negativen Begriffen und nach ihrer Wichtigkeit.
2. Formuliere eine eigene Stellungnahme: „Familie bedeutet für mich ..." (**M1**).

Familie gesucht ...

Familien unterscheiden sich, weil verschiedene Personen dazugehören oder weil Aufgaben anders verteilt sind. Aber kann man sagen, dass sich manche Familien besser für Kinder eignen als andere?

M2   **Wer adoptiert Leah, Svetlana und Burak?**

Leah, 3 Jahre    **Svetlana**, 3 Jahre    **Burak**, 2 Jahre

Thorsten (32 Jahre) und **Bianca** (28 Jahre) sind seit vier Jahren verheiratet. Sie arbeitet als Ingenieurin, er im Finanzamt. Beide wollen wenigstens in Teilzeit weiter arbeiten.

Moritz (36 Jahre) und **Jelena** (32 Jahre) sind seit sechs Jahren verheiratet. Er arbeitet bei einem Automobilhersteller in der Produktion, sie ist Hausfrau. Die gemeinsame Tochter Rahel ist 3 Jahre alt.

Heiko (42 Jahre) ist seit fünf Jahren Wittwer. Er arbeitet als KFZ-Mechaniker.

Max (35 Jahre) und **Titus** (34 Jahre) haben vor zwei Jahren eine Lebenspartnerschaft geschlossen. Max arbeitet als Arzt und kann sich gut vorstellen für das Kind eine Zeit lang zu Hause zu bleiben. Titus ist in einer Anwaltskanzlei beschäftigt.

Martina (52 Jahre) und **Galip** (45 Jahre). Sie arbeitet als Bäckereifachverkäuferin, er ist Maurer. Er kann sich gut vorstellen, für das Kind eine Zeit lang zu Hause zu bleiben.

M3 Formen des Zusammenlebens

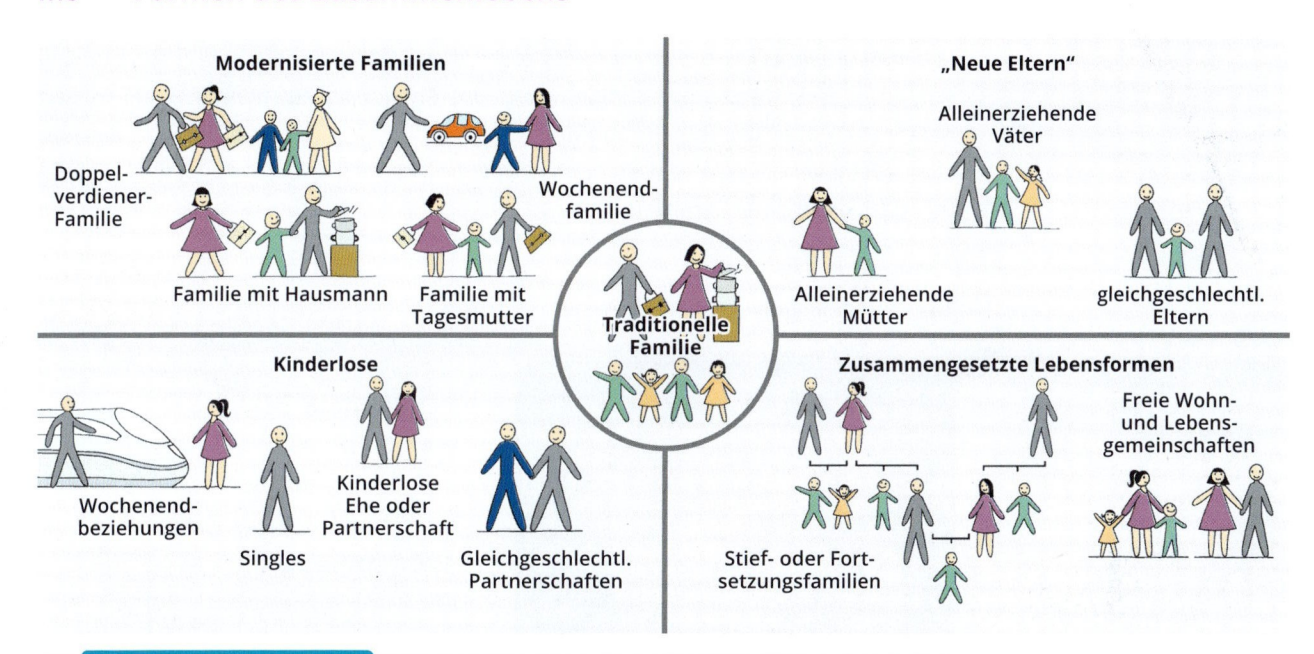

Modernisierte Familien
- Doppelverdiener-Familie
- Wochenendfamilie
- Familie mit Hausmann
- Familie mit Tagesmutter

Traditionelle Familie

„Neue Eltern"
- Alleinerziehende Väter
- Alleinerziehende Mütter
- gleichgeschlechtl. Eltern

Kinderlose
- Wochenendbeziehungen
- Singles
- Kinderlose Ehe oder Partnerschaft
- Gleichgeschlechtl. Partnerschaften

Zusammengesetzte Lebensformen
- Stief- oder Fortsetzungsfamilien
- Freie Wohn- und Lebensgemeinschaften

ADOPTION

Bei einer Adoption nehmen Erwachsene das Kind in ihre eigene Familie mit auf und kümmern sich dann wie leibliche Eltern um das Kind.

Nicht alle Erwachsenen in Deutschland dürfen ein Kind adoptieren:
- Sie müssen mindestens 25 Jahre alt sein, dürfen aber auch nicht zu alt sein.
- Sie müssen mit einem Partner des anderen Geschlechts verheiratet oder unverheiratet sein.
- Sie müssen genügend Geld verdienen, um das Kind versorgen zu können.
- Sie müssen in der Lage sein, ein Kind zu erziehen und zu pflegen.

Die wichtigste Frage ist immer, ob es dem Kind in der Familie gut gehen wird.

AUFGABEN

1. Du bist Jugendsozialarbeiter und sollst für Leah, Svetlana und Burak ein Zuhause finden.
   a) Wähle für jedes der Kinder eine passende Adoptivfamilie aus (**M2**).
   b) Benenne die Gründe, nach denen du dich entschieden hast.
2. Ordne die Bewerber aus **M2** einer der in **M3** dargestellten Familienformen zu.
3. Führt ein Rollengespräch, in dem ihr in der Rolle eines Jugendsozialarbeiters den abgelehnten Bewerbern erklärt, warum ihr euch nicht für sie entschieden habt.
4. Benenne mithilfe von **M3** die Familienform, in der du lebst.

F zu Aufgabe 1a)
Prüfe, ob alle Bewerber aus M2 überhaupt ein Kind adoptieren dürfen (#Adoption).

Was leistet die Familie?

Mit wem lebst du in der Familie? Mit deiner Mutter? Mit deinem Vater? Hast du Geschwister? Bestimmt unterscheiden sich eure Antworten auf diese Fragen. Es gibt aber auch Fragen, auf die ihr ähnliche Antworten findet. Ist es gut für dich, dass du nicht alleine lebst? Was hast du davon? Und gibt es auch andere, die davon profitieren, dass du in einer Familie lebst?

M4   Warum weint Benno?

M5   Was ein Kind will …

Bedürfnisse
Ein Kind will sich wohl fühlen. Dazu muss es ausreichend ernährt, gepflegt und gesund sein.

Anerkennung
Ein Kind will Aufmerksamkeit. Es will für seine Leistungen gelobt werden.

Entwicklung
Ein Kind will Freiheiten. Diese braucht es, um Dinge aus zu probieren und sich weiter zu entwickeln.

M6   Stammbaum

DIE FAMILIE IM GRUNDGESETZ

Das Grundgesetz ist das wichtigste deutsche Gesetz.
In Artikel 6 heißt es, dass Ehe und Familie besonders geschützt werden. Außerdem haben die Eltern das Recht, aber auch die Pflicht, ihre Kinder zu erziehen:

(1) Ehe und Familie stehen unter dem besonderen Schutze der staatlichen Ordnung.
(2) Pflege und Erziehung der Kinder sind das natürliche Recht der Eltern und die zuvörderst ihnen obliegende Pflicht. Über ihre Betätigung wacht die staatliche Gemeinschaft.

M7 Was leistet die Familie für die Gesellschaft?

Erziehen
Dank der Familie lernen Kinder die Werte und Verhaltensweisen kennen, die für die Gesellschaft wichtig sind. Damit leisten die Familien einen wichtigen Beitrag zur Sozialisation.

Pflegen
Kinder oder auch alte Menschen, um die sich eine Familie kümmert, müssen nicht durch andere versorgt werden.

Reproduktion
Nur wenn Kinder geboren werden, kann die Gesellschaft als Ganzes weiter bestehen.

AUFGABEN

1. a) Nenne mögliche Gründe für die Tränen des Kindes aus **M4**.
   b) Einige dich mit deinem Banknachbarn auf fünf Gründe.
   c) Schließt euch zu viert zusammen und einigt euch erneut auf fünf Gründe.
2. a) Ordnet eure Gründe den Überbegriffen aus **M5** zu.
   b) Ergänze weitere Beispiele.
3. a) Erstelle deinen eigenen Stammbaum (**M6**).
   b) Notiere zu jeder Person, warum sie für dich wichtig ist.
4. Erläutere, welche gesellschaftlichen Aufgaben, durch die Familien erfüllt werden (**M7**).
5. Begründe, warum die Bundesrepublik Deutschland ein Interesse daran hat, „Ehe und Familie" besonders zu schützen (**M7, #Die Familie im Grundgesetz**).

H zu Aufgabe 5
Ein Staat hat vor allem dann ein Interesse an einer rechtlichen Maßnahme, wenn er einen Vorteil davon hat.

Wie unterstützt der Staat Familien?

Wir alle profitieren davon, dass es Familien gibt. Daher hilft der Staat den Familien: Sie bekommen Geld und es gibt Betreuungsmöglichkeiten. Eltern sollen nicht zwischen Karriere und Kindern wählen müssen. So soll jungen Menschen die Entscheidung für ein Kind erleichtert werden. Trotzdem bleibt für junge Eltern die Frage: Wie organisieren wir unser Leben mit Kind?

M8 Wie geht es nach der Geburt weiter?

Abzug von Steuern und Sozialabgaben
Ein Arbeitnehmer darf nicht sein ganzes Einkommen behalten. Er muss davon auch Steuern bezahlen. Ein weiterer Teil wird für gesetzliche Versicherungen, z. B. die Krankenversicherung abgezogen. Nach Abzug von Steuern und Sozialabgaben bleibt das Nettoeinkommen übrig.

Gedanken im Bild:
- In welchem Alter soll unsere Tochter eine Kindertagesstätte besuchen?
- Wie lange soll Conny täglich in der Kita sein?
- Wer betreut Conny in der Zeit, in der sie zu Hause ist?

Claudia (25) und Tom (25) Bentner arbeiten beide in Vollzeit. Claudia verdient als Bankkauffrau nach Abzug von Steuern und Sozialabgaben etwa 1.600 EUR. Tom arbeitet als Mechatroniker und verdient ebenfalls nach Abzug 1.800 EUR. In zwei Monaten erwarten sie ihr erstes Kind, ein Mädchen, das sie Conny nennen wollen. Noch vor der Geburt ihrer Tochter Conny müssen Claudia und Tom wichtige Entscheidungen treffen.

M9 Berufsunterbrechung bei der Geburt des ersten Kindes

Angaben in %	Väter	Mütter
haben ihre Berufstätigkeit zur Kinderbetreuung unterbrochen	23	76
darunter wollen in den Beruf zurückkehren	21	66
darunter wollen nicht in den Beruf zurückkehren	2	10
haben ihre Berufstätigkeit reduziert, ohne zu unterbrechen	9	5
haben ihre Berufstätigkeit nicht verändert	61	6
waren vor der Geburt des Kindes nicht berufstätig	6	12
keine Angaben	1	1

Zahlen nach: Institut für Demoskopie Allensbach (Hrsg.): Weichenstellungen für die Aufgabenteilung in Familie und Beruf, 2015, S. 22

M10 Welche staatlichen Unterstützungsangebote gibt es für Familien?

Die Familie ist für die Gesellschaft wichtig. Deshalb gibt es staatliche Maßnahmen, mit denen Familien geholfen werden soll. Auch Claudia und Tom (M8) können mit staatlicher Unterstützung rechnen.

Finanzielle Leistungen für Familien

Claudia und Tom erhalten für Conny 192 EUR **Kindergeld** im Monat (Stand: 1. Januar 2017). Außerdem müssen sie **weniger Steuern** zahlen.

Vereinbarkeit von Beruf und Familie

Claudia und Tom können Conny auch selbst betreuen. Beide können drei Jahre **Elternzeit** nehmen. In dieser Zeit bleiben sie zu Hause und kümmern sich um Conny. Danach kehren sie an ihren alten Arbeitsplatz zurück. Sie müssen die Elternzeit nicht gleichzeitig nehmen. Deshalb kann Conny insgesamt sechs Jahre lang von einem der beiden betreut werden. Erst wenn sie acht Jahre alt wird, verfällt die nicht genutzte Elternzeit.

Allerdings verdienen Claudia und Tom während der Elternzeit kein Geld. Daher gibt es das **Elterngeld**. Für höchstens 14 Monate ersetzt der Staat Eltern einen Teil ihres bisherigen Gehaltes.

Staatliche Betreuungsangebote

Claudia und Tom können beide weiter arbeiten. Conny geht dann in eine **Kindertagesstätte**. Einen **Rechtsanspruch auf einen Platz in einer Kindertagesstätte** hat Conny aber erst, wenn sie ein Jahr alt ist.

Für die Betreuung müssen Claudia und Tom Geld bekommen, ihrem Wohnort und der Betreuungsdauer für Conny ab. Wenn sie nur vormittags betreut werden soll, kostet der Platz etwa 100 EUR im Monat. Ein Ganztagsplatz kann mit Mittagessen über 250 EUR kosten. Etwas billiger wird es, wenn Conny drei Jahre alt wird.

Mit sechs kommt Conny in die Schule. Dann müssen Tom und Claudia nur noch bezahlen, wenn sie Conny zur **Ganztagsbetreuung** anmelden. Dabei ist aber nicht sicher, ob diese an Connys Grundschule angeboten werden wird.

AUFGABEN

1. a) Schließt euch in Zweiergruppen zusammen, teilt die Rollen von Tom und Claudia untereinander auf und findet Antworten auf die in **M8** formulierten Fragen.
   b) Nennt Folgen, die sich aus eurer Entscheidung ergeben für:
   - die Zeit, die die Eltern mit Conny verbringen,
   - die Aufgabenverteilung in der Familie und
   - die Karriereaussichten von Tom und Claudia.
2. Begründe, welche Folgen sich aus den Unterstützungsangeboten für Claudia, Tom und Conny ergeben (**M10**).
3. Erörtert im Gespräch, ob ihr wegen der Unterstützungsangebote eure Entscheidungen aus Aufgabe 1 verändern wollt (**M10**).
4. Nenne Maßnahmen, mit denen der Staat Familien unterstützt (**M10**).

F zu Aufgabe 1
Prüfe, ob sich die meisten Paare so entscheiden, wie ihr entscheiden würdet (M9).

H zu Aufgabe 4
Beantwortet dazu die folgenden Fragen:
- Wie viel Zeit verbringen die Eltern mit ihren Kindern?
- Wer übernimmt welche Aufgaben in der Familie?
- Wie werden die Karriereaussichten von Müttern und Vätern beeinflusst?

Erziehen – ein Kinderspiel?

Hast du dich schon mal gefragt, warum deine Eltern dir manche Dinge verbieten und andere erlauben? Warum gelten bei euch andere Regeln als bei deinen Freunden? Ein Grund kann sein, dass deinen Eltern andere Dinge wichtig sind als den Eltern deiner Freunde. Auch über den Weg, wie ihr die wichtigen Dinge am besten lernt, haben Eltern verschiedene Vorstellungen.

M11 Stell dir vor, du wärst Vater oder Mutter

- Dein sechzehnjähriger Sohn weigert sich, im Haushalt zu helfen.
- Zum Halbjahr meldet sich die Klassenlehrerin deiner Tochter. In einem kurzen Telefonat informiert sie dich darüber, dass deine Tochter ihre Hausaufgaben nicht ordentlich macht.
- Dein zehnjähriger Sohn kommt zu spät nach Hause, weil er beim Fußballspielen mit seinen Freunden „die Zeit vergessen" hat.
- Dein dreijähriger Sohn matscht immer im Essen.
- Deine vierzehnjährige Tochter kommt betrunken nach Hause.

M12 Erziehungspuzzle

- **Reden** (z. B. Erklären oder Besprechen)
- Die Eltern hoffen, dass das Kind sich deshalb öfter so verhält, wie es die Eltern gut finden.
- Die Eltern hoffen, dass das Kind die Gründe der Eltern nachvollziehen kann.
- **Strafe** (z. B. Schimpfen oder Hausarrest)
- **Machen lassen** (z. B. Beobachten)
- **Vorbild sein**
- Die Eltern hoffen, dass ihr Kind aus eigenen Fehlern lernt.
- **Belohnung** (z. B. Lob oder Geschenke)
- Die Eltern hoffen, dass sich ihr Kind bei ihnen das richtige Verhalten abschaut.
- Die Eltern hoffen, dass ihr Kind sich nicht mehr so verhält.

ERZIEHUNG

Durch Erziehung lernen Kinder, wie sie sich in der Gesellschaft zurecht finden. Dazu gehört, dass sie wichtige Werte lernen. Ein solcher Wert kann zum Beispiel Frieden sein. Auch Verhalten wie Pünktlichkeit oder Höflichkeit werden durch die Erziehung vermittelt. Eltern haben viele Möglichkeiten, ihre Kinder zu erziehen. Wie sie verschiedene Möglichkeiten nutzen, prägt ihren Erziehungsstil.

M13 Verschiedene Erziehungsstile

Du bist der Ansicht, dass Kinder Regeln ohne Widerspruch einhalten müssen. Tun sie das nicht, müssen sie bestraft werden. Als Erziehungsmittel empfiehlst du vor allem **Lob und Strafe**. Nicht so wichtig ist für dich, dass die Kinder die Regeln auch verstehen. Der Erziehungsstil heißt **autoritär**.

Beispiel: Du machst jetzt sofort deine Hausaufgaben, Fernsehen ist für eine Woche gestrichen!

Du findest, man sollte dem Kind viele Freiheiten lassen. Grenzen setzt du sehr wenige. Deshalb musst du auch **nur selten zu Erziehungsmitteln** greifen. Dieser Erziehungsstil heißt **permissiv**.

Beispiel: Geh ruhig fernsehen, deine Hausaufgaben kannst du ja irgendwann später machen.

Nach deiner Meinung gibt es klare Regeln, an die sich das Kind halten muss. Gleichzeitig versuchst du aber auch die Bedürfnisse des Kindes zu erfüllen. Dir ist es wichtig, dass das Kind die **Regeln versteht**. Daher erklärst du deine Regeln und lässt dich auch auf Diskussionen mit dem Kind ein. Wenn das Kind aber dauerhaft deine Regeln missachtet, bestrafst du es. Die **Strafe passt dabei meist zu der Regel**, an die sich das Kind nicht gehalten hat. Der Erziehungsstil heißt **autoritativ**.

Beispiel: Solange du deine Hausaufgaben nicht gemacht hast, kannst du auch nicht fernsehen.

AUFGABEN

1. a) Entscheide, wie du in den Situationen **M11** jeweils reagieren würdest.
   b) Begründe deine Reaktion.
2. Ordne die Erziehungsmittel den jeweils passenden Erziehungszielen der Eltern zu (**M12**).
3. a) Gestaltet zu einer der Situationen aus **M11** eine kurze Spielszene. In dieser sollt ihr zeigen, wie ihr die Situation lösen wollt.
   b) Diskutiert, welche Erziehungsziele man mit welchen Mitteln erfolgreich verfolgen kann.

H zu Aufgabe 1b)
Überlege dir dazu, was das Kind jeweils lernen soll.

F zu Aufgabe 3
- Teilt die Rollen aus M13 untereinander auf.
- Beobachtet die Rollenspiele.
- Kommentiert aus eurer Rolle eines Erziehungsberaters das Verhalten der Eltern.

Gewalt als Lösung?

M14 Ich weiß nicht mehr, was ich noch tun soll

Mutter_34 — 03.12.2015, 17.04 Uhr

Meine Tochter Valentina ist 14 Jahre alt. Sie macht nur noch Stress. Sie bleibt über Nacht bei Freundinnen und ist schlecht in der Schule. Damit kann ich umgehen. Aber wie Valentina mit mir umspringt, ertrage ich nicht länger. Sie sagt zu mir Worte wie „Schlampe" oder „Fuck you". Sie tut nicht, was ich ihr sage. Ihr
5 Zimmer ist ein Saustall und sie motzt meinen Mann und mich an, wo immer sie kann. Egal was wir machen, Hausarrest, Handyverbot, Taschengeld streichen, nichts hilft.
Vor zwei Tagen hatten wir wieder Streit. Valentina hatte Hausarrest und ist einfach shoppen gegangen. Als wir sie zur Rede gestellt haben, hat sie nur geant-
10 wortet „Ich mache nicht, was ihr sagt. Ich bin doch nicht so gehirngestört und strohdoof wie meine Geschwister." Mein Mann konnte sich nicht mehr halten, gab ihr eine Ohrfeige und schlug sie mehrmals auf den Po. Valentina weinte und mein Mann sperrte sie in ihr Zimmer.
Ich weiß nicht, was ich machen soll. Einerseits will ich, dass sie sich ändert, und
15 andererseits will ich aber auch das Problem nicht mit Ohrfeigen und Schlägen auf den Po lösen. Was ratet ihr mir?

Nach: www.elternforen.com, 2.6.2016

Nummer gegen Kummer
Wenn du selbst geschlagen wirst und nicht weiter weißt, solltest du dir Hilfe holen. Wende dich an Großeltern, Nachbarn oder Lehrer, denen du vertraust. Wenn du niemanden weißt, kannst du kostenlos die Nummer gegen Kummer (116111) anrufen.
Mehr erfährst du unter www.nummergegenkummer.de

RECHT AUF GEWALTFREIE ERZIEHUNG

Du hast das Recht, ohne Gewalt erzogen zu werden.
Keine Gewalt heißt nicht nur, dass deine Eltern dich nicht schlagen dürfen. Es ist ihnen auch verboten, zur Strafe für eine lange Zeit nicht mit dir zu sprechen oder dir z. B. die Haare abzurasieren. In § 1631 (2) des bürgerlichen Gesetzbuches heißt es daher: „Kinder haben ein Recht auf gewaltfreie Erziehung. Körperliche Bestrafungen, seelische Verletzungen und andere entwürdigende Maßnahmen sind unzulässig."

Lesehilfe
Man sagt: „Paragraf 1631, Absatz 2"

H zu Aufgabe 1
Überlege auch, welche Gefühle das Verhalten des Mädchens bei den Eltern ausgelöst hat.

H zu Aufgabe 2
Dabei kannst du dich an den Erziehungsstilen (**M13**) orientieren.

AUFGABEN

1. Erkläre, warum Valentina in **M14** von ihrem Vater geschlagen wurde.
2. Schreibe Valentinas Mutter eine Antwort.
   - Wie findest du ihr Verhalten?
   - Welchen Ratschlag zum Umgang mit Valentina gibst du ihr?

GRUNDWISSEN

WAS BEDEUTET FAMILIE?

UNTERSCHIEDLICHE FAMILIENFORMEN (M2, M3)

Danach, welche Personen zu einer Familie gehören, kannst du Familienformen unterscheiden. Zu einer traditionellen Familie gehören zum Beispiel Vater, Mutter und Kinder. Auch durch die Aufgabenverteilung lassen sich Familien unterscheiden: Früher war es oft so, dass der Vater arbeiten ging und die Mutter sich als Hausfrau um die Kinder kümmerte. Heute hat oft auch die Mutter einen Beruf und manche Väter bleiben immer öfter zu Hause.

FAMILIE IST FÜR ALLE WICHTIG (M5, M7)

Die Familie übernimmt in der Gesellschaft drei wichtige Funktionen: Reproduktion, Pflege und Erziehung. Unter Reproduktion versteht man, dass es in der Gesellschaft immer Nachwuchs gibt. Pflege heißt, dass man sich umeinander kümmert. Wenn die Schwachen in der Familie gepflegt werden, muss das nicht die ganze Gesellschaft leisten. Erziehung ist wichtig, damit du dich in der Gesellschaft bewegen kannst, ohne andere vor den Kopf zu stoßen. Am Ende profitieren alle. Du als Familienmitglied und der Rest der Gesellschaft.

DER STAAT UNTERSTÜTZT FAMILIEN (M10)

Familien sind für den Einzelnen und für die Gesellschaft wichtig: „Ehe und Familie stehen unter dem besonderen Schutze der staatlichen Ordnung" (Art. 6, GG). Der Staat unterstützt Familien durch finanzielle Leistungen, wie zum Beispiel Kindergeld. Außerdem bietet er Betreuungsmöglichkeiten (z. B. Kindergärten) an. Zuletzt achtet er darauf, dass Eltern möglichst wenig Nachteile im Beruf haben.

KINDER MÜSSEN GEWALTFREI ERZOGEN WERDEN (M13, M14)

Eltern bestimmen selbst, wie sie ihre Kinder erziehen wollen. Aber sie müssen sich an das Gesetz halten. Das garantiert jedem Kind eine „gewaltfreie" Erziehung. Abhängig von den Zielen und den Erziehungsmitteln der Eltern lassen sich Erziehungsstile unterscheiden. Ein autoritärer Erziehungsstil verlangt von den Kindern vor allem Gehorsam. Im Gegenteil dazu steht ein permissiver Erziehungsstil. Dieser setzt nur sehr wenige Grenzen. Dazwischen steht der autoritative Erziehungsstil. Hier bekommen die Kinder klare Grenzen gesetzt. Innerhalb dieser Grenzen dürfen sie aber frei entscheiden.

4.2 Konflikte in der Familie
Soll Kevin mehr im Haushalt helfen?

Beate Maier ist unzufrieden. Sie hat das Gefühl, dass die ganze Arbeit im Haushalt an ihr hängen bleibt. Immer muss sie ihrem Mann und ihrem Sohn Kevin hinterher räumen. Dabei könnte sich doch vor allem Kevin stärker im Haushalt engagieren. Ihr Mann arbeitet schließlich und sorgt mit seinem Einkommen für einen Großteil des Lebensunterhalts. Außerdem hilft er ja auch eine ganze Menge mit.

M1 Familie Maier

Beate Maier (43 Jahre)
Sie arbeitet 20 Stunden in der Woche als Krankenschwester. Damit verdient sie 1.200 € im Monat. In ihrer Freizeit liest sie gerne oder trifft sich mit Freundinnen. Einmal in der Woche geht sie zum Yoga. Die Wochenenden möchte sie gerne mit der Familie verbringen.

Peter Maier (46 Jahre)
Als Zimmermann verdient er knapp 2.700 € im Monat. Dafür arbeitet er 35 Stunden in der Woche. In seiner Freizeit fährt er Rad oder trifft sich mit Freunden zum Fußballschauen. Die Wochenenden möchte er gerne mit der Familie verbringen.

Kevin Maier (13 Jahre)
Er ist in der Woche 35 Stunden in der Schule. Zu Hause muss er in der Woche nochmals fünf Stunden arbeiten. Den Rest seiner Zeit verbringt er mit Fußball und Computer spielen.

M2 Aufgabenverteilung von Familie Maier

durchschnittliche Zeitaufwendung pro Woche in Stunden			
	Beate	Peter	Kevin
Berufstätigkeit / Schule	20	35	40
Haushalt (gesamt)	34,5	8	1
Einzelne Tätigkeiten im Haushalt			
aufräumen	8	1	0,5
Putzen	4	-	-
Wäsche waschen und Bügeln	8	1	-
Kochen und abspülen	8	1	-
Tisch decken	-	-	0,5
Müll raus bringen	0,5	-	-
kleinere Reparaturen und Renovierungen	0,5	0,5	-
einkaufen	3	1	-
Gartenarbeit	2	0,5	-
Autopflege	-	0,5	-
Geldangelegenheiten/ Steuer	0,5	0,5	-

AUFGABEN

1. Prüfe mithilfe von **M1** und **M2**, ob die Wahrnehmung von Beate Maier, dass die Haushaltsarbeit an ihr hängen bleibt, richtig ist.
2. Soll Kevin mehr im Haushalt helfen?
   a) Erstelle eine Pro-Kontra-Tabelle.
   b) Nenne den Grund, der dich am meisten überzeugt und entscheide.
   c) Formuliere den Grund mit einem passenden Beispiel in ganzen Sätzen.
3. Erstelle mithilfe von **M2** eine Übersicht über die Aufgabenverteilung in deiner Familie.
4. Gestalte nach dem Vorbild von **M1** Rollenkarten für deine Familie.

H zu Aufgabe 1
Addiere jeweils die fett gedruckten Arbeitsstunden in den Zeilen Berufstätigkeit und Haushalt.

F zu Aufgabe 2a)
Prüfe, ob sich die Kriterien (Kompetenz Urteilen) einem oder mehreren Gründen der Pro-Kontra-Tabelle zuordnen lassen.

KOMPETENZ: Methode

Eine Pro-Kontra-Tabelle erstellen

Bei einem Streit sollte man die Argumente beider Seiten im Blick haben. Eine Möglichkeit, dies übersichtlich darzustellen, ist die Pro-Kontra-Tabelle.

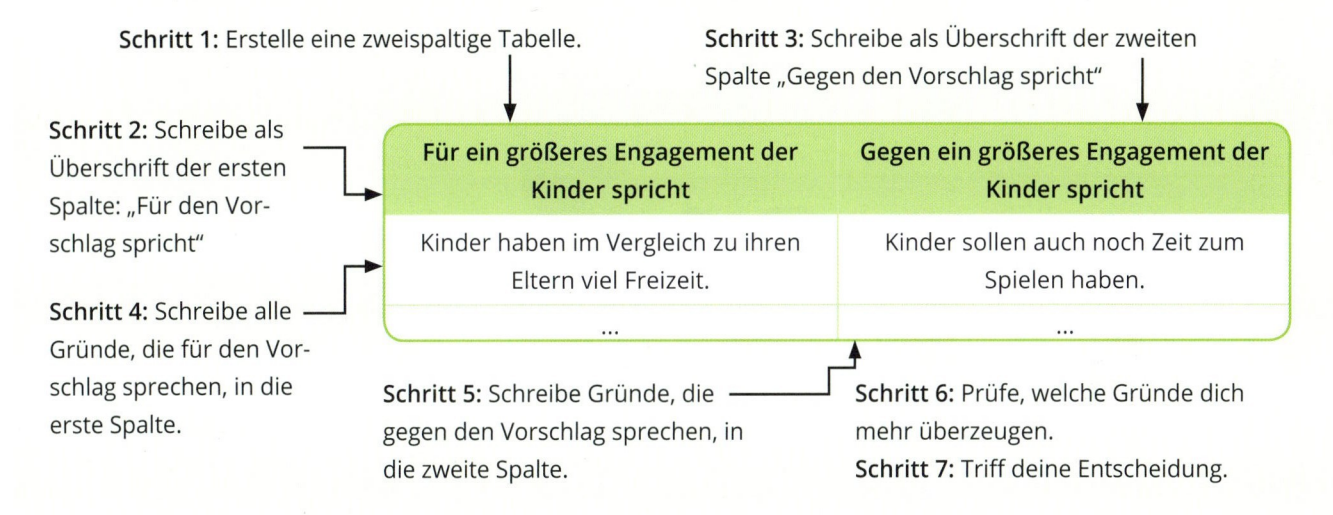

Schritt 1: Erstelle eine zweispaltige Tabelle.

Schritt 2: Schreibe als Überschrift der ersten Spalte: „Für den Vorschlag spricht"

Schritt 3: Schreibe als Überschrift der zweiten Spalte „Gegen den Vorschlag spricht"

Schritt 4: Schreibe alle Gründe, die für den Vorschlag sprechen, in die erste Spalte.

Für ein größeres Engagement der Kinder spricht	Gegen ein größeres Engagement der Kinder spricht
Kinder haben im Vergleich zu ihren Eltern viel Freizeit.	Kinder sollen auch noch Zeit zum Spielen haben.
...	...

Schritt 5: Schreibe Gründe, die gegen den Vorschlag sprechen, in die zweite Spalte.

Schritt 6: Prüfe, welche Gründe dich mehr überzeugen.

Schritt 7: Triff deine Entscheidung.

KOMPETENZ: Urteilen

Die Kriterien des Urteils

Die Gründe in der Pro-Kontra-Tabelle gelten immer nur für eine Streitfrage. Anders ist es bei einem Kriterium. Ein Kriterium ist ein Maßstab, an dem man seine Entscheidungen ausrichtet. Wenn dir ein Kriterium besonders wichtig ist, kannst du dich bei vielen Streitfragen an ihm orientieren.

Gleichheit
Soll die Aufgabenverteilung möglichst gleich sein?
→ Dann müsste man sich für eine Regelung entscheiden, die alle Familienmitglieder möglichst gleich belastet.

Zweck
Soll die Aufgabenverteilung einen bestimmten Zweck verfolgen?
→ Dann müsste die Aufgabenverteilung an das jeweilige Ziel angepasst sein. Das könnte zum Beispiel sein, dass Beate Maier entlastet wird oder dass Kevin genug Zeit zum Lernen hat.

Einfachheit
Soll die Aufgabenverteilung so gestaltet sein, dass der Haushalt möglichst schnell gemacht wird?
→ Dann müsste man sich für eine Regelung entscheiden, bei der jeder das tut, was er am schnellsten machen kann.

Sollen Jugendliche ihr Zimmer aufräumen müssen?

Obwohl deine Eltern dir schon mehrmals gesagt haben, dass du dein Zimmer mal wieder aufräumen sollst, hast du das noch nicht getan. Du hast einfach Besseres zu tun. Und eigentlich findest du dein Zimmer auch gar nicht so schlimm. Plötzlich steht dein Vater im Zimmer und droht, alles wegzuwerfen, das nicht aufgeräumt ist.

M3 Ich hab aufgeräumt!

lakonisch
knappe, aber treffende Ausdrucksweise

Ein typisches Jugendzimmer?

Zusatzkapitel:
Heute Mädchen, morgen Hausfrau – heute Junge, morgen Hausmann?

Mediencode: 70003-09

Ich wollte total gelassen die Kreativität meiner […] Kinder stärken und sie ihr eigenes Reich so bewirtschaften lassen, wie sie sich drin wohlfühlen. Ich war mir sicher, das klappt. Allein ich merke heute, ICH fühle mich damit nicht wohl. „Mach doch die Tür zu, wenn Du es nicht erträgst", rät lakonisch [meine große Tochter]. Damit die gesamte Bude im Dunkeln ist und ich sogar im Sommer im Flur Licht machen muss? Außerdem mache ich gerne „Schlossführungen", ich zeige gerne mein Zuhause, wenn Besuch kommt. „Dann räum Du doch auf, wenn DU das so willst", schlussfolgert die Jüngste. Grrr... wunder Punkt. Eigentlich wollte ich ja kreative Kinder. Aber deren Zimmer müffeln wie eine Bärenhöhle nach dem Winterschlaf.

Dörte Welti, www.famigros.migros.ch, Abruf am 2.6.2016

H zu Aufgabe 2b
Orientiere dich an den folgenden Formulierungen:
„Ein wichtiger Grund ist für mich ..."
„Das kann man daran erkennen, dass ..."

F zu Aufgabe 3
Lasst euer Gespräch von einem Mitschüler beobachten. Dieser kann euch danach eine Rückmeldung geben, ob ihr die Regeln eingehalten habt.

AUFGABEN

1. Vergleicht den in **M3** beschriebenen Streit mit der Situation bei euch zu Hause.

2. a) Teilt die Klasse in zwei Gruppen.
   Gruppe 1: Teenager
   - Nennt Gründe, aus denen ihr nicht wollt, dass eure Eltern euch zwingen, euer Zimmer aufzuräumen.
   - Stützt die Gründe durch Beispiele.

   Gruppe 2: Vater/Mutter
   - Nenne ausgehend von **M3** Gründe, die dafür sprechen könnten, dass eure Kinder ihr Zimmer aufräumen sollen.
   - Stütze die Gründe durch Beispiele.

   b) Formuliere einen der Gründe mit Beispiel schriftlich aus.

3. Führt ein faires, konstruktives Streitgespräch, in dem ihr zu einem Lösungsvorschlag kommt, der für beide Seiten akzeptabel ist (**Kompetenz Methode**).

KOMPETENZ: Methode

Ein konstruktives Streitgespräch führen

Dass es zu Streit kommt, ist natürlich. Daher ist es wichtig, Mittel und Wege zu kennen, die helfen, einen Streit auch wieder aus der Welt zu schaffen. Ein konstruktives Streitgespräch ist solch ein Mittel. Hier geht es darum, dass alle Beteiligten Ihre Sicht zu einem Streit loswerden können und sie gemeinsam eine Lösung finden.

1. Das Gespräch angehen
- Stelle dich dem Konflikt und gehe die Probleme möglichst schnell an. Probleme, die runtergeschluckt werden, werden nur noch größer.
- Wähle einen sinnvollen Zeitpunkt für die Aussprache. Nicht dann, wenn der andere gerade keine Zeit hat.
- Überlege dir vorher, was du sagen möchtest.
- Überlege dir, was du erreichen möchtest.
- Überlege dir, wo du zu Zugeständnissen bereit bist.

2. Das Gespräch führen
- Lass deine Gesprächspartner ausreden.
- Höre genau zu.
- Versuche, ruhig zu bleiben.
- Sprich deine Ansichten und Gefühle an. Formuliere Ich-Botschaften. (*„Ich habe das Gefühl, dass du hinter mir her schnüffelst".*) Damit kannst du deine Meinung sagen, ohne den anderen zu verletzen.
- Vermeide Übertreibungen. (*„Nie lässt du mich in Ruhe."*)
- Formuliere konkrete Wünsche. (*„Ich hätte gerne mehr Zeit für mich."*)

3. Ein Ergebnis festhalten
- Einige dich mit deinem Gesprächspartner auf eine Regelung oder ein Verhalten, mit dem ihr solche Konflikte in Zukunft vermeiden könnt.
- Wenn ihr wollt, könnt ihr das Ergebnis schriftlich festhalten.

GRUNDWISSEN

WIE GEHE ICH MIT PROBLEMEN (IN DER FAMILIE) UM?

 # STREIT SOLL KONSTRUKTIV GELÖST WERDEN

Streit in Familien ist normal. Wichtig ist, dass man trotz Streit fair miteinander umgeht. Dazu gehört, dass man seine Gefühle offen und ehrlich anspricht und dass man den anderen nicht verletzt. Dann können auch konstruktive Lösungen für den Streit gefunden werden.

SELBSTEINSCHÄTZUNG

In diesem Kapitel hast du dich mit der Familie auseinandergesetzt. Du hast dir überlegt, was eine Familie ist und warum sie wichtig ist. Und du hast dich im Umgang mit Problemen in der Familie geübt.

Die folgende Tabelle hilft dir, herauszufinden, welche Fähigkeiten du dabei erworben hast. Zugleich zeigt sie dir, wie du noch weiter üben kannst.

Ich kann ...	Das klappt schon ...	Hier kann ich noch üben ...
... drei Familienformen beschreiben.	👍 🤚 👎	Kapitel 4.1: M3
... erklären, warum es für ein Kind gut ist, eine Familie zu haben.	👍 🤚 👎	Kapitel 4.1: M5, M7, #Die Familie im Grundgesetz
... zwei staatliche Hilfen für Familien nennen.	👍 🤚 👎	Kapitel 4.1: M10
... ein Erziehungsmittel begründen.	👍 🤚 👎	Kapitel 4.1: M12, M13, #Erziehung
... mich zu einer Lösung für einen familiären Konflikt positionieren.	👍 🤚 👎	Kapitel 4.2: M1, M3, Kompetenz: Ein konstruktives Streitgespräch führen
... einen Grund schriftlich ausformulieren und mit einem Beispiel stützen.	👍 🤚 👎	Kapitel 4.2: Kompetenz: Eine Pro-Kontra-Tabelle erstellen; Kompetenz: Die Kriterien des Urteils

TRAINING

M1 Was ist eine Familie?

 # FAMILIE

....
....
....
....
....

Aufgabe

Gestalte eine eigene Begriffskarte zum Begriff „Familie".

M2 Wird Herr Brunotte seinen Kindern gerecht?

Dirk Brunotte hat vier Kinder. Seit dem Tod seiner Frau ist er alleinerziehend. Herr Brunotte ist beruflich viel unterwegs. Im letzten Jahr war er
5 113 Tage auf Dienstreise. Seine Kinder werden von einer Haushälterin und einer Tante versorgt.
Herr Brunotte hat sich klar für die Arbeit entschieden. Sie hat für ihn
10 „oberste Priorität". Er will nicht, dass sie als Familie weniger Geld haben. Wenn die Kinder Probleme haben, helfen sie sich gegenseitig oder sie können am Wochenende mit ihrem
15 Vater reden. Herr Brunotte findet, dass seine Kinder dadurch selbstständig werden. Daher sagt er selbstbewusst: „Ich werde meinen Kindern extrem gerecht."

Nach: Axel Reiman, www.chrismon.evangelisch.de, 27.8.2010

Aufgaben

1. Nenne Gründe, die Dirk Brunotte dafür anführt, wenig bei seinen Kindern zu sein.
2. Erkläre, warum er damit wichtige Aufgaben als Vater erfüllt.
3. Erörtere, ob Dirk Brunotte mit seiner Aussage „Ich werde meinen Kindern extrem gerecht" richtig liegt.

Welche Schule wollen wir haben?

Schulleben gestalten

SMV-Wochenende
SMV-Fußballturnier
Schullandheim
Schüler...
Schulschwof
schwarz-weiß-Tag

Was weißt du schon?

1. a) Sammelt Situationen in eurem Umfeld, wo ihr mitreden dürft und wo nicht.
   b) Wo würdet ihr gerne mitreden? Notiert euch eine Situation.
2. Sammelt Möglichkeiten,
   a) wie ihr euch im Schulleben einbringen könnt.
   b) wie ihr euer Schulleben mitgestalten könnt.
3. Was gefällt euch an eurer Schule und was nicht? Sammelt Positives und Negatives.
4. Diskutiert, was ihr an eurer Schule verändern könnt und wie.

5

#Mitwirkung in der Schule

Einen großen Teil eurer Zeit verbringt ihr in der Schule, mit mehr oder weniger Freude oder auch Frust. Ob euch Schule Spaß macht, liegt an vielen Aspekten: an denjenigen, die euch unterrichten, an den Fächern, Noten, Mitschülern, am Gebäude. Ihr müsst das alles nicht einfach hinnehmen. Ihr könnt euren Beitrag dazu leisten, dass Schule zu dem Ort werden kann, an dem ihr euch wohl fühlt.

Was lernst du in diesem Kapitel?

... welche Möglichkeiten du hast, um deine Interessen in der Schule einzubringen.

... wie in deiner Schule Entscheidungen getroffen werden und wie die einzelnen Institutionen (SMV, Schulkonferenz ...) deiner Schule dabei zusammenwirken.

... nach welchen Regeln das Zusammenleben in deiner Schule funktioniert und wie Konflikte gelöst werden können.

GEMEINSAM AKTIV

Das Schulleben (neu) gestalten

Schule ist kein starres vorgegebenes Gebilde, das nicht verändert werden kann. Ihr könnt mitentscheiden, was für eine Art von Schule ihr haben wollt.

Hier habt ihr die Gelegenheit, im kleinen Raum mitzureden und euren Schulalltag zu gestalten, also mitbestimmen, welche Schule ihr werden wollt. Dabei müsst ihr euch selbst darüber klar werden, wie es in eurer Klasse aussieht, welche Art von Gemeinschaft ihr haben wollt und mit welchen Abmachungen und Regeln dies möglich ist. Was ihr hier im Kleinen ausprobiert, könnt ihr dann Schritt für Schritt auf eure Schule anwenden. Dabei müsst ihr wissen, welche Möglichkeiten ihr habt, mitzumachen. Von dort aus folgen weitere Bausteine, die ihr alle zusammengenommen in einer Schulordnung festhalten könnt.

Geht dabei so vor:

1 Legt zunächst gemeinsam fest, was euch an eurer Klassengemeinschaft wichtig ist und wie ihr euer Klassenleben gestalten wollt. (→ Kapitel 5.1: M1, M2)

2 Sammelt Maßnahmen, die eure Klassengemeinschaft fördern und teilt sie euch untereinander auf. (→ Kapitel 5.1: M4)

3 Einigt euch auf das Wichtigste aus den Schritten 1 und 2 und gestaltet eine Klassenordnung, die euren Umgang miteinander regelt. (→ Kapitel 5.1: M1-M3)

4 Sammelt Konflikte aus eurem Schulalltag und findet Lösungen. (→ Kapitel 5.1: M10, M12)

5 Haltet schriftlich fest, nach welchen Regeln diese gelöst werden können. (→ Kapitel 5.1: M10-M14)

6 Erarbeitet euch mithilfe des Fallbeispiels weitere Regeln, die in eure Schulordnung mit aufgenommen werden sollen. (→ Kapitel 5.2: M1-M8)

7 Gestaltet eine neue Schulordnung für eure Schule und stellt sie den entsprechenden Gremien vor. (→ Kapitel 5.2: #SMV, M8)

5.1 Unsere Klasse – mehr als nur eine Lerngruppe?

Was für eine Klasse wollen wir sein?

Habt ihr euch schon einmal gefragt, was für eine Klasse ihr sein wollt? Überlegt doch einfach gemeinsam, was ihr an euch und eurer Klasse verändern wollt und wie ihr diese Änderungen mithilfe eines Aktionsplanes unterstützen könnt.

M1 Merkmale einer guten Klasse

- Wir halten zusammen.
- Ich möchte in keiner anderen Klasse sein.
- Wir verstehen uns alle gut.
- Meine Meinung kann ich immer offen sagen.
- Mädchen und Jungs sind miteinander befreundet.
- Niemand wird hier ausgelacht.
- Beim Lernen helfen wir uns.
- Wir können sachlich miteinander diskutieren.
- Es gibt keine Cliquenbildung.
- Unsere Klassensprecher vertreten uns gut.
- Neue Mitschüler werden schnell in unsere Klassengemeinschaft aufgenommen.
- Ich habe viele Freunde in der Klasse.
- Jeder kann mit jedem in einer Gruppe arbeiten.
- …

M2 Unsere Klasse als Haus?

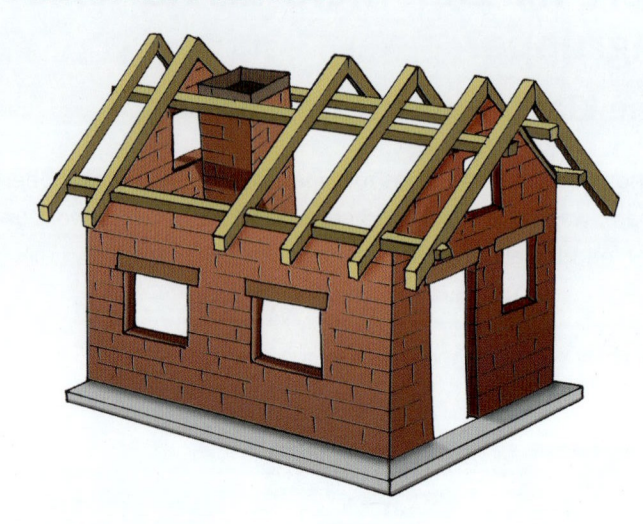

 # KLASSENGEMEINSCHAFT

Wie ihr miteinander und mit euren Lehrern umgeht, zeigt sich in der Klassengemeinschaft.
Kennzeichen für eine gute Klassengemeinschaft sind beispielsweise neben den ruhigen Phasen im Unterricht, kein Mobbing, auch, dass ihr gerne in die Schule kommt.

M3 Was kann ich dazu beitragen?

- … dass in unsere Klasse Ordnung herrscht?
- … dass sich in unserer Klasse jeder wohl fühlt?
- … dass in unserer Klasse ein freundliches Klima herrscht?
- … dass

M4 Aktionsplan „Gute Klasse"

Jeder von euch kann dazu beitragen, dass eure Klassengemeinschaft so gut wird, dass sich jeder von euch wohlfühlt. Mit welchen Maßnahmen lässt sich so eine gute Klassengemeinschaft erreichen?

To Do:
Lade jemanden ein, den du noch nie eingeladen hast.

To Do:
Unterstütze den Ordnungsdienst, indem du einfach Abfall wegräumst.

To Do:
1.
2.
3.
4.
5. …

AUFGABEN

1. Was ist eine gute Klasse (**M1**)?
   a) Notiere dir fünf Eigenschaften, die dir wichtig sind.
   b) Tauscht euch in Kleingruppen aus und einigt euch auf acht Aussagen.
   c) Stellt euer Ergebnis in der Klasse vor.
2. Stellt euch eure Klassengemeinschaft als ein Haus vor, das ihr gemeinsam bauen wollt (**M2**).
   a) Nennt die wichtigsten (Bau-)Teile für euer Haus.
   b) Beschreibt Eigenschaften, die für eure Klassengemeinschaft besonders wichtig sind.
   c) Zeichnet nun daraus ein Klassengemeinschaftshaus, indem ihr die Eigenschaften den Bauteilen zuordnet.
   d) Vergleicht eure Häuser in der Klasse. Wo könnt ihr Gemeinsamkeiten feststellen, wo Unterschiede?
3. Was kann jeder Einzelne von euch zu einer guten Klasse beitragen?
   a) Vervollständige die Sätze und ergänze einen eigenen Satz (**M3**).
   b) Erstellt gemeinsam „to-do-Karten" wie in **M4**.
   c) Legt einen Zeitraum von einigen Wochen fest und teilt die Aufgaben untereinander auf. Nach einer Woche werden die Aufgaben gewechselt.
   d) Wie waren eure Erfahrungen damit? Tauscht euch in der Klasse aus und gestaltet einen Klassenleitfaden für euren künftigen Umgang miteinander.

zu Aufgabe 1a)
Du kannst auch unabhängig von M1 weitere Eigenschaften ergänzen.

zu Aufgabe 2c)
Wände halten ein Haus zusammen oder schützen einen Raum.

Wer soll Klassensprecher werden?

Zur Demokratie gehören Wählen, Mitbestimmen und Mitgestalten dazu. Wenn ihr eine Wahl trefft, müsst ihr gewichtige Gründe dafür haben, euch entscheiden zu können. Worauf kommt es an, den für euch „richtigen" Klassensprecher zu wählen?

M5   Die Situation nach den Ferien

Am ersten Tag nach den Sommerferien kommt Herr Busse, der Deutsch- und Klassenlehrer der 7c, pünktlich in den Unterricht. Er begrüßt die Schülerinnen und Schüler, prüft, ob alle anwesend sind, erkundigt sich, wie es ihnen nach den Ferien geht, und stellt die Inhalte für den Deutschunterricht vor. Bevor er mit dem Unterricht beginnen kann, meldet sich Silke und erinnert an die anstehenden Wahlen zum Klassensprecher bzw. zur Klassensprecherin. Der neu in die Klasse gekommene Schüler Jan wendet sofort selbstbewusst ein, dass er seine neuen Mitschülerinnen und Mitschüler noch nicht kennt. Da könne er gar nicht wissen, wer für das Amt geeignet sei. Herr Busse weist die Schülerinnen und Schüler auf das streng geregelte Verfahren hin: erst die Wahl und dann der Unterricht! Im Übrigen sei die Aufgabe des Klassensprechers oder der Klassensprecherin nicht so wichtig. Wichtig sei, dass man gut untereinander auskomme und daher sei es am günstigsten, wenn Lukas sich bereit fände, das Amt zu übernehmen. Dann könne man sich die Wahl auch sparen. Die Unterrichtszeit im kommenden Schuljahr sei äußerst knapp. Auf den Einwand von Jan geht Herr Busse gar nicht ein.

M6   Schülermitverantwortung und Klassensprecher

§ 62
(1) Die Schülermitverantwortung dient der Pflege der Beteiligung der Schüler an der Gestaltung des Schullebens, des Gemeinschaftslebens [...], der Erziehung der Schüler zu Selbständigkeit und Verantwortungsbewusstsein.
(2) [...] Die Schüler haben in diesem Rahmen die Möglichkeit, ihre Interessen zu vertreten und [...] eigene Verantwortung zu übernehmen. [...]

§ 63
(1) Die Schüler wirken in der Schule mit durch
  1. die Klassenschülerversammlung;
  2. die Schülervertreter.
Schülervertreter sind die Klassensprecher, der Schülerrat und der Schülersprecher. [...]

§ 65
(1) Von Klasse 5 an wählen die Schüler jeder Klasse aus ihrer Mitte zu Beginn des Schuljahres einen Klassensprecher und seinen Stellvertreter.
(2) Der Klassensprecher vertritt die Interessen der Schüler der Klasse und unterrichtet die Klassenschülerversammlung über alle Angelegenheiten, die für sie von allgemeiner Bedeutung sind.

M7 Wer ist dein Klassensprecherkandidat?

Phung ist eine sehr gute, aber auch stille Schülerin. Sie ist selten im Unterricht aktiv, schreibt aber ausschließlich Einsen und Zweien. Sie ist sehr freundlich zu allen und bekommt immer gute Noten. Sie lässt auch andere in der Klassenarbeit und von ihren Hausaufgaben abschreiben. Phung ist zwar schüchtern, kommt aber mit allen gut aus. Ihre Schwester ist die Schülersprecherin.

Tim ist ein hervorragender Schüler in Sport und Englisch. Seine Mutter ist Amerikanerin und Tim verbringt meistens die Ferien bei Verwandten in Chicago. Er hat immer die neueste Kleidung und tolle technische Geräte, gibt aber überhaupt nicht damit an. Tim ist sehr großzügig und lädt zu seinem Geburtstag die ganze Klasse zu sich nach Hause ein. Wenn es Konflikte in der Klasse gibt, dann versucht Tim sich immer neutral zu verhalten, so kommt er mit allen gut aus.

Philipp ist ein recht guter Schüler, der sich in allen Fächern stark beteiligt. Vor allem die Lehrer mögen Philipp, weil er sehr zuverlässig ist und den Unterricht trägt. Wenn jemand krank geworden ist, wird Philipp beauftragt, die Hausaufgaben zu übermitteln. Viele Schüler bewundern ihn, weil er im örtlichen Sportverein ein erfolgreicher Fußballspieler ist, der auch bei überregionalen Turnieren eingesetzt wird. Die Schule geht bei Philipp aber trotzdem immer vor.

Lea ist eine mittelmäßige Schülerin, die aber in Diskussionen und bei der Projektarbeit sehr engagiert ist. Sie kleidet sich sehr lässig und hat guten Kontakt zu den älteren Schülerinnen und Schülern. In Konfliktfällen setzt sie sich sehr entschlossen für Schwächere ein. Einige Lehrer mögen Lea nicht sehr, weil sie häufig im Unterricht Musik hört oder Zeitung liest. Es wird auch behauptet, dass Lea raucht.

AUFGABEN

1. Nimm Stellung zur Meinung des Klassenlehrers Herrn Busse (**M5, M6**).
2. a) Entscheide dich für einen der vier Kandidaten aus **M7**. Begründe deine Wahl, indem du in dein Feld der Placemat Eigenschaften notierst, die dir an dem Kandidaten/der Kandidatin wichtig sind. Notiere weitere Eigenschaften, die ein Klassensprecher haben soll.
   b) Dreht euer Placemat solange in der Gruppe reihum, bis jeder von euch die Notizen der anderen gelesen hat. Einigt euch dann in der Gruppe auf drei Eigenschaften, die ein Klassensprecher auf jeden Fall haben sollte. Schreibt diese drei Eigenschaften in das Mittelfeld des Blattes.
   c) Stellt eure Ergebnisse im Plenum vor.

H zu Aufgabe 2
So sieht ein Placemat aus:

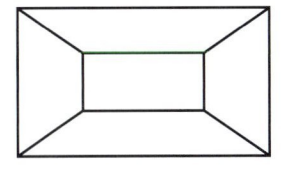

Wie ein Placemat funktioniert, kannst du im Methodenglossar nachlesen.

Wie wird gewählt?

Mithilfe der Materialien könnt ihr in eurer Klasse Klassensprecherwahlen vorbereiten und durchführen. Und damit ihr nicht immer im Buch nachschauen müsst, könnt ihr eine Checkliste erstellen, nach der ihr zukünftig eure Klassensprecherwahl durchführen könnt.

M8 Wahlgrundsätze einer demokratischen Wahl

Wahlrechtsgrundsätze nach Art. 38, GG
- gleich
- frei
- unmittelbar
- geheim
- allgemein

… Jeder, der das 18. Lebensjahr vollendet hat, darf wählen.

… Niemand darf Druck auf die Wähler/innen ausüben.

… In Deutschland wählt jeder direkt ohne Wahlmänner oder Wahlfrauen, auf die man seine Stimme überträgt.

… Jede Stimme hat das gleiche Gewicht.

… Man muss niemandem erzählen, wen man gewählt hat.

Wählen ab 16
In manchen Bundesländern, z. B. in Baden Württemberg, darf man bei den Kommunalwahlen schon ab 16 Jahren teilnehmen.

WAHLRECHTSGRUNDSÄTZE

Damit eine Wahl fair und für alle nachvollziehbar abläuft, gibt es die Wahlrechtsgrundsätze nach Art. 38, GG, die regeln, welche Voraussetzungen eine Wahl zu erfüllen hat und wer wahlberechtigt ist.

M9 Wie wird der Klassensprecher gewählt?

Die Wahl des Klassensprechers und seines Stellvertreters gemäß § 65 Abs. 1 des Schulgesetzes soll spätestens bis zum Ablauf der dritten Unterrichtswoche im Schuljahr stattfinden.

1 Als erstes werden Kandidaten für das Amt des Klassensprechers vorgeschlagen und an der Tafel o. Ä. gesammelt. Vorgeschlagen werden kann jede Schülerin und jeder Schüler der Klasse. Es ist zudem möglich, sich selbst vorzuschlagen. Das Vorschlagen kann öffentlich oder geheim durchgeführt werden.

2 Nun wird jede und jeder der vorgeschlagenen Kandidaten und Kandidatinnen gefragt, ob er oder sie sich überhaupt zur Wahl stellen. Diejenigen, die nicht kandidieren möchten, werden gestrichen.

3 Es werden zwei Klassensprecher gewählt. Pro zu besetzendes Amt hat jede Schülerin und jeder Schüler eine Stimme. Die Schüler notieren auf einheitlichen Zetteln ihre Kandidaten. Bei Unleserlichkeit, dem Nennen von mehr als zwei Personen oder bei Doppelnennung wird der Stimmzettel ungültig. Allerdings ist es möglich sich einer oder beider Stimmen zu enthalten. Hierbei schreibt man einfach nur einen oder keinen Namen auf den Zettel. Die beiden Kandidaten, die die meisten Stimmen auf sich vereinen können, haben die Wahl gewonnen. Bei Stimmengleichheit ist ein weiterer Wahlgang erforderlich.

4 Die Stimmen werden öffentlich ausgezählt und es wird überprüft, ob die Zahl der abgegebenen Stimmen mit der Zahl der Anwesenden übereinstimmt.

5 Die Gewählten erklären, ob sie die Wahl annehmen. Über die Wahl muss ein Protokoll angefertigt werden, das folgende Angaben enthält: Wahlzeitpunkt, Anzahl der Stimmberechtigten, Name der Kandidaten, Wahlergebnis, Feststellung, ob die Gewählten das Amt angenommen haben. Gegen die Wahl kann innerhalb einer Frist von zwei Wochen beim Schulleiter schriftlich Einspruch erhoben werden.

AUFGABEN

1. a) Beschreibe die Bilder und finde passende Überschriften für Wahlrechtsgrundsätze.
   b) Ordne die Wahlrechtsgrundätze den entsprechenden Beschreibungen und Bildern zu (**Randspalte, M8**).
2. Erstellt eine Checkliste für eine Klassensprecherwahl (**M8, M9**).
3. Führt in eurer Klasse eine fiktive Klassensprecherwahl mithilfe eurer Checkliste durch: Die Kandidaten sind: Phung, Tim, Philipp und Lea (**M7**).

Wie können wir Probleme in unserer Klasse lösen?

In der Schule kann es immer wieder zu Konflikten kommen. Die meisten lassen sich klar und verbindlich lösen, weil es dafür rechtliche Regeln gibt, z. B. Schulgesetz und Schulordnung. Darüber hinaus gibt es aber auch Konflikte, für die ihr selber Regeln aufstellen könnt. Das könnt ihr in diesem Kapitel nachschlagen. Dabei erfahrt ihr, wie Konflikte entstehen und sich entwickeln können und mit welchen Verfahren ihr sie wieder entschärfen könnt.

M10 Welche Konflikte gibt es in unserem Schulalltag?

Gruppenarbeit in Gemeinschaftskunde:

Saskia analysiert das Schaubild, Anna, zeichnet die Folienpräsentation, Marc schaut im Grundgesetz nach den Regeln. Christian macht gar nichts.

Kai und Peter machen mit ihren Smartphones peinliche Fotos von ihren Mitschülern und verschicken diese an andere weiter.

Anna und Saskia sind gute Freundinnen. In der Pause vertraut Anna Saskia an, dass sie Marcel aus der 9. Klasse so süß findet. Mittags vor der Mensa sieht Saskia Marcel vorbeigehen. „Anna", schreit sie, „da ist dein Schwarm!" Alle Jungen und Mädchen schauen neugierig.

Ein Schüler stößt im Vorbeirennen auf dem Schulhof einen anderen an. Der brüllt: „Pass doch auf, wo du langrennst, du Penner!". Der andere stoppt seinen Lauf und antwortet: „Du brauchst wohl eine Gesichtsmassage?" Es dauert nicht lange, bis eine Rangelei beginnt.

M11 Wie kann ein Konflikt eskalieren?

Stufe 1: Spannung
Standpunkte verhärten sich: Der andere denkt „so komisch" – der andere spinnt – wie kann das sein? Unbehagliches Gefühl bei Treffen und im Gespräch

Stufe 2: erste verbale Angriffe
Harte verbale Auseinandersetzungen, in denen Misstrauen Raum gewinnt.

Stufe 3: Taten
Reden bringt nichts mehr, keine Bereitschaft, auf den anderen einzugehen, es kommt zu ersten Provokationen und kleinen Attacken.

Stufe 4: Feindbilder und Verbündete
Schwarz-Weiß-Denken entsteht, es wird gezielt nach Möglichkeiten gesucht, der anderen Seite Unannehmlichkeiten zu bereiten und nach Unterstützung durch andere.

Stufe 5: Gesichtsverlust
Aktionen, die dazu führen, dass die andere Seite in schlechtem Licht dasteht. Es gibt nun keinen Weg mehr zurück. Direkter Kontakt zur anderen Partei wird vermieden, man tritt nur noch als Gegner auf.

Stufe 6: Drohungen
Beide Seiten versuchen durch Drohungen den Gegner zu beeinflussen, positive Verhaltensregeln werden nicht mehr beachtet.

Stufe 7: Begrenzte Schläge
Völlige Abwertung des anderen und der andere muss weg, hat kein Recht mehr hier zu sein. Es folgen destruktive Aktionen mit Schäden für die andere Seite.

Stufe 8: Zerstörung
Massive Angriffe auf den Gegner

Stufe 9: Selbstvernichtung – gemeinsam in den Abgrund Totale Konfrontation zielt auf die endgültige Niederlage der anderen Seite (eigene Nachteile werden in Kauf genommen).

Detlef Beck nach Friedrich Glasl, www.streitschlichtungskongress.de, 10.6.2013

M12 Wie können Konflikte gelöst werden?

Wenn zwei sich streiten, ist das ein Fall für Annica. Die 15-Jährige ist Konfliktlotsin an ihrer Schule. Ihre Aufgabe: Streit schlichten und Frieden stiften. Manchmal kommt sie zu spät zum Unterricht. Wie andere auch. Nur: Annica darf das. Die 15-jährige Münchnerin ist seit einem halben Jahr eine so genannte Konflikt-Lotsin oder Mediatorin, wie Pädagogen dazu in ihrer Fachsprache sagen. Übersetzt heißt das: Als Michael (Name geändert) aus der siebten Klasse auf dem Schulhof seinen Klassenkameraden als „Scheiß Ausländer" anbrüllte und dazu die Faust reckte, hatte Annica ihren ersten Fall. Sie sollte den Streit schlichten. Die Lehrer schickten die beiden Kontrahenten zu ihr.

Annica hatte an diesem Tag im Mai Sprechstunde – im ehemaligen Erste-Hilfe-Zimmer. Jeden Tag wartet hier in der Pause ein Zweier-Team der Schlichter darauf, dass entweder zwei Streitende freiwillig kommen oder die Lehrer Druck machen. Die große Pause reichte für Michael und seinen Klassenkameraden nicht. Auch nicht, wenn Annica ein paar Minuten hätte, was sie im Notfall darf. Eine weitere Pause und eine Sit-

Kontrahenten
Gegner

Mediator
Jemand, der zwischen zwei Konfliktgegnern vermittelt

zung nach der Schule waren notwendig. Eineinhalb Stunden dauerte das Gespräch insgesamt, bis die beiden Jungs friedlich auseinander gingen – „jeder im Gefühl, gewonnen zu haben", sagt Annica. „Es war ziemlich kompliziert. Wir haben die Lösung dann schriftlich in einem Vertrag festgehalten."

Nach: Matthias Eggert, www.fluter.de, 2003

KONFLIKT

Wann immer ihr unterschiedliche Interessen, Zielsetzungen oder Wertvorstellungen habt, die miteinander unvereinbar erscheinen, spricht man von einem Konflikt.

In eurem Schulalltag kommt es immer wieder zu solchen Konflikten, die sich mithilfe von Regeln lösen lassen.

M13 Hier reden alle mit!

M14 Was ist ein Klassenrat?

Der Klassenrat gibt euch die Möglichkeit, euren Schulalltag mitzubestimmen. Ihr habt dort die Gelegenheit, im Kreise der Klasse alles zu besprechen, was euch wichtig ist oder euch stört. Die Themen reichen von der Gestaltung des Lernens und Zusammenlebens in der Klasse und Schule über gemeinsame Planungen und Aktivitäten bis hin zu aktuellen Problemen und Konflikte.

Eure Lehrer/innen nehmen mit euch gleichberechtigt an der Sitzung teil. Das heißt, dass sie genauso wie jeder oder jede von euch nur eine Stimme haben. Der Klassenrat wird, im Gegensatz zum Unterricht oder zur Klassenleitungsstunde, nicht von den Lehrer/innen, sondern von euch gestaltet und geleitet. Auf diese Weise könnt ihr Verantwortung übernehmen, die Schule und das Lernen mitgestalten und ganz nebenbei lernt ihr, wie demokratische Prozesse funktionieren.

Aus diesem Grund berät ein Klassenrat in einer Runde. Wenn ihr alle in einem Stuhlkreis sitzt, könnt ihr euch beim Reden, Diskutieren und Beschlüsse fassen anschauen.

Dabei hat jeder von euch eine Rolle und ihr übernehmt Verantwortung für bestimmte Aufgaben, die immer wieder gewechselt werden.

AUFGABEN

1. Was ist denn da passiert? (**M10**)
    a) Beschreibe die Situationen.
    b) Erkläre, inwiefern du solche Situationen kennst?
    c) Beschreibe, wie die Geschichte deiner Erfahrung nach weitergehen könnte.
2. Wie kann ein Konflikt eskalieren?
    a) Überlege dir einen Konflikt aus deinem Schulalltag und stelle diesen in einer (Bilder-)Geschichte dar.
    b) Überprüfe die Eskalationsstufen deiner Geschichte (**M11**).
3. Beschreibe die Arbeit eines Konfliktlotsen (**M12**).
4. Formuliert Vorschläge, wie die Konflikte in **M10** gelöst werden können.
5. Beurteilt, ob eine Klassenordnung die Konflikte ausreichend klären kann.
6. a) Beschreibe die Situation in **M13**.
    b) Welche Themen könnt ihr euch vorstellen, in solch einer Runde zu besprechen? Welche eignen sich nicht? Begründet eure Entscheidung.
7. a) Erkläre den Begriff „Klassenrat" (**M14**).
    b) Überlegt gemeinsam Regeln, die ihr für die erfolgreiche Durchführung einer Klassenratssitzung benötigt und haltet diese schriftlich fest.
    c) Führt eine Klassenratssitzung nach dem Leitfaden auf der Folgeseite durch.

F zu Aufgabe 4
Gestaltet eine Klassenordnung für ein gemeinsames Miteinander.

H zu Aufgabe 7
Gestaltet ein Plakat mit euren Regeln.

KOMPETEN: Methode

Einen Klassenrat durchführen

Im Klassenrat habt ihr die Möglichkeit, alle Themen, die eure Klasse betreffen, zu besprechen. Dabei übernehmt ihr den Ablauf selbst. Achtet darauf, dass ihr im Vorfeld Regeln für die Kommunikation aufstellt, diese einübt und auf deren Umsetzung Acht gebt.

Vorbereitung:

Als erstes müsst ihr die Rollen und Aufgaben verteilen. Für eine erfolgreiche Klassenratssitzung benötigt ihr einen oder zwei Moderatoren, die die Sitzung leiten, einen Verantwortlichen für die Tagesordnung, einen Protokollanten, Jemand der sich um die Rednerliste kümmert, einen Regelwächter und einen Zeitwächter. Wenn ihr wollt, beauftragt auch noch einen aus eurer Klasse, der für das Feedback, die Rückmeldung, zuständig ist. Während der Woche sammelt ihr die Anliegen eurer Klasse entweder mithilfe einer Wandzeitung oder einzelnen Formularen, die in einer Box gesammelt werden.

Durchführung:

1. Der Moderator eröffnet die Sitzung.

2. In der Runde gestaltet ihr ein positives Klassenklima. Ihr könnt Ereignisse, aber auch Personen, eure Anerkennung aussprechen.

3. Das Protokoll der letzten Sitzung wird vorgelesen. Hier könnt ihr prüfen, ob ihr eure Beschlüsse umgesetzt habt, und wenn nicht, woran es gelegen haben könnte.

4. Der Verantwortliche für die Tagesordnung stellt diese vor. Dabei stellen die über die Woche gesammelten Anliegen von allen aus der Klasse die Grundlage dar.

5. Jetzt folgen die Besprechung und Lösungsfindung.

   a) Hier sind diejenigen von euch an der Reihe, die etwas eingereicht haben. Es liegt nun an euch, euer Anliegen für alle verständlich vorzutragen.

   b) Dann sind alle gefordert, Lösungen zu finden. Beachtet, dass nicht abgestimmt werden kann. Oft schafft das Aushandeln mehr Zufriedenheit.

6. Alle Beschlüsse und alles, was ausgehandelt wurde, wird nun vom Protokollanten im Protokoll festgehalten. Vor Ende der Klassenratssitzung liest er euch die Beschlüsse vor.

7. Am Ende des Klassenrats könnt ihr gemeinsam auswerten, wie die heutige Sitzung gelaufen ist.

GRUNDWISSEN

WIE FUNKTIONIERT EIN FAIRES SCHULLEBEN?

 # KLASSENGEMEINSCHAFT (M1, M3, M4)

Darin, wie Schülerinnen und Schüler und Lehrer miteinander umgehen, zeigt sich einer Klassengemeinschaft. Diese kann sich jedoch nicht von alleine entwickeln und muss gepflegt und gefördert werden. Eine gute Klassengemeinschaft kann durch klare Regeln und regelmäßige Gespräche trainiert werden.

 # KLASSENSPRECHER/IN UND STELLVERTRETER/IN (M6, M7, M9)

Zu Beginn des Schuljahres werden Klassensprecher und Stellvertreter innerhalb der ersten drei Wochen von jeder Klasse gewählt. Der Klassensprecher vertritt die Interessen der Klasse im Schülerrat. Dort bringt er die Anregungen aus seiner Klasse ein und berichtet seiner Klasse regelmäßig über die Sitzungen und Aktivitäten. Der Klassensprecher vertritt auch seine Klasse gegenüber den Lehrern. Ein Klassensprecher sollte ausgleichend auftreten, seine Meinung gut vertreten können und sich für Mitschüler einsetzen.

 # WAHLRECHTSGRUNDSÄTZE (M8)

Für eine faire und gerechte Wahl gibt es die sogenannten Wahlrechtsgrundsätze, die in Artikel 38 unseres Grundgesetzes festgeschrieben sind:
- **Allgemein** bedeutet, dass jeder, der das Wahlrecht besitzt, auch wählen kann. In Deutschland kann man ab 18 Jahren das erste Mal Bundestag wählen. In einigen Bundesländern darf man ab 16 Jahren bei den Kommunal- und Landtagswahlen teilnehmen.
- **Unmittelbar** bedeutet, dass ein Abgeordneter bzw. eine Partei direkt gewählt wird und nicht über Wahlmänner oder Ähnliches.
- **Geheim** bedeutet, dass nicht mehr nachvollziehbar sein darf, wer wie gewählt hat.
- **Gleich** bedeutet, dass jeder Wähler die gleiche Stimmenanzahl hat bzw. jede Stimme gleich viel zählt.
- **Frei** bedeutet, dass jeder, der das Wahlrecht hat, wählen oder sich wählen lassen darf.

 # KONFLIKTE (M11, M12)

Viele Konflikte lassen sich entschärfen, wenn man einfache Verhaltensregeln beachtet. Positiv wirkt sich aus, wenn man respektvoll miteinander umgeht, dem anderen zuhört, ihn ausreden lässt und kompromissbereit ist.

5.2 Wie soll das Leben an unserer Schule geregelt sein?
Wer kann sich wie einbringen?

Wie ihr euer Klassenleben gestaltet, habt ihr euch im vergangenen Kapitel angeschaut und vielleicht sogar schon Regeln erstellt, die euer Zusammenleben und -arbeiten begleiten. Auch das Schulleben könnt ihr mitbestimmen und gestalten.

M1   Mitarbeit in der SMV – eine Last?

- Ich finde es wichtig, meine Umwelt mit zu gestalten und kann mir vorstellen in der SMV mit zu arbeiten.
- Die Mitarbeit in der SMV bieten mir die Chance, Fähigkeiten zu entwickeln und mich selbst zu verwirklichen.
- Wenn man Verantwortung übernimmt, muss man so vieles erledigen, so dass die Freizeit auf der Strecke bleibt.
- Wer so viel Freizeit für die Schule opfert, ist blöd!

M2   Grundlagen der Schülermitverantwortung

§3 Organe
(1) Organe der Schülermitverantwortung sind die Schülervertreter (Klassensprecher, Kurssprecher, Jahrgangsstufensprecher, Schülerrat und Schülersprecher) sowie die Klassenschülerversammlung. [...]

§7 Aufgaben der SMV
Die Schülermitverantwortung und ihre Organe stellen sich ihre Aufgaben selbst, soweit sie nicht durch das Schulgesetz oder sonstige Rechtsvorschriften festgelegt sind. Dazu gehören insbesondere:

(1) Gemeinschaftsaufgaben der Schüler. Insbesondere soll die Schülermitverantwortung die fachlichen, sportlichen, kulturellen, sozialen und politischen Interessen der Schüler fördern. Sie kann dafür eigene Veranstaltungen durchführen. Diese müssen allen zugänglich sein und dürfen nicht einseitig den Zielsetzungen bestimmter, politischer, konfessioneller oder weltanschaulicher Gruppen dienen; [...]

(3) Der SMV ist Gelegenheit zu geben, in allen dafür geeigneten Aufgabenbereichen der Schule mitzuarbeiten. Dies schließt die Vertretung der Schüler in der Schulkonferenz ein.

§8 Klassenschülerversammlung

(1) Die Schülermitverantwortung baut auf der Arbeit in den einzelnen Klassen auf. Dazu gehört es auch, dass die einzelnen Schüler ihre Anregungen, Vorschläge und Wünsche, die das Schulleben und den Unterricht betreffen […], mit den einzelnen Lehrern besprechen. […]

(3) Die Klasse, die eine Besprechung über schulische und unterrichtliche Fragen wünscht, erhält auf Antrag des Klassensprechers beim Klassenlehrer anstelle einer Unterrichtsstunde eine Verfügungsstunde […]. Im Antrag ist das Beratungsthema anzugeben und zu begründen. Im Schulhalbjahr, […], kann eine Klasse bis zu zwei Verfügungsstunden erhalten: dabei darf an einem Schultag nicht mehr als eine Verfügungsstunde gewährt werden.

§11 Unterstützung der SMV

(1) Der Schulleiter sorgt im Rahmen des Möglichen dafür, dass für die Veranstaltungen der Schülermitverantwortung geeignete Räume und dass für ihre Arbeit die erforderliche Zeit zur Verfügung stehen. Der Stundenplan der Schule ist, wenn es stundenplantechnisch nicht unmöglich ist, so zu gestalten, dass zur Durchführung von SMV-Veranstaltungen regelmäßig eine Stunde von Unterrichtsveranstaltungen freigehalten wird. […]

(3) Schulleiter, Verbindungslehrer und Schülersprecher sprechen untereinander Zeitpunkt und Ablauf der regelmäßigen Informationsgespräche gemäß §67 Abs. 2 des Schulgesetzes ab, die im Allgemeinen monatlich stattfinden sollen. Eine Tagesordnung hierfür ist nicht erforderlich.

SMV – Verordnung des Landes Baden-Württemberg, zuletzt geändert am 18.12.2013

SCHÜLERMITVERANTWORTUNG (SMV)

Die SMV besteht aus den gewählten Klassensprechern und Klassensprecherinnen. Sie setzen sich für die Rechte der Schüler ein und bemühen sich um ein angenehmes Schulklima sowie ein möglichst gutes Verhältnis zwischen allen, die am Schulalltag beteiligt sind.

Verbindungslehrer
Laut § 68 (SchG) werden Verbindungslehrer mit ihrem Einverständnis vom Schülerrat für ein oder zwei Jahre gewählt. Je nach Größe der Schule können bis zu drei Verbindungslehrer gewählt werden. Sie beraten die SMV und unterstützen sie dabei, ihre Aufgaben zu erfüllen. Zudem fördern sie die Verbindung zwischen SMV und den Lehrern, dem Schulleiter und den Eltern.

AUFGABEN

1. Welche Aussage vertrittst du (**M1**)?
    a) Übertragt die vier Aussagen auf vier Plakate und hängt diese in die vier Ecken eures Klassenzimmers.
    b) Welcher Aussage stimmst du zu? Gehe in die entsprechende Ecke und stell dich dort auf.
    c) Begründe deine Wahl.
2. Analysiere die Grundlagen der Schülermitverantwortung (**M2**).
3. Erkläre, weshalb der Schülerrat ein wichtiges Gremium für euch Schüler ist (**M2**).
4. Diskutiert, ob die Möglichkeit zur Mitgestaltung, die das Schulgesetz Schülerinnen und Schülern bietet, ausreichen.

H zu Aufgabe 2
Verwende dazu das Methodenkärtchen „Rechtstexte verstehen" auf der Folgeseite.

KOMPETENZ: Methode

Rechtstexte verstehen

Rechtstexte enthalten eine Vielzahl von Regelungen, Bestimmungen oder Definitionen. Daher sind sie oft in einer technischen und auf den ersten Blick schwer zu verstehenden Sprache geschrieben. Auch wenn die einzelnen Gesetze unterschiedliche Inhalte haben, folgen sie alle einem einheitlichen Aufbau:

- Übergeordnete Abschnitte eines Gesetzes nennt man **Paragrafen**. Sie beginnen mit einem Paragrafenzeichen (**§**). Paragrafen sind **fortlaufend nummeriert** und haben eine **Überschrift**.

- Die Paragrafen werden in einzelnen **Absätzen mit Ziffern**, die in runden Klammern stehen, untergliedert. Wenn innerhalb eines Absatzes eine weitere Untergliederung erfolgt, wird diese mit hochgestellten Ziffern nummeriert.

Beispiel:

Paragraf →

Absatz →

> § 11 Unterstützung der SMV
>
> (1) Der Schulleiter sorgt im Rahmen des Möglichen dafür, dass für die Veranstaltungen der Schülermitverantwortung geeignete Räume und dass für ihre Arbeit die erforderliche Zeit zur Verfügung stehen. Der Stundenplan der Schule ist, wenn es stundenplantechnisch nicht unmöglich ist, so zu gestalten, dass zur Durchführung von SMV-Veranstaltungen regelmäßig eine Stunde von Unterrichtsveranstaltungen freigehalten wird.

SMV – Verordnung des Landes Baden-Württemberg, zuletzt geändert am 18.12.2013

Schritte zum Verstehen:

1. Überschriften geben einen Hinweis darauf, was geregelt wird.
   → *Unterstützung der SMV*
2. Mit verschiedenen Farben kannst du markieren,
   a) wer der Handelnde ist, also aktiv wird
      → *Der Schulleiter*
   b) wer oder was von der Handlung betroffen ist und
      → *Die SMV*
   c) welche Rechte, Pflichten und Maßnahmen erwähnt werden
      → *geeignete Räume und Zeit zur Verfügung stellen*
3. Formuliere nun den Inhalt des Textes mit eigenen Worten. So merkst du am besten, ob du den Wortlaut verstanden hast.
   → *„Der Schulleiter muss der SMV geeignete Räume und Zeit zur Verfügung stellen."*

Smartphones – ein Problem an unserer Schule?

Smartphones sind tolle Geräte, die euren Alltag erleichtern und viel Spaß machen. Ihr könnt mit ihnen unheimlich viel machen. In diesem Kapitel geht es darum, mal zu schauen, ob alles, was geht, auch wirklich erlaubt ist.

M3   Kein Leben ohne Smartphone?

M4   Umgang mit Smartphones – ein Problem?

Fall 1: Auf Klassenfahrt
5 Tage Skilandheim mit Übernachtungen heißt das Ziel der Klassenfahrt der 7b. Tobias und seine Freunde haben gemeinsam ein Viererzimmer. Die Fahrt ins Skigebiet mit dem Bus war so aufregend, dass sie nicht einschlafen – bis auf Peter, der nicht nur sofort früh einschläft, sondern auch noch schnarcht und ein wenig Spucke auf sein Kopfkissen sabbert. Tobias nutzt die Gelegenheit, sein neues Handy auszuprobieren und filmt den schlafenden Peter. Natürlich wollen die anderen den Film sofort haben, kein Problem mit Bluetooth. Am folgenden Tag hört man im Speisesaal an verschiedenen Stellen die Mitschüler kichern – der Film macht seine Runde.

Fall 2: Filmen einer Schlägerei
Tim aus der 7a und Florian aus der 7b können sich nicht leiden und tragen ihre Konflikte regelmäßig mit Prügeleien aus. Auch dieses Mal in der Pause setzen sic wieder ihre Fäuste ein und prügeln sich auf dem Schulhof. Wie immer stehen einige ihrer Mitschüler im Kreis um die beiden Streithähne. Heute scheint Tim der Verlierer zu sein, denn Florian sitzt bereits auf Tims Brustkorb. Laura, eine Mitschülerin packt auf einmal ihr Handy aus und beginnt zu filmen. „Stell das später bei YouTube ein", ruft ihr ein Mitschüler zu. „Klar, da bekomme ich bestimmt über 1000 Klicks", antwortet sie.

Fall 3: Heimliche Aufnahme
Der Deutschlehrer der 7a ist bekannt für seine markanten Witze und Sprüche während des Unterrichts. Während einer Deutschstunde hat ein Schüler eine ganze Unterrichtsstunde heimlich mit seinem Smartphone aufgenommen, um nachher besonders lustige Sprüche des Lehrers in der Schülerzeitung zitieren zu können.

Petra Reiter-Mayer, Politik betrifft uns, 2/2015, S.6

M5 Umgang mit Smartphones – ein Problem!

Strafgesetzbuch (StGB)
§ 201a Verletzung des höchstpersönlichen Lebensbereichs durch Bildaufnahme

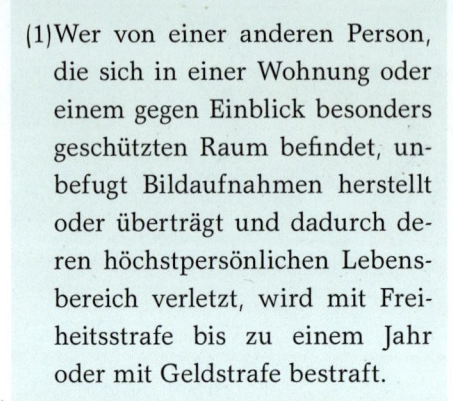

(1) Wer von einer anderen Person, die sich in einer Wohnung oder einem gegen Einblick besonders geschützten Raum befindet, unbefugt Bildaufnahmen herstellt oder überträgt und dadurch deren höchstpersönlichen Lebensbereich verletzt, wird mit Freiheitsstrafe bis zu einem Jahr oder mit Geldstrafe bestraft.

(2) Ebenso wird bestraft, wer eine durch eine Tat nach Absatz 1 hergestellte Bildaufnahme gebraucht oder einem Dritten zugänglich macht.

Strafgesetzbuch (StGB)
§ 131 Gewaltdarstellung

(1) Wer Schriften (§ 11 Abs. 3), die grausame oder sonst unmenschliche Gewalttätigkeiten gegen Menschen [...] in einer Art schildern, die eine Verherrlichung oder Verharmlosung solcher Gewalttätigkeiten ausdrückt oder die das Grausame oder Unmenschliche des Vorgangs in einer die Menschenwürde verletzenden Weise darstellt,
1. verbreitet,
2. öffentlich ausstellt, anschlägt, vorführt oder sonst zugänglich macht,
3. einer Person unter achtzehn Jahren anbietet, überlässt oder zugänglich macht [...],

wird mit Freiheitsstrafe bis zu einem Jahr oder mit Geldstrafe bestraft.

Strafgesetzbuch in der Fassung der Bekanntmachung vom 13. November 1998 (BGBl.IS.3322), das durch den Artikel 2 Absatz 4 des Gesetzes vom 22. Dezember 2016 (BGBl.IS.3150) geändert worden ist.

Ein Strafgesetzbuch

AUFGABEN

1. Beschreibe, wie ein Leben ohne Smartphone für dich aussehen würde (**M3**).
2. Wähle dir einen der Fälle aus **M4** aus und überprüfe mögliche Folgen mithilfe der Gesetztexte (**M5**).
3. Beurteile, inwiefern Smartphones in der Schule ein Problem darstellen (**M4**, **M5**).

F zu Aufgabe 2
Verwende dazu die Kompetenzkarte „Graduelles Urteilen".

KOMPETENZ: Urteilen

Graduelles Urteilen

Findest du manchmal etwas gar nicht schlimm, was ein anderer sehr schlimm findet und du kannst nicht nachvollziehen, warum das so ist?

Unterschiedliche Einschätzungen von Situationen und Problemen sind einerseits stark abhängig von deiner jeweiligen Perspektive und deinem Verständnis von „schlimm", andererseits spielen aber auch die rechtlichen Rahmenbedingungen eine entscheidende Rolle.
Die folgenden Schritte helfen dir, deine und die Einschätzungen der anderen besser zu verstehen und zu vergleichen.

1. **Spontanurteil fällen**
   Bilde dir zu dem Problem zunächst ein ganz spontanes Urteil aus dem Bauch heraus.

2. **Spontanurteil einordnen**
   Ordne dein spontanes Urteil auf einer Skala von 0 (gar nicht schlimm) bis 10 (sehr schlimm) ein.

3. **Kriterien finden**
   Finde Kriterien für „gar nicht schlimm" und „sehr schlimm".

4. **Rechtliche Rahmenbedingungen prüfen**
   Überprüfe das Problem mithilfe der rechtlichen Rahmenbedingungen.

5. **Einordnung und Begründung des Urteils**
   Ordne das Problem nun erneut auf der Skala von 0-10 ein und begründe dein Urteil.

Petra Reiter-Mayer, Politik betrifft uns, 2/2015, S. 6

Wie können wir das Smartphone-Problem an unserer Schule lösen?

Nicht alles, was ihr mit euren Smartphones machen könnt, ist auch erlaubt. Es gibt rechtliche Regelungen, die euch gezeigt haben, wann beispielsweise jemanden filmen strafbar ist. Darüber hinaus könnt ihr individuelle Regelungen für den Gebrauch von Smartphones an eurer Schule erstellen.

M6 Interviewfragen zur Handynutzung an unserer Schule

1. Besitzt du ein Smartphone oder ein „normales" Handy?
2. Wofür wird das Gerät genutzt?
3. Wann wird es genutzt?
4. Wird es auch während der Schulzeit genutzt? Wenn ja, wofür?
5. Inwiefern könntet ihr euch vorstellen, Smartphones im Unterricht einzusetzen?
6. Welche Funktionen von Smartphones bereichern unseren Schulalltag?
7. Welche Funktionen stören unseren Schulalltag?
8. Sollte es ein generelles Handyverbot an unserer Schule geben?
9. Soll eine Handynutzung während der Schulzeit generell erlaubt sein?
    - An entsprechend ausgewiesenen Orten: _____
    - Zu entsprechenden Zeiten: _____
    - Welche Bereiche sollten noch geregelt sein?
10. Individuelle Frage: _____

Politik betrifft uns, 2/2015

M7 Checkliste Handyordnung

Checkliste für eine Handyordnung

- Was möchten wir mit unserer Handyordnung bezwecken?
- Wann und wo darf das Handy benutzt werden?
- Welche Verstöße im Unterricht führen zu Konsequenzen?
- Welche Konsequenzen werden bei Nichteinhaltung gezogen?
- Welche Straftaten gibt es in Bezug auf das Handy? Sind alle Schülerinnen und Schüler über mögliche Straftaten bei der Handynutzung aufgeklärt? Wie können sie aufgeklärt werden?
- Welche Folgen werden gezogen, wenn Schüler derartige Straftaten begehen?

Politik betrifft uns, 2/2015

M8 Was ist die Schulkonferenz?

In der Schulkonferenz werden alle wichtigen Entscheidungen, die eure Schule betreffen, getroffen. Ihre Aufgabe besteht darin, das Miteinander von Schulleitung, Lehrern, Eltern und Schülern zu fördern und bei Meinungsverschiedenheiten zu vermitteln. Seit dem Schuljahr 2014/15 gehören der Schulkonferenz an Schulen mit mindestens 14 Lehrkräften an: der Schulleiter, der Vorsitzende des Elternbeirats und der Schülersprecher sowie jeweils drei Lehrer-, Eltern- und Schülervertreter. Für kleinere Schulen wird ebenfalls eine paritätische Besetzung geregelt. Die Schulkonferenz entscheidet beispielsweise darüber, ob die Unterrichtszeiten verändert werden sollen oder auch darüber, ob besondere Schulveranstaltungen, die die gesamte Schule berühren, durchgeführt werden, aber auch grundsätzlich über die Durchführung von außerunterrichtlichen Veranstaltungen (z. B. Klassenfahrten, Schullandheimaufenthalte). Auch beim Erlass von Schul- und Hausordnungen muss die Schulkonferenz ihr Einverständnis geben.

Autorentext

Zusammensetzung der Schulkonferenz:

- Schulleiter/in
- Lehrerkonferenz wählt 3 Lehrer/innen
- Vorsitzende/r des Elternbeirats
- Schulpflegschaft wählt 3 Eltern
- Schülerrat wählt 3 Schüler/innen
- Schülersprecher/in

paritätisch
(zahlenmäßig) gleich

 # SCHULKONFERENZ

Eine Schulkonferenz ist ein Gremium der am Schulleben beteiligten Gruppen, das Vorschläge zur Gestaltung mitträgt und entscheidet. Die Aufgaben der Schulkonferenz sind in §47 des Schulgesetzes festgeschrieben.

Gremium
Ein Gremium ist ein Sammelbegriff für eine Gruppe, die einen bestimmten Schwerpunkt oder einen Aufgabenbereich bearbeitet.

AUFGABEN

1. Beschreibe die Aufgaben einer Schulkonferenz (**M8**).
2. Erkläre, warum die Schulkonferenz wichtig ist, wenn es darum geht, den Schulalltag zu regeln (**M6**, **M7**).
3. Interviewt mithilfe von **M6** alle vom Handy-Problem-Betroffenen.
4. Gestaltet mithilfe der Checkliste aus **M7** eine Handyordnung für eure Schule (**M7**).
5. Aufgrund verhäufter Beschwerden einiger Lehrkräfte verhängt der Schulleiter kurzerhand ein striktes Handyverbot auf dem gesamten Schulgelände. Darf er das einfach so? Bewerte den Lösungsvorschlag des Schulleiters.

H zu Aufgabe 5
Nutze M2 und M8, um deine Argumente zu stützen.

KOMPETENZ: Methode

Durchführen einer Rollendiskussion am Beispiel der Schulkonferenz

Bei einer Rollendiskussion könnt ihr in einer vorgegebenen Situation in Rollen schlüpfen, die zwar durch Rollenkarten vorgeschrieben sind, aber zusätzlich von euch selbst ausgestaltet werden können.

Dabei geht es darum, möglichst rollengerecht so zu handeln, wie es in der Rollenbeschreibung vorgesehen ist. Ihr spielt, als ob ihr eine bestimmte Person in einer bestimmten Situation seid. Dabei könnt ihr eigene Einstellungen und Gefühle erkennen und verstehen, aber auch die anderen Interessen und Sichtweisen erfahren. Folgende Schritte helfen euch bei der Durchführung eines Rollenspiels:

1. **Überblick verschaffen**
   Wie viele Mitglieder hat an eurer Schule eine Schulkonferenz? Recherchiert Zusammensetzung und Größe der Schulkonferenz und legt in eurer Klasse Gruppen fest, welche die jeweilige Rolle übernehmen.

2. **Rollenkarten gestalten**
   Gestaltet mithilfe eurer Interviewergebnisse aus M6 die entsprechenden Rollenkarten.

3. **Rollen verteilen**
   Bestimmt jeweils eine Person aus eurer Gruppe, die die jeweilige Rolle in der Schulkonferenz vertritt.

4. **Schulkonferenz durchführen**
   Führt die Schulkonferenzsitzung durch.

5. **Rollenspiel beobachten**
   Diejenigen von euch, die nicht daran teilnehmen, beobachten die Konferenz und machen sich Notizen zu den einzelnen Rollen. Was sind die überzeugenden Argumente?

6. **Feedback geben**
   Tauscht euch am Ende über die Diskussion aus.
   a) Wie haben sich die Vertreter der jeweiligen Rollen gefühlt? Wie ging es ihnen in den jeweiligen Rollen (vor allem, wenn es nicht die eigene Meinung war)?
   b) Welche Beobachtungen haben die Nichtteilnehmer gemacht?
   c) Was hat die Rollendiskussion gebracht?

Rollenkarten zur Schulkonferenz

Mediencode: 70003-10

H zu Aufgabe 3
Was gefällt euch, was nicht? Warum ist eine eindeutige Handyregelung wichtig?

H zu Aufgabe 3
Lest euch dazu auch die Kompetenzseite „Graduelles Urteilen".

AUFGABEN

1. Wie soll eine Handynutzung an unserer Schule geregelt sein? Führt zu diesem Thema eine Schulkonferenz durch!
2. Beurteilt das Ergebnis der Schulkonferenz.
3. Bewertet, ob Smartphones an eurer Schule ein Problem sind.

GRUNDWISSEN

WIE KANN ICH DAS SCHULLEBEN MITGESTALTEN?

MITBESTIMMUNGSRECHTE VON SCHÜLERN (M2)

Um ihre Interessen und Probleme gegenüber den Lehrern oder der Schulleitung einbringen zu können, haben Schülerinnen und Schüler bestimmte Mitspracherechte oder das Recht, in bestimmten Gremien vertreten zu sein. Diese Rechte sind im Schulgesetz für Baden-Württemberg und der Verordnung des Kultusministeriums über Einrichtung und Aufgaben der Schülermitverantwortung (SMV) geregelt.

Das wichtigste Mitsprachegremium ist der Schülerrat, der sich aus allen Klassensprechern und Stellvertretern zusammensetzt. Er wählt den Schulsprecher und dessen Stellvertreter. Als Bindeglied zwischen Schulleitung und Klassenschülerschaften informiert er über die Angelegenheiten der Schule und vertritt die Interessen aller Schüler gegenüber der Schulleitung.

Darüber hinaus besteht die Möglichkeit, seine Meinung zum Beispiel durch die Herausgabe einer Schülerzeitung zu vertreten. Du kannst dich auch als Streitschlichter oder Mediencoach engagieren.

SCHULKONFERENZ (M8)

Die Schulkonferenz ist das gemeinsame Organ der Schule. Sie hat die Aufgabe, das Zusammenwirken von Schulleitung, Lehrkräften, Eltern, Schülerinnen und Schülern zu fördern, bei Meinungsverschiedenheiten zu vermitteln sowie über Angelegenheiten, die für die Schule von wesentlicher Bedeutung sind, zu beraten und zu beschließen (vgl. Schulgesetz § 47).

In den Schulkonferenzen an den baden-württembergischen Schulen soll künftig mehr Gleichberechtigung herrschen: Schüler, Eltern und Lehrer werden in dem Gremium, das es an jeder Schule gibt, zu je einem Drittel vertreten sein.

SCHULE MITGESTALTEN

Ihr verbringt einen großen Teil eurer Zeit in der Schule. Eure Schulzeit ist geprägt von Spaß und Freude, manchmal aber auch sehr frustrierend und von schlechter Laune. Ob euch Schule Spaß macht, liegt an vielen verschiedenen Dingen: an euren Lehrern, den Fächern, Noten, Mitschülern, Gebäude und nicht zuletzt am Schulalltag. Euren Schulalltag könnt ihr maßgeblich mitgestalten und Ideen zur Veränderung einbringen, so dass Schule zu dem Raum wird, der euch gefällt.

SELBSTEINSCHÄTZUNG

In diesem Kapitel hast du viel über das Klassen- und Schulklima gelernt. Mithilfe des Selbsteinschätzungsbogens kannst du überprüfen, was du dazu kannst und weißt.

Ich kann ...	Das klappt schon ...	Hier kann ich noch üben ...
... die demokratischen Wahlrechtsgrundsätze beschreiben.	👍 ✋ 👎	Kapitel 5.1: M8, M9, #Wahlrechtgrundsätze
... eine Klassensprecherwahl daraufhin überprüfen, ob sie den Vorgaben von Schulgesetz und SMV-Konferenz entspricht.	👍 ✋ 👎	Kapitel 5.1: M6, M8, M9, #Klassensprecher / Klassensprecherin
... meine Mitwirkungsrechte und Gestaltungsmöglichkeiten in der Schule beschreiben.	👍 ✋ 👎	Kapitel 5.1: M8, M9, M14 Kapitel 5.2: #Mitbestimmungsrechte von Schülern
...Aufgaben der Schülervertretung nennen.	👍 ✋ 👎	Kapitel 5.2: M2, #SMV
... anhand einer Handyordnung darstellen, wie in meiner Schule Entscheidungen getroffen werden.	👍 ✋ 👎	Kapitel 5.2: M3-M8, #Schulkonferenz
... beschreiben, warum es zu Konflikten kommen kann und wie diese gelöst werden können.	👍 ✋ 👎	Kapitel 5.1: M10-M14, #Konflikt
... eine Konfliktlösung bewerten.	👍 ✋ 👎	Kapitel 5.1: M14

TRAINING

M1 Problemfälle aus dem Schulleben

Fall 1: Mützen und Kappen während des Unterrichts

Während der letzten Monate werden vor allem in den Jahrgangsstufen 8 und 9 regelmäßig Mützen und Kappen im Unterricht aufbehalten. Fast jeder Zweite will sich nicht mehr von seiner Kopfbedeckung trennen. Einige Lehrer haben Schwierigkeiten, die Gesichter ihrer Schüler unter den Schirmen der Kappen zu erkennen. Andere Lehrer bemängeln das unpassende Erscheinungsbild im Unterricht. Lehrer empfinden es auch als Missachtung ihrer Person, wenn junge Menschen vor ihnen die Kopfbedeckung aufbehalten.

Fall 2: Fahrraddiebstähle auf dem Schulgelände

Seit einiger Zeit häufen sich die Diebstähle von Fahrrädern von dem eigens hierfür eingerichteten Fahrradparkplatz der innerstädtischen Schule. Es werden vorwiegend Fahrräder gestohlen, die nicht mit dem dort befindlichen Fahrradständer über ein Stahlbügelschloss fest verbunden sind. Diebe, die versucht haben, diese Stahlbügel aufzusägen, sind hierbei von Schülern bemerkt und gestört worden und haben dann das Weite gesucht.

Fall 3: Störende Gespräche im Selbstlernbereich

Einige Schüler beklagen, dass im Selbstlernbereich der Schule häufig laut diskutiert und gesprochen werde. Sie fühlen sich durch laut redende Schüler, aber auch durch die Appelle und Erklärungen des Aufsicht führenden Lehrers gestört. Wenn auch noch viele Multimedia-Computer betrieben werden, erhöhe sich der Lärmpegel, so dass ein konzentriertes Arbeiten nicht mehr möglich sei.

Fall 4: Streit um den Ausflug ins Erlebnisbad

Die Planung des nächsten Wandertages hat in der Klasse 8a für viel Ärger gesorgt. Die Mehrheit möchte gerne in ein Erlebnisbad fahren, in dem es eine Riesen-Wasserrutsche und andere Attraktionen gibt. Zwei Schülerinnen haben bereits gesagt, dass ihre Eltern da aus religiösen Gründen bestimmt nicht mitspielen werden, drei weitere Schüler haben sich wegen des hohen Eintrittspreises beschwert.

Aufgaben

1. Entscheide für die Fälle aus **M1**:
   a) Soll das Problem durch eine allgemein geltende Regel gelöst werden?
   b) Sollen die Betroffenen eine eigene Lösung des Problems finden?
2. Begründe deine Entscheidung und halte die allgemeingültige Regel schriftlich fest.
3. Stellt euch eure Lösungen gegenseitig vor.

Spielt das Spiel!

Ihr benötigt:
5 unterschiedliche Spielsteine (z. B. Münzen, kleine Steinchen, Radiergummi etc.)

Zeitbedarf:
20-30 Minuten

Was weißt du schon?

Vorbereitung
1. Bildet Gruppen von 4-5 Schülerinnen und Schülern.

Durchführung
2. Spielt das Spiel!

Auswertung (bitte notiert alle Antworten)

Schritt 1 (in der Kleingruppe)
3. Beschreibt eure Vorgehensweise.
4. Stellt dar, ob bzw. weshalb es (keine) Probleme im Spielablauf gab.
5. Erläutert die Berührungspunkte zwischen eurer Spielsituation und der Rechtsordnung eines Staates.

Schritt 2 (im Plenum)
6. Präsentiert eure Ergebnisse.
7. Diskutiert Gemeinsamkeiten und Unterschiede.

6

#Rechtliche Stellung des Jugendlichen und Rechtsordnung

Kinder und Jugendliche werden in der Bundesrepublik Deutschland vor dem Recht grundsätzlich anders behandelt als Erwachsene: sie genießen eine besondere Stellung. Dieser Grundsatz gilt selbst dann, wenn Kinder oder Jugendliche zu Straftätern geworden sind. Man geht davon aus, dass sie noch nicht die geistige Einsicht und Reife wie Erwachsene haben können und deshalb besonders behandelt werden müssen.

Was lernst du in diesem Kapitel?

- ... wie der Staat Kinder und Jugendliche schützt.
- ... weshalb jugendliche Straftäter anders bestraft werden als Erwachsene.
- ... wie das friedliche Zusammenleben in unserer Gesellschaft bei Verstößen durch rechtliche Regelungen gewährleistet und geschützt wird.

GEMEINSAM AKTIV

Simulation eines Jugendstrafprozesses

Habt ihr euch schon einmal gefragt, wie ein Jugendstrafprozess abläuft? Mithilfe dieses Kapitels könnt ihr einen Jugendstrafprozess simulieren. Dieser unterliegt festgeschriebenen Abläufen. Genau definierte, rechtsstaatliche Prinzipien müssen hierbei beachtet werden.

Geht dabei so vor:

1 Wozu ist Recht nötig und was macht den deutschen Rechtsstaat aus?
(→ Kapitel 6.1: M1, M3)

2 Welche verschiedenen Rechtsbereiche kennt das deutsche Rechtssystem?
(→ Kapitel 6.1: M5, M6)

3 Welchen besonderen Schutz genießen Kinder und Jugendliche in unserer Gesellschaft?
(→ Kapitel 6.1: M8)

4 Welche Ursachen haben Einfluss darauf, dass Kinder und Jugendliche straffällig werden?
(→ Kapitel 6.2: M1, M6, M7)

5 (Wie) Können Kinder und Jugendliche strafrechtlich verfolgt werden?
(→ Kapitel 6.2: M9-M10)

6 Welchen Zweck verfolgt Strafe bei Kindern und Jugendlichen und welche Strafformen sind für Jugendliche möglich?
(→ Kapitel 6.2: M12, M13)

7 Führt nun selbst den Jugendstrafprozess entsprechend des Materials in (→ Kapitel 6.2: M15-M22) durch.

8 Wertet die Methode aus!
- Wie sind die Rollen realisiert worden?
- Haben sich alle an die jeweiligen Rollenbeschreibungen gehalten?
- Was sind Vor- bzw. Nachteile einer Simulation?
- …

6.1 (Wie) Bestimmt das Recht unser Leben?

Recht – wozu eigentlich?

Recht – damit hast du nichts zu tun? Du wirst schnell merken, dass du täglich damit in Berührung kommst. Das Recht bildet einen wichtigen Rahmen, der es uns überhaupt erst möglich macht, unsere Rechte und Freiheiten in Anspruch zu nehmen.

M1 Recht im Alltag ...

Auf den Bildern sind Situationen dargestellt, die verschiedene Regelverstöße abbilden.

FUNKTIONEN DES RECHTS

Das Recht sichert Frieden und gewährleistet Freiheit.
Es verbietet Vergeltung und Faustrecht und dient so der Vorbeugung von Konflikten. Die Rechtsordnung sorgt dafür, dass Streitigkeiten friedlich in einem geregelten Verfahren ausgetragen werden.

Horst Pötzsch, Die Deutsche Demokratie, 5. überarb. und akt. Auflage, Bonn: Bundeszentrale für politische Bildung 2009, S. 131-133

M2 Ist das in Deutschland möglich?

„Verdächtiger wurde tagelang von der Polizei festgehalten"

„Angeklagter hatte keine Möglichkeit, sich zu den Anschuldigungen zu äußern"

„Die Verurteilung stand eigentlich schon früh fest, die Meinung der Regierung war ja allen bekannt ..."

M3 Rechtsstaat – was ist das?

Unter einem Rechtsstaat ist allgemein ein Staat zu verstehen, bei dem das Handeln von Regierung und Verwaltung durch geltende Gesetze beschränkt und gelenkt wird. Unmittelbar bedeutet dies erst einmal, dass der Staat an Recht gebunden ist. Der Staat und seine Verwaltung kann also nichts tun, was nicht durch ein Gesetz legitimiert ist.

Obwohl das Rechtsstaatsprinzip in Art. 20 GG nicht ausdrücklich erwähnt wird, wird es allgemein den genannten Staatsformmerkmalen hinzugerechnet. Mittelbar ergibt sich die Geltung des Rechtsstaatsprinzips aus Art. 28 Abs. 1 GG, wenn dort für die Länder das Prinzip des sozialen Rechtsstaats im Sinne des Grundgesetzes vorgeschrieben wird.

Der deutsche Rechtsstaat garantiert die Grundrechte seiner Bürger (Artikel 1 bis 19 des Grundgesetzes) und schützt sie vor staatlicher Willkür. Er gewährt allen Bürgerinnen und Bürgern neben unbedingter Rechtssicherheit (d. h. Klarheit, Bestimmtheit und Beständigkeit staatlicher Entscheidungen) auch Rechtsgleichheit (d. h. vor dem Gesetz sind alle gleich – unabhängig davon, aus welcher Familie sie stammen, wie viel Geld sie besitzen oder wie berühmt sie sind). Alle staatlichen Eingriffe bedürfen einer gesetzlichen Grundlage (Gesetzesvorbehalt) und sämtliche Entscheidungen müssen von unabhängigen Gerichten überprüft werden können. Das nennt man Rechtsgebundenheit von Regierung, Verwaltung und Justiz.

Im deutschen Grundgesetz sind einige wichtige Artikel zu finden, die die Merkmale des Rechtsstaats genauer definieren. Dazu zählen u.a.

1. das Prinzip der Gewaltenteilung (Art. 1 Abs. 3 GG)
2. das Prinzip des gesetzmäßigen staatlichen Handelns (Art. 20 Abs. 3 GG)
3. die Grundrechtsbindung der Verwaltung (Art. 2 – 19 GG)
4. die Garantie des rechtlichen Gehörs (Art. 103 Abs. 1 GG)
5. die Garantie des gesetzlichen Richters (Art. 101 GG)
6. der Grundsatz der Verhältnismäßigkeit

Autorentext

Gewaltenteilung
Das Prinzip verlangt grundsätzlich eine Trennung der Staatstätigkeiten. Gesetzgebung, Rechtsprechung und ausführende Staatstätigkeit müssen im Prinzip voneinander unabhängig arbeiten.

Elemente des Rechtsstaates
nach der Rechtsprechung des Bundesverfassungsgerichts

- **Verfassungsstaatlichkeit**
  Ausübung staatlicher Macht nur auf Grundlage der Verfassung
- **Gewaltenteilung**
  Die Staatsmacht ist auf verschiedene Organe verteilt.
- **Gesetzlichkeit**
  Wichtige Eingriffe in die Sphäre der Bürger bedürfen eines Gesetzes.
- **Allgemeine Justizrechte**
  Im Gerichtsverfahren sind bestimmte Grundregeln einzuhalten.
- **Gesetzmäßigkeit der Verwaltung**
  Die Verwaltung hat sich bei der Ausübung ihrer Tätigkeiten an die Gesetze zu halten.
- **Willkürverbot**
  Die Staatsorgane müssen ihren Entscheidungen sachliche Gesichtspunkte zugrunde legen.
- **Grundrechtsschutz**
  Die Bürger verfügen über subjektive Rechte, in die der Staat prinzipiell nicht eingreifen darf.

Quelle: Michael Piazolo, Der Rechtsstaat, hrsg. von der Bayerischen Landeszentrale für politische Bildungsarbeit, München 1999, S. 13

RECHTSSTAATSPRINZIPIEN

Der Staat darf nicht nach Belieben in die Freiheit seiner Bürgerinnen und Bürger eingreifen.

Hierfür benötigt er eine gesetzliche Grundlage (**Gesetzesvorbehalt**). Die Bürgerinnen und Bürger sind also vor staatlicher Willkür geschützt. Der deutsche Rechtsstaat garantiert seinen Bürgerinen und Bürgern, dass alle vor dem Gesetz gleich sind (**Rechtsgleichheit**). Zugleich gewährt er **Rechtssicherheit**, d. h. dass man sich auf das Recht verlassen und jede Entscheidung gegebenenfalls von unabhängigen Gerichten überprüfen lassen kann.

AUFGABEN

1. In **M1** sind verschiedene Regelverstöße abgebildet.
   a) Wie schwer wiegen jeweils diese Regelverstöße? Ordne die Bilder in einer Rangliste (1-gravierender Regelverstoß, 5-Regelverstoß von geringster Bedeutung). Begründe!
   b) Vergleiche deine Ergebnisse mit denen eines Partners/einer Partnerin.
2. Beschreibe, weshalb Regeln für das Zusammenleben von Menschen in einer Gesellschaft wichtig sind.
3. Begründe mithilfe der Rechtsstaatsprinzipien (**M3**), weshalb es Schlagzeilen wie in **M2** in Deutschland nicht geben kann/darf.
4. Erkläre einem Grundschulkind den Begriff „Rechtsstaat" (**M3**).
5. Erläutere die Aussage „Recht gewährleistet Freiheit". (**M1-M3**).

H zu Aufgabe 4
Überlege dir dazu zunächst genau, welche Begriffe du problemlos verwenden kannst und welche du unbedingt umschreiben musst, weil ein Grundschulkind sie noch nicht verstehen kann.

Regelverstöße: (Wann) Soll der Staat reagieren?

Nicht alle Regelverstöße landen vor Gericht. Wenn du z. B. dein Zimmer nicht aufräumst, besprechen das deine Eltern mit dir. Manchmal werden sie auch Strafen aussprechen. Wann aber muss der Staat tätig werden und Regelverstöße ahnden? Unser Rechtssystem unterscheidet zwei große Rechtsbereiche: Privates und Öffentliches Recht, in denen das genau geregelt ist.

M4 Soll der Staat hier reagieren?

Fall 1
Ein Autohändler fordert von einem Käufer nach der bereits getätigten Anzahlung nun auch den Restbetrag ein. Der Käufer zahlt nach mehrmaliger Aufforderung nicht.

Fall 2
Schüler einer 9. Klasse tauschen sich regelmäßig Musik und Filme über das Internet aus. Das sei doch viel billiger, als sich eine CD oder eine DVD zu kaufen. Sie haben schon mal davon gehört, dass die Daten eigentlich urheberrechtlich geschützt sind ...

Fall 3
Vier Jugendliche im Alter von 14-16 Jahren begehen eine Reihe Diebstähle aus Autos: Sie entwenden Smartphones, Sonnenbrillen und Navigationsgeräte.

M5 Was bedeuten öffentliches Recht und Zivilrecht?

Das Rechtssystem der BRD unterscheidet zwei große Rechtsbereiche, das Öffentliche und das Private Recht:

a) Öffentliches Recht
Im Öffentlichen Recht stehen sich als Streitpartner Staat oder Behörden auf der einen Seite und Bürger auf der anderen Seite gegenüber. Das Öffentliche Recht regelt also die Rechtsbeziehungen der Bürger zum Staat, wobei der Staat der Hoheitsträger, der Bürger der Rechtsunterworfene ist. Es herrscht also ein Überordnungs-Unterordnungsverhältnis, bei dem die Strafgewalt allein dem Staat zusteht, Anklage erhebt der Staatsanwalt.
Ein wichtiger Bestandteil des Öffentlichen Rechts ist das Strafrecht. Der Staat droht im Strafgesetzbuch (StGB) jedem Straftäter eine Strafe an, der sich an Leben, Gesundheit oder Besitz anderer vergeht. Das Kernstück des Strafprozesses ist die Hauptverhandlung. Deren Ziel ist es, den Sachverhalt endgültig aufzuklären: Anders als im Zivilprozess wird hier über Schuld oder Unschuld des Angeklagten befunden und in einem Urteil Art und Höhe der Strafe bestimmt.

b) Zivilrecht
Im Gegensatz dazu hält sich der Staat im Privat- oder Zivilrecht aus Streitfragen zwischen Bürgerinnen und Bürgern inhaltlich heraus. Grundsätzlich gilt hier der Grundsatz „Wo kein Kläger, da kein Richter". Zwingende Voraussetzung für einen Zivilprozess ist

die Klageerhebung, d.h. ein Zivilprozess kann nur dann stattfinden, wenn Klage eingereicht wurde. Der Bürger muss sich an die Gerichte wenden, um sein Recht mithilfe der Staatsgewalt durchzusetzen. Anders als beim Strafprozess ist die Beweisaufnahme nicht Teil der mündlichen Verhandlung. Das Gericht prüft nur, was die Streitparteien vorbringen. Der Staat bietet durch das Bürgerliche Gesetzbuch (BGB) den gesetzlichen Rahmen. Ziel ist es, den Rechtsfrieden wiederherzustellen. In einem Zivilprozess sind die Streitparteien gleichberechtigt.

Autorentext

M6 Ablauf eines Strafprozesses

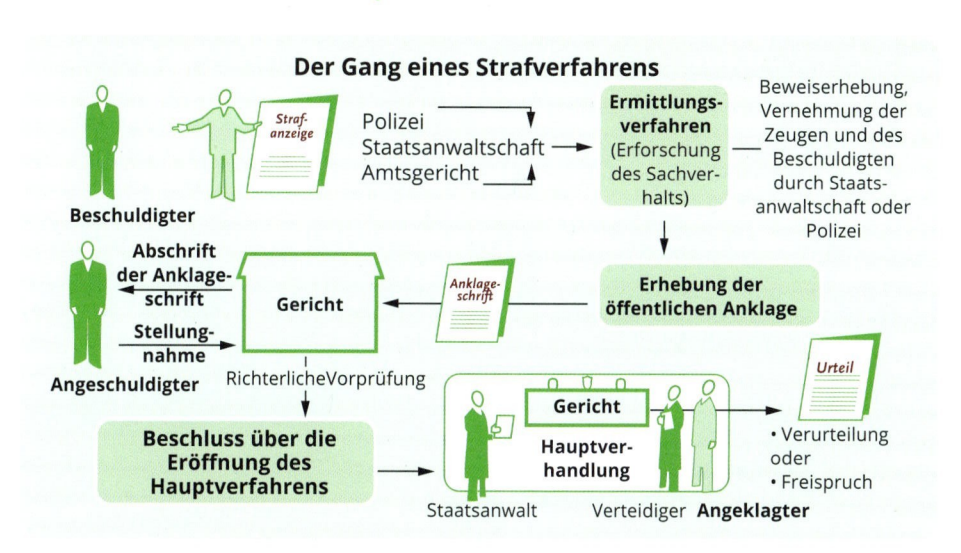

Der Gang eines Strafverfahrens

Beschuldigter → Strafanzeige → Polizei, Staatsanwaltschaft, Amtsgericht → Ermittlungsverfahren (Erforschung des Sachverhalts) → Beweiserhebung, Vernehmung der Zeugen und des Beschuldigten durch Staatsanwaltschaft oder Polizei → Erhebung der öffentlichen Anklage → Anklageschrift → Gericht → Abschrift der Anklageschrift / Stellungnahme (Angeschuldigter) → Richterliche Vorprüfung → Beschluss über die Eröffnung des Hauptverfahrens → Hauptverhandlung (Staatsanwalt, Verteidiger, Angeklagter, Gericht) → Urteil: Verurteilung oder Freispruch

© Bergmoser + Höller Verlag AG, Zahlenbilder 129520

M7 Ablauf eines Zivilprozesses

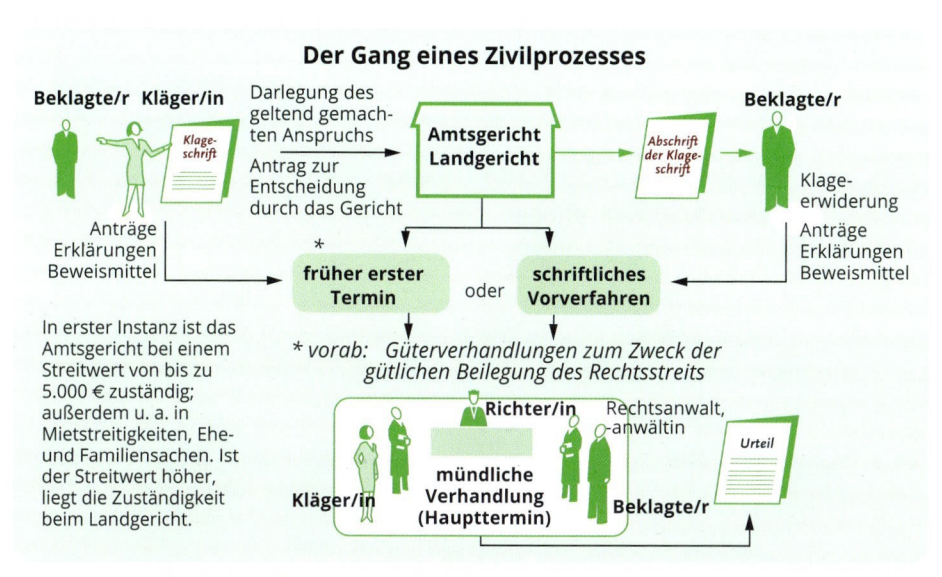

Der Gang eines Zivilprozesses

Beklagte/r, Kläger/in → Klageschrift (Darlegung des geltend gemachten Anspruchs, Antrag zur Entscheidung durch das Gericht) → Amtsgericht/Landgericht → Abschrift der Klageschrift → Beklagte/r (Klageerwiderung, Anträge, Erklärungen, Beweismittel)

Anträge, Erklärungen, Beweismittel

* früher erster Termin oder schriftliches Vorverfahren

* vorab: Güterverhandlungen zum Zweck der gütlichen Beilegung des Rechtsstreits

→ mündliche Verhandlung (Haupttermin) (Kläger/in, Richter/in, Rechtsanwalt/-anwältin, Beklagte/r) → Urteil

In erster Instanz ist das Amtsgericht bei einem Streitwert von bis zu 5.000 € zuständig; außerdem u. a. in Mietstreitigkeiten, Ehe- und Familiensachen. Ist der Streitwert höher, liegt die Zuständigkeit beim Landgericht.

© Bergmoser + Höller Verlag AG, Zahlenbilder 129810

M8 Öffentliches oder Privates Recht?

Fallbeschreibung	Öffentliches Recht?	Privates Recht?	Begründung
1. Ein Apotheker kauft Arzneimittel bei einem Großhändler.			
2. Der Auslieferungsfahrer eines Paketdienstes erhält einen „Strafzettel".			
3. Ein Kunde kauft Arzneimittel auf Rezept.			
4. Die Auszubildende schließt einen Ausbildungsvertrag mit dem Friseur ab.			
5. Das Ordnungsamt bemängelt die Sauberkeit in einer angesagten Kneipe.			
6. Der Bäcker erhält eine Verwarnung wegen nicht genehmigter Umbauarbeiten an seinem Bäckereifachgeschäft.			
7. Ein 14-Jähriger raucht in der Öffentlichkeit.			
8. Herr Müller hat sich von seinem Freund Geld geliehen, will es jetzt aber nicht zurückzahlen.			

BITTE INS HEFT!

AUFGABEN

1. a) Entscheide für die Fälle 1-3 (**M4**), ob der Staat den beschriebenen Regelverstoß jeweils ahnden soll.
   b) Begründe jeweils deine Entscheidung.
2. a) Arbeite aus **M5** die wesentlichen Merkmale der beiden Rechtsbereiche heraus.
   b) Überprüfe anschließend deine Entscheidungen aus Aufgabe 1.
3. Stelle die beiden Rechtsbereiche in einem Bild einander gegenüber (**M5**).
4. Vergleiche den Ablauf eines Straf- und Zivilprozesses (**M6, M7**).
5. Begründe für die Fälle 1-8, ob sie jeweils in den Bereich des Öffentlichen oder in den Bereich des Privaten Rechts fallen. (**M6**)

KOMPETENZ: Methode

Karikaturen analysieren

Ob in Tageszeitungen oder im Internet, immer wieder begegnen dir Karikaturen. Das sind Zeichnungen, die ein Ereignis, einen Sachverhalt oder ein aktuelles Problem aus Politik, Wirtschaft oder Gesellschaft darstellen und kommentieren, meist in satirischer (bissiger, spöttischer) Form. Nicht immer ist es einfach, die Aussage einer Karikatur herauszufinden. Der folgende Leitfaden soll dir helfen, Karikaturen zukünftig leichter zu entschlüsseln.

1. **Die Karikatur beschreiben:** Konzentriere dich zunächst nur auf die Aspekte, die du auf der Karikatur siehst. Dazu gehört auch, den Namen des Karikaturisten und ggf. das Erscheinungsjahr / Erscheinungsort (Zeitschrift, Tageszeitung etc.) zu nennen. Achtung: Sieh´ genau hin, denn der Karikaturist hat sich jeden Strich und jedes Wort genau überlegt!

   Formulierungshilfen:

   „Die Karikatur von ... wurde am ... in ... veröffentlicht. Sie zeigt die Situation/den Raum ... Zu sehen sind ... von links nach rechts ... Die eine Person ... sieht aus .... Die andere Person sagt ..."

2. **Die Einzelheiten in der Karikatur deuten und verstehen:** Meist stehen die in der Karikatur gezeichneten Gegenstände oder Situationen „für etwas", auf das der Karikaturist besonders hinweisen möchte. Manchmal werden auch Symbole verwendet, die zunächst entschlüsselt werden müssen. Ein häufig genutztes Mittel der Karikatur ist, vertraute Bilder oder Szenen darzustellen und diese zu verfremden durch die Art der Zeichnung oder die Worte, die den Personen in den Mund gelegt werden.

   Formulierungshilfen:

   „Die Auswahl der Situation soll zeigen ... Die Person steht jeweils für ... Der ... weist darauf hin, dass ..."

3. **Kernaussage der Karikatur formulieren:** „Abschließend formulierst du in einem Satz, welche Position des Zeichners in der Karikatur zum Ausdruck gebracht wird (Kernaussage).

   Formulierungshilfen:

   „Der Karikaturist ist der Meinung, dass ...", „Die Aussage der Karikatur zielt darauf ab/bedeutet, dass ..."

4. **Die Aussage der Karikatur beurteilen:** Abschließend überlegst du, ob du dem Karikaturisten zustimmen oder ob du seiner Aussage widersprechen möchtest. Dein Ergebnis musst du auf jeden Fall begründen. Dazu benötigst du häufig noch mehr Information; ggf. musst du dir diese zunächst beschaffen, bevor du hier wirklich zu einem eigenständigen Urteil kommen kannst.

   Formulierungshilfen:

   „Der Karikaturist unterstützt die Aussage/kritisiert/nimmt Stellung zu/bezieht die Position ...", „Die Aussage der Karikatur trifft zu/trifft weniger bzw. gar nicht zu, weil ....", „Ich stimme dem Karikaturisten zu /nicht zu, weil ..."

Jugendschutz: Sinnvoll oder einfach nur lästig?

Stell dir vor ... Du freust dich die ganze Woche auf den Samstagabend. Dann ist es endlich soweit und du gehst mit deiner Clique in die Disco. Die anderen sind etwas älter als du, aber das ist ja gerade das Coole: du bist trotzdem voll akzeptiert! Der Discoabend verläuft super, bis du – nur weil du etwas jünger als die anderen bist – die Disco verlassen musst ...

M7   Was ist erlaubt?

Die Rechtsvorschriften, die speziell Jugendliche betreffen, sind im Jugendschutzgesetz (JuSchG) festgeschrieben.

1. Der Aufenthalt von Kindern in Gaststätten ist grundsätzlich verboten.	stimmt	stimmt nicht
2. Videoshops dürfen im Schaufenster Kassetten / DVDs ausstellen, die ab 18 freigegeben sind.	stimmt	stimmt nicht
3. Kinder und Jugendliche dürfen sich in Begleitung ihrer Erziehungsberechtigten in öffentlichen Spielhallen aufhalten.	stimmt	stimmt nicht
4. Jugendlicher ist, wer 14, aber noch nicht 18 Jahre alt ist.	stimmt	stimmt nicht
5. Jugendlichen ist das Rauchen in der Öffentlichkeit erlaubt.	stimmt	stimmt nicht
6. Werbefilme oder Werbeprogramme für Tabakwaren dürfen nur nach 18 Uhr vorgeführt werden.	stimmt	stimmt nicht
7. Piercings und Tätowierungen sind erst ab 14 Jahren erlaubt.	stimmt	stimmt nicht

BITTE INS HEFT!

Lösung zu M7
Stimmt: 4, 6
Stimmt nicht: 1, 2, 3, 5

JUGENDSCHUTZGESETZ

Die Regelungen des Jugendschutzgesetzes sollen vor Gefahren schützen.
Das Jugendschutzgesetz regelt zum Beispiel, unter welchen Bedingungen sich ein Kind oder ein Jugendlicher in Gaststätten aufhalten darf und verbietet allen unter 18 Jahren, in der Öffentlichkeit zu rauchen.

M8 Das Jugendschutzgesetz – Auszüge

§ 1 Begriffsbestimmungen
(1) Im Sinne dieses Gesetzes
1. sind Kinder Personen, die noch nicht 14 Jahre alt sind,
2. sind Jugendliche Personen, die 14, aber noch nicht 18 Jahre alt sind […].

§ 4 Gaststätten
(1) Der Aufenthalt in Gaststätten darf Kindern und Jugendlichen unter 16 Jahren nur gestattet werden, wenn eine personensorgeberechtigte oder erziehungsbeauftragte Person sie begleitet oder wenn sie in der Zeit zwischen 5 Uhr und 23 Uhr eine Mahlzeit oder ein Getränk einnehmen. Jugendlichen ab 16 Jahren darf der Aufenthalt in Gaststätten ohne Begleitung einer personensorgeberechtigten oder erziehungsbeauftragten Person in der Zeit von 24 Uhr und 5 Uhr morgens nicht gestattet werden. […]

§ 6 Spielhallen, Glücksspiele
(1) Die Anwesenheit in öffentlichen Spielhallen […] darf Kindern und Jugendlichen nicht gestattet werden. […]

§ 11 Filmveranstaltungen
[…] (5) Werbefilme oder Werbeprogramme, die für Tabakwaren oder alkoholische Getränke werben, dürfen […] nur nach 18 Uhr vorgeführt werden.

§ 12 Bildträger mit Filmen oder Spielen
[…] (3) Bildträger, die nicht oder mit „Keine Jugendfreigabe" […] gekennzeichnet sind, dürfen 1. einem Kind oder einer jugendlichen Person nicht angeboten, überlassen oder sonst zugänglich gemacht werden […].

Das Jugendschutzgesetz (JuSchG) – Auszüge – vom 23. Juli 2002 (BGBl. I S. 2730, 2003 I S. 476), zuletzt geändert am 10.3.2017 (BGBl. IS, S. 420)

BESONDERE RECHTSSTELLUNG VON KINDERN UND JUGENDLICHEN

Kinder und Jugendliche müssen vor Gefahren besonders geschützt werden. Sie sind häufig noch nicht in der Lage, alle Gefahren richtig einschätzen zu können. Das ist zunächst einmal Aufgabe der Eltern, aber auch des Staates. Dies nennt man Fürsorgepflicht des Staates. Dieser Grundsatz spiegelt sich besonders im Jugendschutzgesetz, aber auch im Bürgerlichen Gesetzbuch (BGB) wider.

M9 Jugendschutz verschärfen – E-Shishas für Kinder und Jugendliche verbieten?

Stuttgart/Heidelberg – Hollywood steht unter Dampf

E-Shishas sind bunt, sehen auf den ersten Blick aus wie Stifte und sind vor allem bei Schülern begehrt: Aber von sogenannten E-Shishas raten Fachleute nicht nur aus gesundheitlichen Gründen ab.

Ob Johnny Depp, Katherine Heigl oder Paris Hilton – die Stars qualmen nicht mehr, sie saugen an E-Zigaretten und pusten Wolken in die Luft, im Geruch irgendwo zwischen Vanille und Apfel. Während die Kippe im Mundwinkel bei vielen die Nase rümpfen lässt, gilt das Paffen der elektronischen Ersatzstäbchen als geradezu chic. [...] [I]nzwischen wird aus der rauchfreien Alternative nahezu ein Modetrend, der auch immer mehr Jüngere erfasst, die vielleicht normale Zigaretten nicht angerührt hätten. Zwar greifen diese nicht unbedingt zur nikotinhaltigen E-Zigarette, dafür aber zur scheinbar ungefährlichen E-Shisha. Die Technik ist die gleiche, nur enthalten die Kartuschen statt des Nikotins ein Chemikaliengemisch und Aromen wie Kirsche, Schokolade oder Piña Colada. Und das lockt: So sind nach Angaben des Kultusministeriums Baden-Württemberg erst einige Wochen zuvor an einer Pforzheimer Schule zwei Schüler der Unterstufe beim Paffen von E-Shishas erwischt worden.

Der Eindruck des scheinbar ungefährlichen Dampfens wird aufgrund der Tatsache verstärkt, dass die E-Shishas im Gegensatz zu E-Zigaretten nicht unter das Jugendschutzgesetz fallen. Hersteller bieten die bunten Stäbchen, die so groß wie Kugelschreiber sind, daher an wie aromatisierte Kaugummis – für knapp acht Euro das Stück. Gleichzeitig haben die E-Shishas ein rot leuchtendes Ende, das einer glimmenden Zigarette nahekommt. Gesundheitsexperten betrachten den E-Shisha-Trend daher mit Sorge: Letztendlich sind E-Shishas im Gegensatz zu richtigen Wasserpfeifen Zigaretten-Imitate, mit denen Raucherkarrieren spielerisch vorbereitet werden könnten.

Regine Warth, www.stuttgarter-nachrichten.de, 31.5.2014

M10 E-Shishas: Eine hypothetische Gefahr?

Besorgte Gesundheitsexperten warnen jetzt vor den fruchtigen E-Shishas oder E-Zigaretten, sehen diese als mögliche „Einstiegsdrogen" für Kinder und Jugendliche. Eine hypothetische Gefahr wird heraufbeschworen. Warum dann nicht auch gleich Spielzeugwaffen als „Einstiegstatwerkzeug" verbieten?

Die Bundesregierung plant jedenfalls eine Verschärfung des Jugendschutzes und will in diesem Rahmen auch tabakfreie E-Zigaretten und E-Shishas für Jugendliche verbieten. Die grundsätzliche Meinung der Piratenpartei ist, dass E-Zigaretten nicht mit normalen Zigaretten gleichzusetzen sind […]. Die letzten Änderungen des Jugendschutzgesetzes in 2008 und 2009 brachten den Jugendlichen ein Tabak-Verkaufsverbot, sowie ein Vertriebsverbot für sog. „Killerspiele" über der Ladentheke. Das Jugendschutzgesetz ist ein Bundesgesetz.

Stefan Müller, www.kompass.im, 24.6.2014

hypothetisch
theoretisch

AUFGABEN

1. a) Entscheide, welche der Antworten 1-7 zutreffen bzw. nicht zutreffen (**M7**).
   b) Überprüfe deine Antworten entweder mithilfe von **M8** oder indem du auf den Seiten des Bundesministerium für Familie, Senioren, Frauen und Jugend (http://www.bmfsfj.de/gesetze,did=5350) recherchierst.
2. Erläutere, unter welchen Bedingungen Jugendliche eine Disco unter Umständen früher als ihre Freunde verlassen müssen.
3. a) Beurteile auf der Grundlage von **M9** und **M10** den Vorschlag, das Jugendschutzgesetz zu verschärfen, indem E-Shishas grundsätzlich verboten werden. Wende dazu die Methode „Good Angel / Bad Angel" entsprechend des Leitfadens an.
   b) Entscheide, ob du persönlich lieber dem „Good Angel" oder dem „Bad Angel" Recht geben möchtest. Begründe.

H zu Aufgabe 1b)
Denke unbedingt daran, wie du beim Lesen und Verstehen von Gesetzestexten vorgehen musst.

F zu Aufgabe 3b)
Nach Ansicht der Bundesdrogenbeauftragten sind E-Zigaretten schädlich für Kinder und Jugendliche. Die CSU-Politikerin plädierte am 11.08.2014 in der „Mittelbayrischen Zeitung" für eine Ergänzung des Jugendschutzgesetzes, um den Verkauf an Kinder zu unterbinden. Erörtere ein solches Verbot vor dem Hintergrund des Jugendschutzes.

Inwieweit sind Kinder und Jugendliche haft- bzw. strafbar?

Kinder können die Folgen ihrer Taten nicht immer und in vollem Umfang einschätzen. Aber ab welchem Alter wird dies von ihnen erwartet?

M11 Vandalismus in der Schule ...

Heiko (15) und Steve (13) sind ein eingeschworenes Team. Als die Zeugnisse fällig sind und Heiko entsetzt ein „wird nicht versetzt nach Klasse 9" in seinem Zeugnis lesen muss, entscheidet er, es der Schule „heimzuzahlen". Steve ist selbstverständlich mit von der Partie. Da er auf seinen Bruder Charlie (6) aufpassen muss, beschließt er, diesen einfach mitzunehmen. Gegen 22:00 Uhr ziehen sie los. Da sie es nicht schaffen, in die Schule einzudringen, werfen sie aus Frust sechs Fensterscheiben ein und besprühen die Eingangstür mit Graffiti. Dabei werden sie von Passanten beobachtet, die umgehend die Polizei alarmieren. Der Schaden beläuft sich auf circa 5.000 €.

Autorentext

M12 Was sagt das Gesetz dazu?

Strafgesetzbuch (StGB)
§ 303 *Sachbeschädigung*
(1) Wer rechtswidrig eine fremde Sache beschädigt oder zerstört, wird mit Freiheitsstrafe bis zu zwei Jahren oder mit Geldstrafe bestraft.

Bürgerliches Gesetzbuch (BGB)
§ 823 *Schadensersatzpflicht*
(1) Wer vorsätzlich oder fahrlässig das Leben, den Körper, die Gesundheit, die Freiheit, das Eigentum oder ein sonstiges Recht eines anderen widerrechtlich verletzt, ist dem anderen zum Ersatz des daraus entstehenden Schadens verpflichtet.
§ 828 *Minderjährige*
(1) Wer nicht das siebente Lebensjahr vollendet hat, ist für einen Schaden, den er einem anderen zufügt, nicht verantwortlich.
(2) Wer das siebente, aber nicht das zehnte Lebensjahr vollendet hat, ist für den Schaden, den er bei einem Unfall mit einem Kraftfahrzeug, einer Schienenbahn oder einer Schwebebahn einem anderen zufügt, nicht verantwortlich. Dies gilt nicht, wenn er die Verletzung vorsätzlich herbeigeführt hat.
(3) Wer das 18. Lebensjahr noch nicht vollendet hat, ist, sofern seine Verantwortlichkeit nicht nach Absatz 1 oder 2 ausgeschlossen ist, für den Schaden, den er einem anderen zufügt, nicht verantwortlich, wenn er bei der Begehung der schädigenden Handlung nicht die zur Erkenntnis der Verantwortlichkeit erforderliche Einsicht hat.

Jugendgerichtsgesetz (JGG)
§ 1 *Persönlicher und sachlicher Anwendungsbereich*
(1) Dieses Gesetz gilt, wenn ein Jugendlicher oder ein Heranwachsender eine Verfehlung begeht, die nach den allgemeinen Vorschriften mit Strafe bedroht ist.
(2) Jugendlicher ist, wer zur Zeit der Tat vierzehn, aber noch nicht achtzehn, Heranwachsender, wer zur Zeit der Tat achtzehn, aber noch nicht einundzwanzig Jahre alt ist.
§ 3 *Verantwortlichkeit*
Ein Jugendlicher ist strafrechtlich verantwortlich, wenn er zur Zeit der Tat nach seiner sittlichen und geistigen Entwicklung reif genug ist, das Unrecht der Tat einzusehen und nach dieser Einsicht zu handeln. [...]

M13 Stufen der Deliktsfähigkeit von Jugendlichen

Deliktsfähigkeit
Deliktsfähigkeit ist die Fähigkeit einer Person, wegen einer unerlaubten Handlung, bei der ein Schaden entstanden ist, haftbar (Pflicht zum Schadensersatz) gemacht werden zu können.

Deliktsunfähig
Minderjährige unter sieben Jahren und Personen, deren freie Willensbetätigung krankheitsbedingt ausgeschlossen ist.

Beschränkt deliktsfähig
Minderjährige zwischen 7 und 18 Jahren (Spezialfall zwischen 7 und 10: Minderjährigenhaftung bei vorsätzlich verursachtem Verkehrsunfall) und Taubstumme.

Voll deliktsfähig
Volljährige (ab 18 Jahren)

M14 Stufen der Strafmündigkeit von Jugendlichen

Strafmündigkeit
Die alters- und geistesbedingte Fähigkeit, für das Unrecht einer strafbaren Handlung einzustehen.

Strafunmündig
Personen unter 14 Jahren sind strafrechtlich nicht verantwortlich.

Strafmündig nach Jugendgerichtsgesetz (JGG)
Personen mit Vollendung des 14. Lebensjahres sind bedingt verantwortlich, nämlich falls die „Strafreife" vorhanden ist, also „die Fähigkeit, das Unrecht der Tat einzusehen und nach dieser Einsicht zu handeln" (§ 3 JGG).

Strafmündig
Erwachsene sind voll strafmündig, doch wird bei Heranwachsenden (18 – 21 Jahre) in der Regel das Jugendstrafrecht angewendet. Ab dem 21. Geburtstag muss das Erwachsenenstrafrecht angewendet werden.

AUFGABEN

1. Unterscheide mithilfe von **M12** zivilrechtliche und strafrechtliche Folgen für die an der Tat in **M11** beteiligten Personen.
2. Erkläre, weshalb eine Tat zugleich zivil- und strafrechtliche Folgen haben kann.
3. Erläutere anhand von **M13** und **M14** mögliche Gründe, weshalb die Altersgrenze für die Verantwortlichkeit im Strafrecht im Vergleich zur Deliktfähigkeit im Zivilrecht höher liegt.
4. Bewerte folgende Forderung: „Kinder und Jugendliche sollten in vollem Umfang haft- und strafbar sein."(**M11-M14**).

zu Aufgabe 1
Begründe jeweils deine Entscheidung.

zu Aufgabe 2
Nenne aus deinem Alltag Beispiele für deine Ergebnisse.

zu Aufgabe 3
Beziehe dein Wissen zur besonderen Rechtsstellung von Kindern und Jugendlichen in unserer Rechtsordnung in deine Überlegungen ein.

KOMPETENZ: Urteilen

Abwägen von Pro/Kontra-Argumenten mit „Good Angel" und „Bad Angel"

Häufig muss man sich mit Problemen auseinandersetzen, bei denen man nicht so recht weiß, ob man eher dafür oder eher dagegen ist. Eine Möglichkeit, sich einer Antwort anzunähern und dennoch nicht den Überblick zu verlieren, ist, sich möglichst frei von Gefühlen Vor- und Nachteile eines Sachverhalts gegenüberzustellen. Bei der Methode „Good Angel – Bad Angel" werden die Argumente von zwei Personen einem neutralen Zuhörer vorgetragen, der sich ein Urteil bilden soll.

1. **Gruppen bilden:** Bildet Gruppen von jeweils drei Schülern und setzt euch entsprechend der Abbildung zusammen.

2. **Rollen verteilen:** In jeder Dreiergruppe übernimmt einer von euch die Rolle des „Good Angel", einer die Rolle des „Bad Angel" und einer ist der Zuhörer.

3. **Rollen erarbeiten:** „Good Angel" bzw. „Bad Angel" arbeiten die Argumente heraus, ergänzen diese und überlegen, wie sie diese möglichst überzeugend vortragen können. Der Zuhörer kann sich bei Bedarf zu beiden Positionen informieren. (ca. 10 Min.)

4. **Argumente vortragen:** Im Wechsel tragen „Good Angel" und „Bad Angel" ihre Argumente vor. Der Zuhörer hört sich die Argumente an. Er darf nicht nachfragen oder kommentieren, kann sich aber Stichpunkte machen.

GRUNDWISSEN

WIE BESTIMMT DAS RECHT UNSER LEBEN?

RECHTSSTAAT BRD (M3)

In der Bundesrepublik Deutschland müssen sich nicht nur die Bürgerinnen und Bürger an die Gesetze halten, sondern auch der Staat. Neben diesem Prinzip der Rechtssicherheit ist das Prinzip der Unabhängigkeit der Gerichte wichtig für einen Rechtsstaat, d. h. Gerichte dürfen von Niemandem, auch nicht von Politikern oder Medien beeinflusst werden. Für alle gerichtlichen Verfahren gilt die unbedingte Rechtsgleichheit, die im Grundgesetz in Artikel 3, Absatz 1 so formuliert ist: „Alle Menschen sind vor dem Gesetz gleich".

RECHTSBEREICHE: ÖFFENTLICHES UND PRIVATES RECHT (M5)

Die Gesetze in der Bundesrepublik Deutschland können zwei großen Rechtsbereichen zugeordnet werden, dem Privatrecht oder dem öffentlichen Recht. Im Bereich des Öffentlichen Rechts ist der Bürger dem Staat rechtlich untergeordnet, während Streitigkeiten zwischen rechtlich gleichgestellten Bürgerinnen und Bürgern zum Privatrecht gehören. Gesetze sollen den Einzelnen schützen, sie erfüllen eine wichtige Schutz- und Ordnungsfunktion.

DIE BESONDERE RECHTSSTELLUNG VON KINDERN UND JUGENDLICHEN (M8)

Kinder und Jugendliche müssen vor Gefahren, die sie selbst aufgrund ihres Alters und ihrer Entwicklung noch nicht richtig einschätzen oder gar abwehren können, besonders geschützt werden. Das ist zunächst einmal Aufgabe der Eltern, aber auch des Staates (Fürsorgepflicht).

JUGENDSCHUTZ: SCHUTZ ODER BEVORMUNDUNG? (M8, M9)

Die Fürsorgepflicht des Staates spiegelt sich insbesondere im Jugendschutzgesetz (JuSchG) wider. Mithilfe der Regelungen des Jugendschutzgesetzes möchte der Staat dafür sorgen, dass Kinder und Jugendliche vor Gefahren geschützt werden. Kritiker meinen, dass den Kindern und Jugendlichen durch eine Verschärfung der Gesetze, wie zum Beispiel die Anhebung des Mindestalters beim Rauchen von 16 auf 18 Jahre, nicht geholfen wird. Sie glauben, dass Verbote noch stärker locken und dann das Gegenteil bewirken. Fest steht, eine gesetzliche Regelung zu haben, bedeutet noch nicht, dass man damit auch ein Problem gelöst hat.

6.2 Jugendstrafrecht
Der jugendliche Straftäter: Kriminell geboren?

Warum werden Kinder und Jugendliche kriminell? Gibt es so etwas wie jugendtypische Straftaten? Dieses Kapitel beschäftigt sich mit Ansätzen und Überlegungen, Straftaten von Jugendlichen zu erklären.

M1 Kriminalität aus Langeweile?

Karikatur: Thomas Plaßmann, Baaske Cartoons, 2000

M2 „…"

Das Bild einer Überwachungskamera zeigt das Opfer nach einer Attacke am S-Bahnhof Rostock-Warnemünde.

M3 Formen von Jugendkriminalität

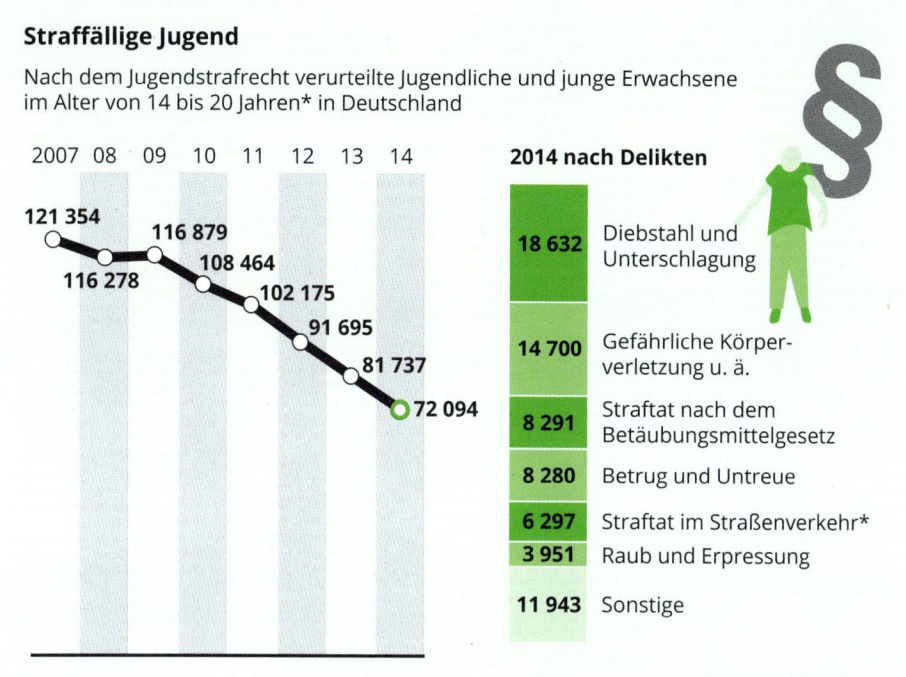

Straffällige Jugend

Nach dem Jugendstrafrecht verurteilte Jugendliche und junge Erwachsene im Alter von 14 bis 20 Jahren* in Deutschland

Jahr	Anzahl
2007	121 354
08	116 278
09	116 879
10	108 464
11	102 175
12	91 695
13	81 737
14	72 094

2014 nach Delikten

18 632	Diebstahl und Unterschlagung
14 700	Gefährliche Körperverletzung u. ä.
8 291	Straftat nach dem Betäubungsmittelgesetz
8 280	Betrug und Untreue
6 297	Straftat im Straßenverkehr*
3 951	Raub und Erpressung
11 943	Sonstige

*z. B. Trunkenheit im Verkehr *rundungsbedingte Differenz

Globus-Grafik 10954; Quelle: Statistisches Bundesamt (2016)

M4 Jugendkriminalität in Baden-Württemberg

Am 11. August 2016 wurde der Jahresbericht 2015 zur Jugendkriminalität in Baden-Württemberg vorgestellt.

Junge Menschen unter 21 Jahren sind immer weniger gewalttätig. Mit 5.107 Tatverdächtigen im Jahr 2015 ging die Zahl der Gewalttäter unter 21 Jahren in den vergangenen zehn Jahren um 44 Prozent zurück. Vor zehn Jahren hatte es 9.121 Tatverdächtige unter 21 Jahren gegeben. Im Vergleich zum Vorjahr ist die Zahl der jungen Gewalttäter um 3,1 Prozent, bei Gewaltdelikten an Schulen um 11,1 Prozent gesunken. Zudem unterstreicht die rückläufige Zahl der jungen Tatverdächtigen in nahezu allen jugendspezifischen Deliktsbereichen diese positive Entwicklung. Zum Beispiel habe es 2015 im Bereich der Raubdelikte einen Rückgang um 5,9 Prozent auf 995 Tatverdächtige (2014: 1.1015), im Bereich der Sachbeschädigung um 7,8 Prozent auf 4.448 Tatverdächtige (2014: 4.824) und bei Brandstiftungen einen Rückgang um 11,9 Prozent auf 311 Tatverdächtige (2014: 353) gegeben.

agieren
handeln

www.im.baden-wuerttemberg.de, 11.8.2016

M5 Stefan M.

Die Ermittlungen der Staatsanwaltschaft ergaben:
Stefan M. ist 19 Jahre alt, lebt mit seinen Geschwistern bei seinem Vater, die Mutter ist früh verstorben. Stefan M. besuchte die Städtische Hauptschule und machte seinen Hauptschulabschluss. Anschließend begann er 2001 eine Lehre als Maurer. Nach 2 ½ Jahren wurde ihm gekündigt. Zur Tatzeit war Stefan M. bereits seit 8 Jahren drogenabhängig. Im Bundeszentralregister befindet sich eine Eintragung wegen Körperverletzung mit Beleidigung mit einem Strafbefehl von 30 Tagessätzen zu je 5,- Euro.

M6 Wie aus aufmüpfigen Kindern richtige Verbrecher werden

Bernd Holthusen beschäftigt sich seit Jahren mit straffälligen jungen Menschen. „Das Austesten von Grenzen ist zunächst mal völlig normal und jugendtypisch, vor allem bei männlichen Jugendlichen", sagt Holthusen. Der Wissenschaftler vom Deutschen Jugendinstitut in München weiß aber auch, wie aus aufmüpfigen Kindern richtige Verbrecher werden. „Viele von ihnen leben in desolaten Familiensituationen, erleben dort Gewalt. Sie haben Abbrucherfahrungen, haben Scheidungen erlebt oder mussten oft umziehen, die Schule wechseln. Ihnen fehlen der Halt und verlässliche Strukturen, sie können und wollen sich irgendwann auf niemanden mehr einlassen."

Wie solche kriminelle Karrieren im Jugendalter völlig außer Kontrolle geraten können, weiß auch die Münchner Polizei. Ende der 90er Jahre trieb hier Muhlis A., genannt Mehmet, sein Unwesen. Noch als Kind beging er mehr als 60 Straftaten, von Diebstahl über Erpressung bis hin zu Körperverletzung.

Malte Arnsperger, www.stern.de, 24.1.2013

desolat
hier: hoffnungslos

 # URSACHEN VON JUGENDKRIMINALITÄT

Motive und Ursachen, weshalb Jugendliche straffällig werden, sind vielschichtig: Mutprobe, Wunsch nach Bestätigung und Anerkennung, Langeweile, Vernachlässigung durch die Eltern, eigene Gewalterfahrungen, Aggression, Armut. In den meisten Fällen kann eine Straftat nicht auf nur eine Ursache, sondern auf ein ganzes Bündel von Ursachen zurückgeführt werden.

M7 Lassen sich Ursachen von Jugendkriminalität wissenschaftlich erklären?

Laut *Entwicklungstheorie* sind Regelverletzungen bei Jugendlichen weit verbreitet, da Normen und Regeln erst erlernt werden müssen. Die Häufung jugendlicher Straftaten ist folglich durch die besondere Entwicklungsphase von Heranwachsenden bedingt. Verhaltensnormen werden in einem Erfahrungsprozess durch Reaktionen der Umwelt z. B. durch Lob oder Tadel erlangt.

Sozialisationstheorien erklären (Jugend-)Kriminalität als eine Folge misslungener Sozialisation von den ersten Kindheitsjahren an, denn in dieser Zeit wird die Entwicklung des Menschen maßgeblich bestimmt. Fehlentwicklungen sind hier häufig angelegt, wenn in der Kindheit eine dauerhafte Bezugsperson fehlte und kein Urvertrauen hergestellt worden ist. Allerdings kann die Verinnerlichung von Recht und Unrecht auch bei Inkonsequenz, bei falschen Erziehungsmethoden, bei Hartherzigkeit der Erziehungspersonen oder auch bei überzogener Verwöhnung behindert werden.

Autorentext

AUFGABEN

1. Analysiere die Karikatur (**M1**).
2. a) Finde einen Titel für das Bild der Überwachungskamera (**M2**).
   b) Nenne mögliche Ursachen für eine Straftat, wie sie in **M2** abgebildet ist.
3. In **M3** liegt eine Grafik über die Entwicklung und Formen jugendtypischer Straftaten vor.
   a) Nenne Formen jugendtypischer Straftaten.
   b) Beschreibe die Entwicklung von Jugendkriminalität für den Zeitraum von 2007-2014.
4. Beurteile die Aussage, jugendliche Straftäter seien heute gewaltbereiter und neigten häufiger zu schweren Straftaten als früher (**M3, M4**).
5. Nenne vor dem Hintergrund von **M6** mögliche Ursachen dafür, weshalb Stefan M. (**M5**) straffällig wurde.

H zu Aufgabe 1
Beachte den Leitfaden „Karikaturen analysieren"

H zu Aufgabe 2b)
Beziehe die Aussage der Karikatur M1 in deine Überlegungen mit ein.

H zu Aufgabe 4
Beziehe dabei auch deine Erkenntnisse zur Entwicklung der Jugendkriminalität in Baden-Württemberg mit ein.

F zu Aufgabe 5
Stelle mithilfe eines geeigneten Theorieansatzes (M7), Vermutungen an, weshalb Stefan M. straffällig geworden ist.

Straffällig – und nun?

Wie soll unsere Gesellschaft mit jugendlichen Straftätern umgehen? Sie bestrafen? Ihnen helfen, wieder Teil der Gesellschaft zu werden? Weil Jugendliche manchmal noch nicht reif genug sind, die volle Verantwortung für ihr Handeln zu übernehmen, wird in Erwachsenen- und Jugendstrafrecht unterschieden. Die besonderen Regelungen des Jugendstrafrechts ebenso wie den Ablauf eines Jugendstrafprozesses lernst du hier kennen.

M8 Besonderheiten eines Jugendstrafprozesses

Besonderheiten	Hintergrund / Begründung
1 Jugendrichter sind Richter mit besonderer Ausbildung.	*BITTE INS HEFT!*
2 Die Öffentlichkeit ist von dem Verfahren ausgeschlossen; die Eltern können teilnehmen.	
3 Der jugendliche Angeklagte selbst kann vorübergehend sogar aus der Verhandlung entfernt werden.	

M9 Ablauf der Hauptverhandlung eines Jugendstrafprozesses

Berufung = Rechtsmittel gegen ein Urteil der ersten Instanz

Revision = Rechtsmittel gegen eine gerichtliche Entscheidung. Hier wird nur geprüft, ob das Urteil Rechtsfehler aufweist.

Der Ablauf der Verhandlung ist in der Strafprozessordnung genau festgelegt. Die Hauptverhandlung beginnt mit dem Aufruf der Sache sowie der Feststellung der Anwesenheit des Angeklagten, Zeugen und Sachverständigen durch den Richter. Nach ihrer Belehrung verlassen die Zeugen und Sachverständigen den Sitzungssaal. Dann erfolgt die Vernehmung des Angeklagten zur Person. Es folgt die Verlesung der Anklageschrift mit anschließender Vernehmung des Angeklagten zur Sache. Als fünftes erfolgt die Beweisaufnahme. Sie besteht in der Vernehmung von Zeugen und Sachverständigen – auch z. B. Vertretern der Jugendgerichtshilfe - durch den Richter. Auch der Staatsanwaltschaft und der Verteidigung ist es gestattet, Fragen an Zeugen und Sachverständige zu stellen. Im Anschluss an die Beweisaufnahme halten der Staatsanwalt und die Verteidigung ihre Schlussvorträge und stellen ihre Strafanträge. Der Richter und die Schöffen (Laienrichter) ziehen sich zur Beratung über das Urteil zurück. Das Hauptverfahren endet mit der Verkündung des Urteils. Der Richter nennt und begründet das Urteil und belehrt den Angeklagten über mögliche Rechtsmittel (Berufung – inhaltliche Überprüfung des Urteils, Revision – formale Überprüfung des Urteils).

Autorentext

M10 Beteiligung des Jugendamtes am Strafverfahren: Jugendgerichtshilfe

Wird strafrechtlich gegen Jugendliche und Heranwachsende ermittelt, ist immer das Jugendamt beteiligt. Die Jugendgerichtshilfe soll
5 junge Menschen fördern und dazu beitragen, Benachteiligungen zu vermeiden oder abzubauen. Im Gerichtsverfahren hat die Jugendgerichtshilfe laut JGG mitzuwirken
10 und erzieherische Aufgaben wahrzunehmen. Sie prüft, ob der Beschuldigte Hilfe benötigt, leitet geeignete Hilfen ein und informiert darüber die Staatsanwaltschaft und das Gericht.
15 Die Jugendgerichtshilfe ist auch während der Gerichtsverhandlung dabei und hat ein Rederecht. Die Jugendgerichtshilfe äußert sich zum Beispiel dazu, ob betroffene Jugendliche und
20 Heranwachsende als verantwortlich für die Tat anzusehen sind und ob Heranwachsende nach Jugendstrafrecht oder nach allgemeinem Strafrecht beurteilt werden sollten. Die
25 Jugendgerichtshilfe kann lediglich Empfehlungen aussprechen, die Entscheidung trifft der/die Richter/in. Jugendgerichtshelfer sind Sozialarbeiter im Jugendamt, die die Betroffenen auch über den weiteren Ablauf
30 des Verfahrens und dessen Folgen informieren. Darunter fallen auch Fragen zur Wohnung, Schule oder Ausbildung.

Jugendliche stehen wegen einer Massenschlägerei vor Gericht.

JGG
Jugendgerichtsgesetz

Nach: Gabriele Scheffler, Wenn Jugendliche straffällig werden ..., Bonn 2008, S. 46

AUFGABEN

1. In der Tabelle in **M8** werden Besonderheiten eines Jugendstrafprozesses genannt.
   a) Versuche, jeweils jeden Aspekt zu begründen.
   b) Vergleiche deine Begründungen mit denen eines Partners/einer Partnerin.
2. Beschreibe den Gang einer Hauptverhandlung im Jugendstrafprozess (**M9**).
3. Erläutere die Aufgaben der Jugendgerichtshilfe (**M10**).

(K)Eine Strafe für den jugendlichen Straftäter?

Wenn Jugendliche noch nicht die volle Einsicht haben, dass sie eine Straftat begangen haben, sollen sie dann trotzdem bestraft werden? Welchen Sinn und Zweck haben Strafen?

M11 Neubeginn im Knast?

Ihr Leben dreht sich nicht um die Schule oder Ausbildung. Sie fährt nicht zum Schüleraustausch nach England, streitet nicht mit den Eltern, wie lange man abends wegbleiben darf, und macht nicht den Mopedführerschein. „Such", so nennt sich die junge Frau, englisch ausgesprochen, kam mit 16 in den Knast. Dort hat sie ihren 17. Geburtstag gefeiert, dort hat sie ihren 18. Geburtstag gefeiert und dort wird sie auch ihren 19. Geburtstag feiern.

Sie ist eine von etwa 5.000 Jugendlichen im Alter zwischen 14 und 20 Jahren in Deutschland, die einen Teil ihrer Teenagerzeit als Strafgefangene erleben:

„Ich bin in der Werkgruppe und muss sägen, sägen, sägen. Die ganze Zeit sägen. Heute zum Beispiel hab ich so ein Stück zu Ende gesägt, so ein zeitloses Motiv mit Blümchen und Schmetterlingen. Damit bin ich heute endlich fertig gewesen und habe dann gefragt: Kann ich vielleicht zur Überbrückung, um ein bisschen runterzukommen, was anderes machen? Ja, war die Antwort, sägen Sie was Kleineres!"

[...] In der Theorie soll die Zeit im Gefängnis die Jugendlichen dazu befähigen, wieder ein Teil der „normalen", sprich nicht straffälligen Gesellschaft zu werden. Das Paradox: Lernen sollen das die Jugendlichen abgeschieden von eben dieser „normalen" Gesellschaft, umgeben von anderen Kriminellen und Drogenabhängigen. [...] Die Rückfallquote, also die Wahrscheinlichkeit, wieder straffällig zu werden, liegt für inhaftierte Jugendliche bei 78 Prozent. [...] Das Problem ist, dass im Gefängnis nur sehr selten etwas Neues, Gutes beginnt.

Nach: Ursula Csejtei, Leben im Knast, in: fluter, Juli 2006

paradox
widersprüchlich

Zimmer in einer Jugendhaftanstalt

M12 Welchen Zweck hat Strafe?

Straftheorien

- die **Strafe ist zweckfrei**; der Grund des Strafens liegt allein in der Straftat, die auszugleichen ist. Strafe ist Schuldausgleich, Vergeltung, Sühne des Täters
- die **Strafe dient dem Zweck**, eine Wiederholung der Straftat zu verhindern (Prävention)
  - durch **Einwirkung auf den Täter**
    - Individuelle Abschreckung/ „Denkzettel"
    - Resozialisierung/ Wiedereingliederung in die Gesellschaft
    - Sicherung des Täters auf Zeit (Freiheitsentziehung)
  - durch **Einwirkung auf Täter und Opfer** mit dem Ziel des Ausgleichs (Täter-Opfer-Ausgleich)
  - durch **Einwirkung auf die Allgemeinheit**
    - Abschreckung anderer
    - Bestätigung des Rechtsbewusstseins und Verarbeitung von Rachegelüsten

Täter-Opfer-Ausgleich

Wenn das Opfer oder der Täter einer Straftat es wollen, können sie die Möglichkeit eines Täter-Opfer-Ausgleichs (TOA) wahrnehmen. Oft regen Polizei oder Staatsanwaltschaft dazu an. Beim TOA nehmen Täter und Opfer einen neutralen Vermittler in Anspruch. Dieser unterstützt die beiden Konfliktparteien bei der Aufarbeitung der Tat, bei der Befriedung des Konflikts und bei der Aushandlung der Wiedergutmachung. Das Ergebnis wird der Justiz mitgeteilt. Letztlich aber ist es Sache der Staatsanwaltschaft oder des Gerichts, wie sie das so ausgehandelte Ergebnis bewertet.

Autorentext

M13 Das Jugendgerichtsgesetz

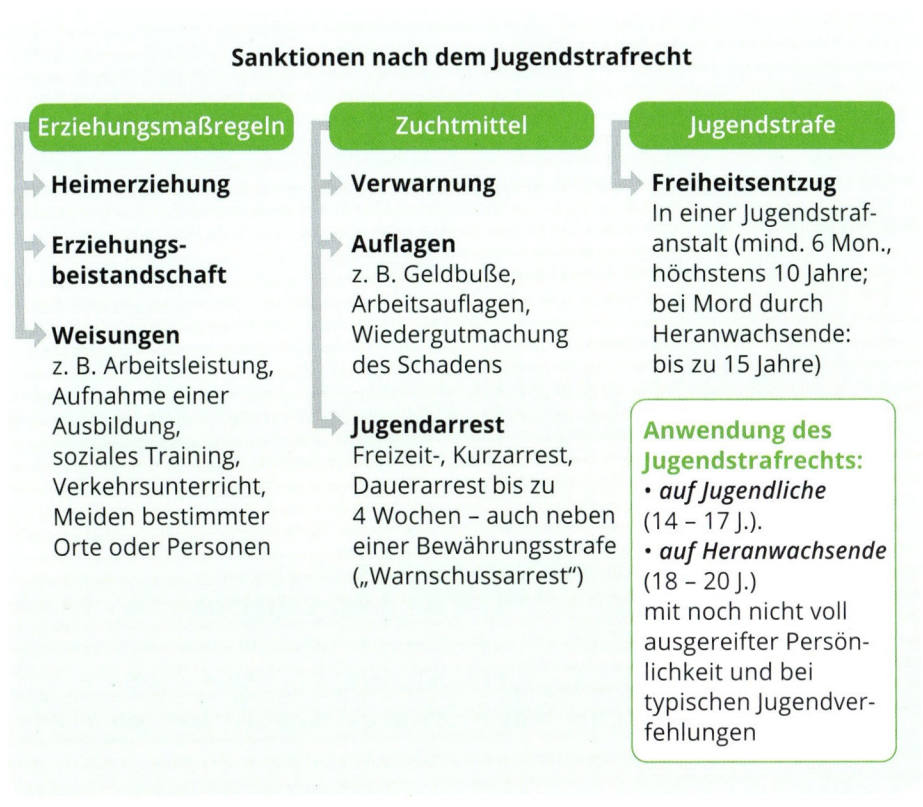

Sanktionen nach dem Jugendstrafrecht

Erziehungsmaßregeln	Zuchtmittel	Jugendstrafe
Heimerziehung	**Verwarnung**	**Freiheitsentzug** In einer Jugendstrafanstalt (mind. 6 Mon., höchstens 10 Jahre; bei Mord durch Heranwachsende: bis zu 15 Jahre)
Erziehungsbeistandschaft	**Auflagen** z. B. Geldbuße, Arbeitsauflagen, Wiedergutmachung des Schadens	
Weisungen z. B. Arbeitsleistung, Aufnahme einer Ausbildung, soziales Training, Verkehrsunterricht, Meiden bestimmter Orte oder Personen	**Jugendarrest** Freizeit-, Kurzarrest, Dauerarrest bis zu 4 Wochen – auch neben einer Bewährungsstrafe („Warnschussarrest")	

Anwendung des Jugendstrafrechts:
- *auf Jugendliche* (14 – 17 J.).
- *auf Heranwachsende* (18 – 20 J.) mit noch nicht voll ausgereifter Persönlichkeit und bei typischen Jugendverfehlungen

Nach: ©Bergmoser + Höller Verlag AG, Zahlenbilder 131311

ERZIEHUNGSGEDANKE DES JUGENDGERICHTSGESETZES (JGG)

Im Jugendstrafrecht steht der Erziehungsgedanke im Vordergrund. Man geht davon aus, dass die Straftaten junger Menschen meist entwicklungsbedingt und auf altersbedingte Konfliktsituationen zurückzuführen sind. Das Jugendgerichtsgesetz, auch Jugendstrafrecht genannt, gilt für Jugendliche und Heranwachsende. Kinder können für Taten, die sowohl im Jugend- als auch im Erwachsenenstrafrecht unter Strafe stehen, grundsätzlich nicht belangt werden. Jugendliche zwischen 14-17 Jahren werden als „beschränkt strafmündig" bezeichnet, weil sie aufgrund ihres Alters häufig noch nicht die volle Einsicht haben können, eine Straftat begangen zu haben. Auch Heranwachsende zwischen 18-20 Jahren können noch nach dem Jugendstrafrecht behandelt werden. In diesem Fall muss ein Gutachter zuvor bestätigen, dass ein Angeklagter aufgrund seiner Entwicklung noch nicht wie ein Erwachsener behandelt werden kann.

M14 Freiheit als Strafe? Strafvollzug im Seehaus Leonberg

Ivan ist 19, er stammt aus Kasachstan. Mit seiner Mutter und Schwester kommt er im Alter von sechs Jahren nach Deutschland, der Vater bleibt in der Heimat. Seine kriminelle Karriere beginnt früh. Ladendiebstähle, Fahrraddiebstähle, Schlägereien auf der Straße, in der Schule.

[...] Lange meinen es die Richter gut mit ihm, vielleicht zu gut. Er wird immer wieder zu Bewährungsstrafen verurteilt, kommt mit einem blauen Auge davon. Die letzte Chance, immer wieder. Wegen schwerer gemeinschaftlicher Körperverletzung und Hehlerei landet er schließlich im Jugendknast Adelsheim, bemüht sich um einen Platz im Projekt „Chance" des Seehauses. [...]

Das Leben im Seehaus ist straff organisiert, durchstrukturiert und wohl härter als mancher Jugendknast. Das Hauptziel des Projekts ist die Resozialisierung der Jugendlichen. Sie werden trainiert für ein späteres Leben in Freiheit – und ohne Kriminalität. Um das zu erreichen durchlaufen die Straftäter ein hartes, konsequentes erzieherisches Trainingsprogramm. Der Tag ist auf die Minute genau geplant. Er beginnt morgens um 5.45 Uhr und endet um 22 Uhr. „Wir sind sehr streng, aber wir haben die Jungs auch sehr gern".

Die Jugendlichen leben in Wohngemeinschaften. Sie sind Teil der Mitarbeiterfamilien und deren Kindern. Viele der Straftäter kommen aus zerrütteten Familien, haben im Heim gelebt und erleben zum ersten Mal ein

Tagesplan im Seehaus

ZEIT	DONNERSTAG
5:40	Aufstehen
5:45	Frühsport
6:35	Zeit der Stille
6:50	*Frühstück*
7:15	Aufräumen / Putzen
7:45	Pause
8:00	Impuls für den Tag
8:15-12:45	siehe Stundenplan
	Mittagessen
13:45	Pause
14:00-15:25	Seehausrunde
15:30-17:55	siehe Stundenplan
18:00	Hilfreiche Hinweise
	gemeinsamer Familienabend / Essen
15 min.	Pause flexibel
22:00	Bettruhe
22:15	Licht aus

Nach: www.seehaus.de, 27.9.2012

normales Familienleben – mit gemeinsamen Mahlzeiten, Regeln, Absprachen, Zuwendung. Die Integration in die Familien ist Teil des Resozialisierungsprozesses des Seehauses. Ein weiteres Ziel ist es, den Straftätern einen Schulabschluss zu ermöglichen. [...]
Nach der Arbeit gibt es allabendlich sogenannte „Hilfreiche Hinweise" – von Straftäter zu Straftäter: Eine Runde, in der jeder einzeln vortritt und sich dem Lob und der Kritik der Gruppe stellen muss. Das Ziel: Kritik einstecken, ohne gleich zuzuschlagen.

Samuel Asiedu Poku, Gefängnis ohne Mauern, www.spiegel.de, 5.5.2011

Erklärungen zum Tagesplan:
Pause: es gibt 3 Pausen am Tag à 15 min. In dieser Zeit darf geraucht werden.
Aufstehzeiten: Unter der Woche darf max. 15 min. früher aufgestanden werden, als vom Tagesablauf vorgesehen. An Sonn- und Feiertagen 30 min früher.
Schlafenszeiten: An Abenden, an denen eine genaue Zeit für die Bettruhe angegeben ist, darf nicht früher ins Bett gegangen werden. An den Abenden, an denen eine ungefähre Zeit für die Bettruhe angegeben ist (ca.), können WGs selbst entscheiden, ab wann es möglich ist ins Bett zu gehen.

ALTERNATIVE STRAFFORMEN

Gerichtsurteile erfüllen häufig nicht den Zweck, den Täter zu „bessern".
Deshalb überlegen Politiker und Experten insbesondere im Hinblick auf jugendliche Straftäter immer wieder, ob bei leichteren Strafftaten nicht alternative Strafformen wie z. B. ein Täter-Opfer-Ausgleich oder eine „Verurteilung" durch Gleichaltrige, die Schülergerichte, auf lange Sicht eine bessere Wirkung beim Täter erzielen.

AUFGABEN

1. Tausche dich mit einem Partner/einer Partnerin aus:
   a) Nenne Strafen, die du selber schon erlebt hast.
   b) Erkläre, zu welchem Zweck du bestraft wurdest.
   c) Begründe, weshalb die Strafen ihre Funktion erfüllt bzw. nicht erfüllt haben?

Art der Strafe	Zweck der Strafe	Erfüllt? Ja/Nein, Begründung

2. Versetze dich in die Lage von Such (**M11**).
   a) Schreibe einen Eintrag in dein Tagebuch.
   b) Nenne mögliche Folgen, die der Gefängnisaufenthalt auf dein zukünftiges Leben haben könnte.
3. Erkläre drei Strafzwecke an jeweils einem selbstgewählten Beispiel (**M12**).
4. a) Beschreibe die Ziele eines Aufenthaltes im Seehaus Leonberg (**M13**, **M14**).
   b) Vergleiche den Tagesplan vom Seehaus Leonberg mit einem typischen Tagesplan aus deinem Alltag.
5. Im Vordergrund des JGG steht der Erziehungsgedanke. Erörtere am Beispiel des Seehaus Leonberg (**M14**) diese Grundabsicht des JGG.

H zu Aufgabe 4
Konzentriere dich insbesondere auf die dem Jugendgerichtsgesetz (JGG) zugrunde liegende Absicht. Schau dir dazu sowohl mögliche Maßnahmen des Jugendgerichtsgesetzes (M13) als auch die Erläuterungen auf dem dazugehörigen Begriffskärtchen genau an.

F zu Aufgabe 4
Erläutere vor dem Hintergrund von M14, inwiefern Resozialisierung zugleich eine Herausforderung für den Täter als auch für die Gesellschaft darstellt.

Der Fall Stefan M. vor dem Jugendgericht

Nachdem du dich mit den Besonderheiten eines Jugendstrafprozesses sowie mit möglichen Strafzwecken beschäftigt hast, kannst du mit deinen Klassenkameradinnen und Klassenkameraden einen Jugendstrafprozess simulieren. Dabei geht es in erster Linie darum, eine angemessene Strafe für Stefan M. zu finden ...

M15 Hintergrund: Aus dem Ermittlungsbericht der Staatsanwaltschaft

Am Abend des 17.06.2006 entschlossen sich Stefan M., Thomas B. und Christiane O. die Gaststätte Wiesenstube [...] zu überfallen. [...] Entsprechend ihres Tatplans begaben sich die drei Angeschuldigten zur Gaststätte „Wiesenstube" in der Talstraße 28 in 12345 Musterstadt. Der Angeschuldigte Thomas B. führte einen Schlagstock, der Angeschuldigte Stefan M. eine einer Walther P99 täuschend ähnlich sehende Softair-Pistole mit. [...] Entsprechend ihres Plans stürmten die Angeschuldigten Thomas B. und Stefan M. [...] in die Gaststätte, während die Angeschuldigte Christiane O. vor der Gaststätte wartete, um Sorge dafür zu tragen, dass ihr Plan ungestört ausgeführt werden konnte. Die Angeschuldigten Thomas B. und Stefan M. waren maskiert, der Angeschuldigte Stefan M. hielt die Softair-Pistole in den Händen, der Angeschuldigte Thomas B. den Schlagstock. Sie richteten die Waffen sofort auf die geschädigten Gäste Michael MAIER und Thorsten MÜLLER und forderten mit den Worten „Überfall, alles Geld her" die Herausgabe von Bargeld. Da die Geschädigten um ihr Leben fürchteten – sie nahmen an, dass es sich bei der Waffe um eine echte Schusswaffe handelte – legten sie ihre Geldbeutel auf den Tisch. Die beiden Angeschuldigten Thomas B. und Stefan M. entnahmen dem Geldbeutel des Geschädigten MAIER 400,- EUR und Geldbeutel des Geschädigten MÜLLER 5.000,- EUR. Weiter entwendeten sie ein auf dem Tisch liegendes Handy, Typ NOKIA N-76, des Geschädigten MAIER im Wert von ca. 400,- EUR, um es ebenfalls für sich zu behalten. Danach flüchteten alle drei Angeschuldigten zu einem nahegelegenen Hinterhof, versteckten sich dort und teilten das Geld untereinander auf.

Petra Reiter-Mayer, PBU 3/2014

M16a Rollenbeschreibung Jugendgerichtshelfer/ -in

Die Jugendgerichtshilfe (JGH) gehört zum Aufgabenbereich des Jugendamtes. Im Strafverfahren bringen „die Vertreter der JGH [...] die erzieherischen, sozialen und fürsorgerischen Gesichtspunkte [...] zur Geltung". JGG §38(2)

Als Jugendgerichtshelfer beurteilst du nicht die Schuld oder Unschuld des Angeklagten. Deine Aufgabe ist auch nicht seine Verteidigung. Vielmehr hast du eine beratende, informierende und betreuende Funktion. In diesem Fall wird es dennoch entscheidend von deiner Expertenmeinung abhängen.

Zur Vorbereitung auf die Verhandlung verfasst du einen Bericht zur Persönlichkeit von Stefan M. Dafür stehen dir zwei Vorlagen zu Verfügung: ein Gutachten, 11 Monate nach der Tat und eines 13 Monate nach der Tat. Deinen Bericht legst du dem Richter vor der Verhandlung vor und fasst ihn während der Verhandlung zusammen.

Der Richter kann zu diesem Bericht während der Verhandlung Fragen stellen.

M16b Berichte der Jugendgerichtshilfe zur Person Stefan M.

Erster Bericht (11 Monate nach der Tat)

Stefan M. war zur Tatzeit 19 Jahre 7 Monate alt und somit Heranwachsender, weshalb im Falle einer Verurteilung zu prüfen ist, ob auf ihn das Jugend- oder das Allgemeine Strafrecht anzuwenden ist (§ 105 JGG). Diesbezüglich gilt es nochmals, bedenkenswerte Aspekte seines persönlichen Hintergrundes zu nennen: Als Stefan 8 Jahre alt war, erkrankte seine Mutter an Krebs. [...] Dies hatte zur Folge, dass Stefan ein auffälliges Sozialverhalten an den Tag legte und sich verweigerte, seine Motivations- und Konzentrationsprobleme einzustellen. Nach dem Tod der Mutter verschlechterte sich dieser Zustand zunehmend, weshalb Stefan durch eine Jugendhilfe Unterstützung erhielt.

Die innerfamiliären Verhältnisse entwickelten sich zunehmend schwierig und verfahren. [...] Stefan konsumierte in der Folge über 9 Jahre hinweg verschiedenste Drogen. Infolge des Drogenkonsums verlor er seinen Ausbildungsplatz. [...] Nach den aufgeführten Aspekten halte ich vorliegend die Anwendung des Jugendstrafrechts gem. § 105 Abs. 1 Nr. 1 JGG für angezeigt. Die angeklagten und abzuurteilenden Delikte bieten aufgrund der Art ihrer Begehung und der Unbedenklichkeit, mit der andere geschädigt wurden, Hinweise auf das Vorliegen schädlicher Neigungen i.S.d. § 17 Abs. 2 JGG. Des Weiteren muss in Anbetracht des Ausmaßes der Tat von einer Schwere der Schuld ausgegangen werden. Die gesetzliche Zwangsfolge ist die Verhängung einer Jugendstrafe.

Wie aus dem Bericht hervorgeht, sind bei Stefan M. kaum Anhaltspunkte vorhanden, die eine positive Sozial- und Legalprognose im Hinblick auf eine etwaige Bewährung begründen könnten.

Sozial- und Legalprognose
Risikobeurteilung einer straffälligen Person bezüglich ihrer Fähigkeit und Motivation, zu einem späteren Zeitpunkt Regeln und Gesetze einzuhalten

Zweiter Bericht (13 Monate nach der Tat)

Hinsichtlich der Persönlichkeitsbeurteilung in Bezug auf eine positive Sozial- und Legalprognose im Hinblick auf eine Bewährung ist zwischenzeitlich Folgendes mitzuteilen: Anfang August fand ein Gespräch mit Stefans Vater statt. Herr M.
5 machte deutlich, dass Stefan im Falle einer Strafaussetzung zur Bewährung zu Hause willkommen wäre. Er habe das Zimmer seines Sohnes renoviert, um diesen auch symbolisch bei einem Neuanfang zu unterstützen. Des Weiteren habe er sich vorgenommen, nun vermehrt die Probleme innerhalb der Familie konsequent anzugehen und Stefan eine klare Orientierung zu bieten. Auch Stefans
10 Freundin und weitere Freunde seien bereit dazu, mit Stefan neu zu beginnen und ihn im Weiteren zu unterstützen. Hinsichtlich künftiger beruflicher Möglichkeiten möchte Stefan sich um einen Ausbildungsplatz bemühen. Bis dahin hat er die Möglichkeit, [...] als Aushilfe zu arbeiten. Ein entsprechendes Bestätigungsschreiben des Firmenleiters [...] liegt vor. Durch diese Tätigkeit wäre ein geregel-
15 ter Alltag im Falle einer Strafaussetzung zur Bewährung gewährleistet. Im Hinblick auf Stefans Freizeitgestaltung ist zu sagen, dass die Freiwillige Feuerwehr Musterstadt ihm zugesichert hat, ihn gegen eventuelle Auflage, die Stefan in diesem Rahmen zu erfüllen hätte, wieder aufzunehmen. Hierdurch wäre seine Freizeitgestaltung zumindest ein Stück weit sinnvoll und zielgerichtet geregelt.

Petra Reiter-Mayer, PBU 3/2014

M17 Rollenbeschreibung Angeklagter Stefan M.

Deine Vergangenheit kannst du nicht einfach abschütteln (Vgl. Ermittlungsbericht M15 und Bericht der Jugendgerichtshilfe M16b).
5 Du musst das Gericht davon überzeugen, ein möglichst geringes Strafmaß zu verhängen, dich also im besten Falle auf Bewährung freizusprechen. Dies könnte glaubhafter werden, wenn du zeigen kannst, dass du dich ernsthaft bemühst,
10 nicht mehr mit dem Gesetz in Konflikt zu kommen. Dein Verhalten während deines JVA-Aufenthaltes – du hast an einem Orientierungskurs (Vorbereitung von Realschulabschlusskursen) teilgenommen, könnte da einen Ansatz bieten.
Zur Vorbereitung auf die Gerichtsverhandlung solltest du dir Notizen dazu
15 machen, was du bei der Verhandlung zur Sache aussagen wirst. Du kannst auch dein letztes Wort vor der Urteilsbegründung vorbereiten – von dieser Möglichkeit musst du allerdings nicht Gebrauch machen. Dein Vorgehen und deine Aussage solltest du mit deinem Verteidiger abstimmen.

JVA
Abkürzung für Justizvollzugsanstalt; Gefängnis-Behörde, deren Aufgabe es ist, Verurteilungen zu einer Freiheits- oder Jugendstrafe zu vollziehen

M18 Rollenbeschreibung Zeitungsredaktion

Deine Aufgabe ist es, ein Protokoll des Verhandlungsverlaufs zu erstellen. Bereite zu diesem Zweck eine Vorlage vor. Diese sollte die wichtigsten Abschnitte des Verhandlungsverlaufs als „Gerüst" enthalten. Das Protokoll der Hauptverhandlung dient im Rahmen dieses Spiels zur Abschlussbesprechung. Deshalb kannst du die wichtigsten Stichpunkte auch auf Folie festhalten. Zusätzlich dazu arbeitest du auch für eine Zeitungsredaktion.

Bevor die Verhandlung beginnt, musst du einen Kurzbericht vorbereiten, der nach der Urteilsverkündigung sofort in Druck gehen kann. Da du nicht weißt, wie die Verhandlung ausgehen wird, musst du dir Varianten bzw. einen Lückentext, der schnell ausgefüllt werden kann, überlegen.

Damit im Anschluss an das Spiel diesen Bericht auch alle lesen können, fixiere diesen auf Folie. Überlege dir darüber hinaus eine Schlagzeile, die am nächsten Tag in der Presse stehen soll. Deine Schlagzeile und der Zeitungsbericht werden die Auswertungsrunde eröffnen.

M19 Rollenbeschreibung Verteidiger/ -in

Du bist als Rechtsanwalt mit der Verteidigung des Angeklagten beauftragt worden. Deine Aufgabe besteht darin, die Interessen deines Mandanten wirksam zu vertreten und Schaden oder Nachteile von ihm abzuwenden oder ein möglichst niedriges Strafmaß zu erzielen. Das heißt nicht, dass du vor Gericht die Unwahrheit sagen sollst, sondern dass du die Dinge und Ereignisse so darstellst, dass sie für deinen Mandanten günstig sind. In dieser Verhandlung kommt es darauf an, dass du Stefan so gut wie möglich unterstützt. Da die Anklage auf Raubüberfall eindeutig erscheint (Aussagen der Zeugen + Ermittlungsbericht), musst du wenigstens versuchen, das Strafmaß gering zu halten. Dies musst du allerdings gut begründen. Du hast die Möglichkeit, bei der Beweisaufnahme Fragen an Zeugen und Angeklagten zu stellen, wenn die Verhandlungsführung es zulässt. Allerdings hast du nicht die Möglichkeit des Einspruchs (wie man es in amerikanischen Filmen oft sieht). Am Ende der Verhandlung hältst du ein Plädoyer, in dem du noch einmal alle Argumente für einen Freispruch zusammenfasst. Zur Vorbereitung auf die Verhandlung musst du dir überlegen, welche Fragen du dem Angeklagten und den Zeugen stellen möchtest. Du solltest auch dein Abschlussplädoyer entwerfen. Nimm dazu auch Rücksprache mit deinem Mandanten, um Widersprüchlichkeiten zu vermeiden.

Mandat
Auftrag oder Vollmacht, die man einem Rechtsanwalt erteilt

M20 Rollenbeschreibung Jugendrichter/ -in

Der Jugendrichter ist die zentrale Figur des Strafverfahrens gegen Jugendliche und Heranwachsende; wenn das Strafverfahren „erzieherisch" wirken soll, dann gerade durch den Jugendrichter als „Erzieher und Richter". Du als Richter musst für einen fairen Prozess und ein Urteil sorgen. Es ist deine Aufgabe, die Gesetze richtig anzuwenden. Innerhalb dieses gesetzlichen Rahmens bist du als Richter bei deiner Entscheidung unabhängig. Allerdings solltest du es dir deine Entscheidung nicht leicht machen, denn diese kann das Leben eines Menschen stark beeinflussen. Dir stehen zwei Schöffen (Laienrichter) zur Seite, mit denen du dich beraten kannst.

Deine Aufgaben im Einzelnen:
- Zur Vorbereitung auf die Gerichtsverhandlung musst du den Zeitplan vorbereiten, sowie deine einleitenden Bemerkungen festlegen. Überlege, welche Fragen du dem Angeklagten und den Zeugen eventuell stellen möchtest. Du kannst auch einen ersten vorläufigen Entwurf für ein Urteil und eine Urteilsbegründung erarbeiten, du bist aber bei der Urteilsfindung auf die Informationen aus der Hauptverhandlung angewiesen.
- Du forderst bei der Jugendgerichtshilfe das Gutachten an. Die Zeugenaussagen liegen bereits im Ermittlungsbericht vor.
- Du eröffnest das Verfahren, stellst alle Beteiligten vor und gibst den Zeitplan (er orientiert sich entlang der Hauptverhandlung) bekannt.
- Erinnere daran, dass jeder verpflichtet ist, vor Gericht die Wahrheit zu sagen. Weise auch darauf hin, dass der Angeklagte die Aussage verweigern kann, wenn er sich damit selbst belasten würde.
- Du leitest auch im weiteren Verlauf die Verhandlung, wobei du vor allem auch für die Einhaltung des Zeitplans verantwortlich bist.
- Bei der Beweisaufnahme bist du natürlich berechtigt, Fragen zu stellen.
- Dein Urteil und deine Urteilsbegründung stehen am Schluss der Verhandlung. Staatsanwalt sowie Angeklagte und Verteidiger können Widerspruch gegen das Urteil einlegen.

Amtsgericht Musterstadt
Aktenzeichen: _____

Im Namen des Volkes
URTEIL

Strafsache gegen den am 16.11.1986 in Musterhausen geborenen,
in _____ wohnhaften ledigen **Stefan M.**
z. Zt. Justizvollzugsanstalt Musterburg,
Der Angeklagte (Strafmaß benennen) _____

Gründe:
_____

M21 Rollenbeschreibung Jugendstaatsanwalt/-in

Der Staatsanwalt vertritt die Interessen der Allgemeinheit, die daran interessiert ist, strafbare Handlungen zu verhüten und die Rechtsordnung zu verteidigen. Es ist deine Aufgabe, Anzeigen nachzugehen und die Straftaten in Zusammenarbeit mit der Polizei aufzuklären. Du bist zur Objektivität verpflichtet und musst auch die Umstände untersuchen und darstellen, die günstig für den Angeklagten sein könnten. In diesem Fall hast du die Ermittlungen gegen Stefan M. geleitet und erhebst jetzt Anklage wegen Raubüberfalls. Du hast die Möglichkeit, Fragen an die Zeugen und den Angeklagten zu stellen. Am Schluss der Verhandlung hältst du ein Plädoyer, in dem du zusammenfasst, wie sich der Fall aus deiner Sicht darstellt und in dem du einen Antrag stellst, wie die Strafe lauten soll.

Zur Vorbereitung auf die Gerichtsverhandlung musst du die Anklageschrift verfassen (diese sollte Tatbestand und die entsprechenden Artikel aus dem Strafgesetzbuch enthalten; als Muster siehe das Beispiel unten). Überlege auch Fragen, die du dem Angeklagten und den Zeugen stellen möchtest und bereite ein Abschlussplädoyer vor.

Der am 12.12.1986 geborene,
in Musterstadt,
Schillerplatz 18 wohnhafte,
ledige Schüler Max Mustermann

Verteidiger, _____
(Name der Verteidigers)

wird angeschuldigt, er habe versucht, durch Gewalt gegen eine Person und unter Anwendung von Drohung mit gegenwärtiger Gefahr für Leib und Leben, eine fremde bewegliche Sache einem anderen in der Absicht wegzunehmen, die Sache sich oder einem Dritten rechtswidrig zuzueignen, wobei er bei der Tat eine Waffe oder ein anderes gefährliches Werkzeug verwenden wollte, strafbar als Verbrechen des versuchten gemeinschaftlichen schweren Raubes gemäß §§ 249, 250 Abs. 2 Nr. 1, 22, 23 Abs. 1, 25 Abs. 2 StGB. Es wird beantragt, die Anklage zuzulassen und das Hauptverfahren vor dem Strafrichter zu eröffnen.

Wesentliche Ergebnisse der Ermittlungen:

_____
_____
_____
_____
_____
_____

M22 Rollenbeschreibung Zeugen 1 und 2

Die Aufgabe von Zeugen ist es, dem Richter die Informationen zu geben, die er für seine Entscheidung braucht. Als Zeuge musst du zur Verhandlung kommen, sonst wird ein Ordnungsgeld verhängt. Du bist verpflichtet, die Wahrheit zu sagen. Darauf wirst du vom Richter hingewiesen, bevor die Befragung beginnt. Eine falsche Zeugenaussage ist strafbar. Als Zeuge kannst du vereidigt werden, d. h. du musst schwören, dass du die Wahrheit gesagt hast.

Zeuge 1 (Maier/Müller):
Deine Aussage liegt in der Zusammenfassung der Ermittlungen bereits allen vor. Du hast ausgesagt, dass du in der Gaststätte ausgeraubt worden bist und was dir geraubt wurde. Wenn du aufgerufen wirst, musst du dies noch einmal erklären. Was genau hast du gesehen? Was hast du getan?

Zeuge 2 (Polizeibeamte):
Für dich ist das alles vor Gericht Routine. Du wirst aufgerufen, um noch einmal mündlich zu erklären, was schon in den schriftlichen Ermittlungen steht. Es kann passieren, dass man fragt, wie sich ein bestimmter Punkt ganz genau zugetragen hat oder ob dir rückblickend noch etwas Wichtiges einfällt.

Alle Rollenbeschreibungen leicht verändert und angepasst nach: Petra Reiter-Mayer, PBU 3/2014

Routine
hier: etwas, das zur Gewohnheit geworden ist

AUFGABEN

1. Führt mithilfe der Materialien dieses Unterkapitels einen Jugendstrafprozess durch.

    a) Verteilt zunächst folgende Rollen so, dass jeder von euch eine konkrete Rolle zugewiesen bekommt: Jugendgerichtshelfer/in (**M16**), Angeklagter (**M17**), Zeitungsredakteure (**M18**), Verteidiger/-in (**M19**), Zeugen (**M22**), Jugendrichter/-in (**M21**), Jugendstaatsanwalt/-in (**M20**)

    b) Bereitet eure Rolle jeweils inhaltlich entsprechend des angegebenen Materials vor. Macht euch gegebenenfalls Notizen.

    c) Wenn ihr eure Rolle kennt, wiederholt unbedingt noch einmal den Ablauf eines Jugendstrafprozesses (**M8**-**M10**). Dann wisst ihr genau, zu welchem Zeitpunkt ihr an eurer Simulation beteiligt seid.

2. Erläutere, inwiefern der Jugendstrafprozess einen Beitrag zur Erziehung von straffällig gewordenen Jugendlichen leisten kann.

H zu Aufgabe 2
Beziehe die Möglichkeiten des Jugendgerichtsgesetzes (JGG) bei der Strafzumessung in deine Überlegungen ein.

GRUNDWISSEN

WAS BESAGT DAS JUGENDSTRAFRECHT?

URSACHEN VON JUGENDKRIMINALITÄT (M6, M7)

Jugendliche, die schon mal etwas gestohlen haben, haben nicht zwangsläufig eine kriminelle Zukunft vor sich. Motive und Ursachen, weshalb Jugendliche straffällig werden, sind vielschichtig: Mutprobe, Wunsch nach Bestätigung und Anerkennung, Langeweile, Vernachlässigung durch die Eltern, eigene Gewalterfahrungen, Aggression, Armut. In den meisten Fällen kann eine Straftat nicht auf nur eine Ursache, sondern auf ein ganzes Bündel von Ursachen zurückgeführt werden.

DAS JUGENDGERICHTSGESETZ (JGG) (M11-M13)

Das Jugendgerichtsgesetz wird auch Jugendstrafrecht genannt. Es gilt für Jugendliche und Heranwachsende. Jugendliche zwischen 14-17 Jahren müssen und Heranwachsende zwischen 18-20 Jahren können anders bestraft werden als Erwachsene, weil sie aufgrund ihres Alters noch nicht die volle Einsicht haben können, eine Straftat begangen zu haben. Kinder können für Taten, die sowohl im Jugend- als auch im Erwachsenenstrafrecht unter Strafe stehen, grundsätzlich nicht belangt werden.

ALTERNATIVE STRAFFORMEN (M14)

Insbesondere vor dem Hintergrund des Erziehungsgedanken des JGG stellen sich Experten immer wieder die Frage, welche Strafform für jugendliche Straftäter geeignet ist. Neben dem Täter-Opfer-Ausgleich bei leichteren Straftaten, der auch für Erwachsene funktioniert, gibt es z. B. auch die Möglichkeit von Schülergerichten, d. h. die Verurteilung durch Gleichaltrige. Ob diese alternativen Strafformen ein wirkungsvolles Instrument zur „Besserung" des Täters darstellen, muss für jeden individuellen Fall abgewogen werden.

JUGENDSTRAFVERFAHREN (M15-M22)

Ein Jugendstrafverfahren unterscheidet sich aufgrund verschiedener Merkmale von einem Strafverfahren für Erwachsene. Die Rechtsfolgen einer Straftat für Jugendliche sind in einem besonderen Gesetz, im Jugendgerichtsgesetz (JGG) geregelt. Im Vordergrund steht hier nicht die Bestrafung, sondern der Erziehungsgedanke. Jugendrichter sind besonders auf die Bedürfnisse der Jugendlichen ausgebildete Strafrichter. Zudem finden Jugendstrafverfahren anders als Verfahren im Erwachsenenstrafrecht zum Schutz der Jugendlichen meist unter Ausschluss der Öffentlichkeit statt.

SELBSTEINSCHÄTZUNG

In diesem Kapitel hast du dich mit den gesetzlichen Bestimmungen zum besonderen Schutz von Kindern und Jugendlichen beschäftigt. Du hast auch Ursachen von Jugendkriminalität kennengelernt und dich mit der Frage beschäftigt, ob bzw. wie jugendliche Straftäter bestraft werden sollen. Die Tabelle hilft dir dabei, zu überprüfen, was du schon gut kannst bzw. wo du noch üben solltest.

Ich kann ...	Das klappt schon ...	Hier kann ich noch üben ...
... rechtliche Regelungen zum besonderen Schutz von Kindern und Jugendlichen nennen.	👍 🤚 👎	Kapitel 6.1: M8, #Jugenschutzgesetz, #Besondere Rechtsstellung von Kindern und Jugendlichen
... am Beispiel aus meinem Alltag Situationen beschreiben, in denen der Staat Kinder und Jugendliche schützt.	👍 🤚 👎	Kapitel 6.1: M7, M9, M10
... erklären, weshalb Kinder und Jugendliche anders als Erwachsene bestraft werden.	👍 🤚 👎	Kapitel 6.2: M12, M13, M14, #Erziehungsgedanke
... darstellen, wie das friedliche Zusammenleben in unserer Gesellschaft gewährleistet und geschützt wird.	👍 🤚 👎	Kapitel 6.1: M3, M5, #Funktionen des Rechts, #Rechtsstaatsprinzipien
... jugendtypische Formen von Jugendkriminalität nennen und deren Ursachen beschreiben	👍 🤚 👎	Kapitel 6.2: M3, M4, M6, M7, #Ursachen von Jugendkriminalität

TRAINING

M1 Ein besonderes Strafrecht für Jugendliche?

Wegen Ihres noch jugendlichen Alters wird die Strafe zur Bewährung ausgesetzt!

Weichei!!

Karikatur: Klaus Stuttmann, 2003

Aufgaben

1. Nenne die Aussage der Karikatur.
2. Erläutere die Gedanken („Weichei") des jugendlichen Straftäters.
3. Stelle die wesentlichen Maßnahmen des Jugendstrafrechts knapp dar.
4. Beurteile den Erziehungsgedanken des Jugendgerichtsgesetzes vor dem Hintergrund der Karikatur **M1**.

Wir entdecken unsere Gemeinde

Das Jugendcafe in Reutlingen

Blick auf die Achalm

Innenstadt Reutlingens

Was weißt du schon?

1. Wo hältst du dich am liebsten auf? Fotografiere die schönsten Plätze in deiner Gemeinde.
2. Gehe an einen Ort, wo du sehr gerne bist und beschreibe, was diesen Ort so besonders macht: was gefällt dir daran und was fühlst du an diesem Ort? Welche Gedanken gehen dir durch den Kopf, wenn du dort bist?
3. Nenne Aspekte, die dir an deiner Gemeinde fehlen.
4. Erläutere, was du an deiner Gemeinde verändern würdest.

#Politik in der Gemeinde

In eurem Wohnort, eurer Gemeinde verbringt ihr einen großen Teil eurer Freizeit. Und nahezu den ganzen Tag habt ihr mit eurer Gemeinde zu tun. Beim Aufstehen benutzt ihr Strom und Wasser. Wenn ihr das Haus verlasst, trefft ihr vielleicht auf Straßenreiniger oder die Müllabfuhr und vielleicht benutzt ihr auch die öffentlichen Verkehrsmittel, um zu eurer Schule zu gelangen. Wie eure Schule ausgestattet ist, hängt auch in hohem Maße von der Gemeinde ab, ebenso die Freizeitmöglichkeiten wie Schwimmbad, Bibliothek oder Jugendzentrum.

Was lernst du in diesem Kapitel?

... welche Möglichkeiten du jetzt und bei deiner Volljährigkeit hast, wenn du bei Entscheidungen in deiner Gemeinde beteiligt sein möchtest.
... wer alles in einer Gemeinde etwas zu sagen hat, wie die Macht verteilt ist.
... wie die einzelnen Organe innerhalb einer Gemeinde zusammen wirken.
... wie es gelingt, in einer Gemeinde friedlich zusammenzuleben.
... wie eine Gemeinde damit umgeht, wenn ihr zu wenig Geld zur Verfügung steht.

GEMEINSAM AKTIV

Einen Aktionsplan für eine bessere Gemeinde gestalten

Jeder von euch wohnt in einer Gemeinde. Das kann ein Dorf sein oder, wenn es mehr als 10.000 Einwohner sind, eine Stadt. Eine Gemeinde regelt die Angelegenheiten der Gemeinschaft selbst und ist dabei auf die Beteiligung ihrer Einwohner angewiesen. Die Gemeinde betrifft also jeden und jeder hat die Möglichkeit, sich aktiv an der Gestaltung des Gemeindelebens zu beteiligen. Mithilfe dieses Kapitels könnt ihr selbst einen Aktionsplan für eure Gemeinde erstellen.

Geht dabei so vor:

1 Führt eine Umfrage unter einer größeren Anzahl Jugendlicher durch, die in eurer Gemeinde wohnen. Dabei soll jeder die vier Punkte nennen, die am meisten stören, aber auch Wünsche äußern.
(→ Kapitel 7.1: M1)

2 Wertet eure Umfrage aus. Welche Punkte stören die Jugendlichen in deiner Gemeinde am meisten? Bestimmt ein oder mehrere Themen, die ihr untersuchen wollt.

3 Sammelt Informationen zum Thema.
(→ Kapitel 7.2: Kompetenz, Methode M10)

4 Findet heraus, wer in der Gemeinde dafür zuständig ist und organisiert ein Experteninterview.
(→ Kapitel 7.1: Kompetenz, Kapitel 7.2: M1, M2)

5 Recherchiert, wie die Mitglieder des Gemeinderats, der Bürgermeister und andere davon betroffene Gruppen zu dem Problem stehen.
(→ Kapitel 7.1: M4, Kompetenz Analysieren)

6 Überlegt euch einen Lösungsansatz und stellt diesen vor, indem ihr euch eine Beteiligungsmöglichkeit heraussucht.
(→ Kapitel 7.1: M3)

7 Wertet die Arbeit an eurem Aktionsplan mithilfe der Fragen aus:
- An welchen Stellen eures Aktionsplanes hattet ihr Erfolg?
- Wie geht ihr mit Modellen um?
- Welche Möglichkeit erachtet ihr als besonders wirkungsvoll?

7.1 Soll jeder mitmachen?

Können Jugendliche Politik mitgestalten?

Politik heißt mitbestimmen und mitgestalten. Wenn ihr unzufrieden seid, könnt ihr was dagegen unternehmen. Dafür müsst ihr eure Möglichkeiten zur Mitgestaltung kennen. Wisst ihr, welche Mitbestimmungsmöglichkeiten ihr habt?

M1 Wie zufrieden bist du mit deiner Gemeinde?

- Es gibt zu wenig Jugendliche in meinem Alter.
- In der Nähe ist kein Geschäft, in dem ich etwas kaufen kann.
- Es gibt zu wenig Platz, sich mit Freunden zu treffen.
- Es liegt zu viel Müll in der Gegend herum.
- In unserer Wohnung hört man den Verkehrslärm.
- Es gibt zu wenig Möglichkeiten zum Radfahren / Inlineskaten / Rollerfahren.
- Unsere Nachbarn schimpfen ständig, wenn wir uns vor dem Haus treffen.
- Es gibt zu viele schnell fahrende Autos.
- Es gibt zu wenig Bäume und Grünanlagen.
- Es gibt zu wenig Ampeln und Fußgängerüberwege, um die Straßen zu überqueren.
- In meiner Gegend fürchte ich mich vor Einbrechern / vor Jugendbanden.
- Es gibt zu viele hässliche, baufällige Gebäude in der Gegend.
- Eine laute / stinkende Fabrik ist in der Nähe.
- Es gibt zu wenig Freizeitangebote für Jugendliche.

Nach: Jürgen Zinnecker u. a., null zoff & voll busy, Opladen 2002, S. 77

KOMPETENZ: Methode

Meinungsabfrage durch das Ampelspiel

Wenn ihr innerhalb eurer Klasse eure Meinung oder Stimmung erfahren wollt, könnt ihr diese mithilfe des Ampelspiels sichtbar machen.

Mithilfe von drei Farbkarten (rot, gelb, grün) könnt ihr zu erkennen geben, ob ihr spontan einer bestimmten Aussage zustimmt, ob ihr unentschlossen seid oder ob ihr sie ablehnt. Und so geht ihr dabei vor:

1. Jeder von euch hat einen dreiteiligen Kartensatz: Rot, Gelb, Grün.
2. Nach jeder vorgetragenen Aussage signalisiert ihr euren Standpunkt, indem ihr eine der drei Farbkarten hochhaltet:
Rot = Ablehnung; Gelb = Enthaltung; Grün = Zustimmung
3. Achtet dabei besonders darauf, wo es die meisten Zustimmungen / Ablehnungen gibt.

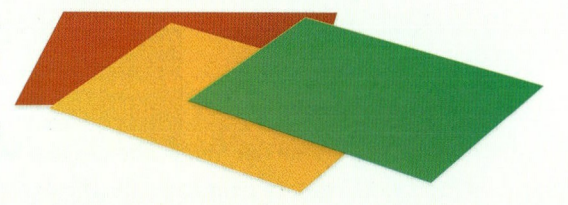

M2 Wie kann man sich einbringen?

- wählen gehen
- Zeitung lesen
- einen Brief an den Bürgermeister oder die Gemeindevertretung schreiben
- Rechtsmittel einlegen
- an einer Bürgerversammlung teilnehmen
- Leserbrief an die Zeitung schreiben
- sich in einem Bürgerforum beteiligen
- sich für einen Bürgerentscheid einsetzen
- an einer Bürgerinitiative mitwirken
- an einer Demonstration teilnehmen
- einer Partei beitreten
- ein Flugblatt verfassen
- Unterschriften sammeln
- ein Ehrenamt übernehmen
- einen Infostand organisieren
- Bürgersprechstunden nutzen

AUFGABEN

1. a) Führt das Ampelspiel zu den Fragen aus **M1** durch.
   b) Achtet während der Abstimmung auf Besonderheiten. Wo gab es die meisten Zustimmungen, wo die größten Unterschiede?
2. Führt ein Interview mit einem Experten aus eurer Gemeinde durch.
3. Führt eine Vier-Ecken-Abfrage zum Thema „Die beste Art sich einzubringen" (**M2**) durch.
   a) Entscheidet euch für die vier wichtigsten Mitmachmöglichkeiten.
   b) Übertragt die vier Möglichkeiten auf vier Plakate und hängt diese in die vier Ecken eures Klassenzimmers.
   c) Welche Mitmachmöglichkeit haltet ihr für besonders wirkungsvoll? Geht in die entsprechende Ecke und stellt euch dort auf.
   d) Begründet eure Wahl.
4. Wähle eine der Möglichkeiten aus **M2** aus, die du umsetzen kannst und berichte von deinen Erfahrungen.

H zu Aufgabe 2
Wie man ein Experteninterview durchführt, kannst du auf der Folgeseite nachlesen.

H zu Aufgabe 2
Anregungen zu einem Thema könnt ihr aus M1 entnehmen. Mögliche Gesprächspartner können der Bürgermeister, jemand aus der Stadtverwaltung, ein Gemeinderat oder Jugendgemeinderat sein.

KOMPETENZ: Analysieren

Eine Expertenbefragung durchführen

Zum Thema Mitbestimmung in der Gemeinde gibt es viele Experten und Betroffene, die fachkundig Auskunft geben und Interessantes berichten können: der Bürgermeister, (Jugend-)Gemeinderatsmitglieder, Vertreter der kommunalen Parteien, Mitarbeiter der Verwaltung, Gründer von Bürgerinitiativen oder Bürger, die sich für ein bestimmtes Thema einsetzen. Die Expertenbefragung ermöglicht einen ganz konkreten und persönlichen Einblick in ein bestimmtes Aufgaben- und Arbeitsfeld und ist eine interaktive Form der Informationsrecherche – ihr könnt direkt nachfragen, wenn ihr etwas nicht verstanden habt und euch etwas besonders interessiert.

1. **Themenfindung und Expertenauswahl**
- Worüber wollt ihr euch informieren? Geht es um die konkrete Arbeit eines Bürgermeisters oder wollt ihr zu einem bestimmten Sachthema diskutieren?
- Wer ist als Experte für dieses Thema geeignet? Stellt zusammen, wer persönliche Kontakte hat, und schreibt Anfragen an die entsprechenden Stellen.
- Vereinbart Termin, Ort und Ablauf der Befragung.

2. **Vorbereitung in der Klasse**
- Jeder Schüler formuliert im Vorfeld eine oder mehrere Fragen an den Experten. Diese werden zusammengetragen und sortiert. Macht vorher aus, wer die Fragen an den Experten stellt.
- Bereitet den Ablauf der Befragung vor: Wo und in welcher Sitzordnung wird die Befragung durchgeführt? Wie wird sie aufgezeichnet (per Video, Tonband oder Mitschrift)?

3. **Durchführung / Gesprächsverlauf**
- Begrüßt zunächst euren Gesprächspartner, erläutert Ziele und Ablauf des Gesprächs und stellt die Gesprächsteilnehmer kurz vor.
- Nach den eröffnenden Fragen („*Wir interessieren uns für …*", „*Können Sie uns sagen …?*") ist es wichtig, auch Fragen zum Überblick über das Thema (wer, wo, was, wann, wie, wie viel …) und zu genaueren Informationen („*Können Sie das noch weiter ausführen?*") zu stellen.
Weitere Frageformen sind sogenannte offene Fragen („*Warum / wie / wozu haben Sie das gemacht?*"), Einschätzungen betreffende („*Was halten Sie von …*", „*Welche Erfahrungen haben Sie damit gemacht?*") und Bewertungen („*Wie beurteilen Sie …?*", „*Was denken Sie …?*").
Wichtig ist, nachzufragen, wenn ihr etwas nicht verstanden habt.
- Denkt am Ende der Befragung daran, euch beim Gast für sein Kommen zu bedanken. Ihr könnt auch ein kleines Präsent überreichen oder einen Dankesbrief schreiben, wenn es euch sehr gut gefallen hat.

4. **Auswertung**
Die Ergebnisse müssen zusammengefasst und bewertet werden. Hierbei helfen u. a. folgende Fragen:
- Welche Informationen wurden gegeben? Gibt es neue Erkenntnisse?
- Worüber wurde aus welchen Gründen nicht gesprochen?
- Bleiben Informationslücken und können diese geschlossen werden?

Mitmachen im Jugendgemeinderat – eine gute Sache?

Mitbestimmen und Mitgestalten bedeutet, du musst aktiv werden. Mit Lukas lernst du einen Schüler kennen, der für den Jugendgemeinderat kandidiert hat und sich in seiner Gemeinde engagiert.

M3 Ein Mitglied des Reutlinger Jugendgemeinderats erzählt

Lukas Speidel (17 Jahre) ist Schüler am Albert-Einstein-Gymnasium in Reutlingen und war von 2015 – 2017 Mitglied im Jugendgemeinderat Reutlingen.

Warum machst du mit im JGR?
Es war eigentlich eher eine spontane Aktion, die ich recht schnell, aber auch gut überlegt, getroffen habe. Denn ich hatte nicht viel Bedenkzeit, um ehrlich zu sein. Als ich vom JGR und von den neuen Wahlen mitbekommen hatte, hatte ich noch zwei Wochen Zeit, um mich für eine Kandidatur zu entscheiden. Jedoch war für mich klar, ich möchte etwas in Reutlingen bewegen und zum Besseren verändern sowie die Stadt noch jugendfreundlicher machen. Was ich auch sehr wichtig finde, ist, dass Integration, Verständnis und Toleranz unter Jugendlichen gefördert werden. Den JGR sah ich als eine riesige Möglichkeit zur Verbesserung. So kam es dann eben zu meiner Kandidatur.

Was antwortest du den Menschen, die behaupten, ihr hättet in den Gemeinden und Städten zu wenig zu sagen?
Aussagen wie diese halte ich persönlich für Schwachsinn und sie zeigen, dass Leute, die mich mit so etwas versuchen zu konfrontieren, sich nur sehr mangelhaft erkundigt haben, was der JGR, in meinem Fall Reutlingen, in den letzten Jahren alles auf die Beine gestellt hat. Es wurde die Aktion „Spend`n Shirt" gegründet bei der jährlich dutzende Säcke Kleider an Schulen gesammelt werden, um diese an die Caritas zu spenden. Alles alleine vom JGR organisiert und betrieben. Auch wird uns viel Verantwortung und Mitspracherecht gegeben, denn zu den meisten Sachen holt sich die Stadt ein Meinungsbild im JGR ab, wie jetzt zum Beispiel zum Skaterpark neben der Stadthalle, weil der JGR die Stimme der Jugendlichen ist und die Jugend extrem wichtig für die Stadt ist. Das sind alles nur Beispiele, die ich herausgepickt habe, denn ich könnte so noch einige mehr aufzählen, alleine im Jahr 2015.

Was war deiner Meinung nach die beste Aktion, die ihr auf die Beine gestellt habt?
Eine gute Frage, da ich in der Regel immer hinter dem stehe, was der JGR tut und was für Aktionen er durch-

---

konfrontieren
hier: jmd. in eine Situation bringen, mit der er sich mit etwas (Negativem) auseinandersetzen muss

Caritas
soziale Hilfsorganisation

Der Jugendgemeinderat in Reutlingen, 2017

führt, jedoch halte ich die Aktion „Spend'n Shirt" für eine der bewegendsten, da wir hier extrem viel für Kinder getan und möglich gemacht haben. Etwas, das ohne den JGR wahrscheinlich so nicht möglich gewesen wäre. Kinder, die sich keine teuren oder sogar tauglichen Klamotten leisten können, wird so ein komplett neues Selbstwertgefühl gegeben. Das bewegt mich auch persönlich.

Was hat der JGR in Reutlingen bisher sonst noch erreicht?
Ich denke, hier kann ich ein paar Beispiele aufführen, wie zum Beispiel die enge Zusammenarbeit des JGR mit allen Jugendeinrichtungen der Stadt Reutlingen und Umgebung, wodurch diese nun mehr Unterstützung bekommen. Auch ist der JGR beispielsweise im Kinderferienprogramm aktiv. Nur, um einige Beispiele aufzuführen.

Wie können andere dazu gebracht werden, sich im JGR zu engagieren?
Ich denke, hierbei wäre es wichtig, die Reichweite des JGR zu optimieren. Denn viele kennen ihn gar nicht. Und wieso sollten sie sich dann dafür interessieren? Also denke ich, wenn man die Jugendlichen informiert und ihnen das Gefühl gibt, dass sie was bewegen können, wird sich die Jugend in Reutlingen noch mehr engagieren.

Interview: Petra Reiter-Mayer mit Lukas Speidel, 15.12.2015

engagieren
sich für etwas einsetzen

optimieren
verbessern

JUGENDGEMEINDERAT (JGR)

Die Gemeinden sind dazu verpflichtet, Kinder und Jugendliche in Entscheidungsverfahren, die sie betreffen, miteinzubeziehen.
Dies geschieht in vielen Gemeinden durch die Jugendgemeinderäte. Ihre Aufgabe ist es, die Interessen von Jugendlichen gegenüber der Gemeinde zu vertreten. Dies geschieht meistens über den Gemeinderat. Weitere Informationen findest du unter folgendem Link: *www.jugendgemeinderat.de*

AUFGABEN

1. Beschreibe, weshalb sich Jugendliche im Jugendgemeinderat (JGR) engagieren (**M3**).
2. Der Jugendgemeinderat besitzt ein Vorschlags- und ein Anhörungsrecht. Begründe, inwiefern dies eine wichtige Möglichkeit darstellt, wenn die Gemeinde mitgestaltet werden soll (**M3**).
3. Recherchiert, ob es in deinem Ort einen Jugendgemeinderat gibt und ladet einen Vertreter zu einem Expertengespräch ein (**M3**).
4. Überprüft mithilfe einer Umfrage in eurer Schule, inwiefern der Jugendgemeinderat in eurer Gemeinde akzeptiert wird.

zu Aufgabe 3
Wie man ein Expertengespräch durchführt, kannst du auf der vorherigen Seite nachlesen.

zu Aufgabe 3
Ihr könnt dem Experten ähnliche Fragen wie in M3 stellen.

zu Aufgabe 4
Mögliche Fragen können sein: Was macht der JGR? Würdest du dich aufstellen lassen? …

Mehr Mitsprache der Bürger durch Gemeinderatswahlen?

In einer Demokratie ist es wichtig, dass die Menschen wählen, denn dadurch drücken sie ihre Zustimmung zur Demokratie aus. Bei Wahlen stimmen die Menschen darüber ab, welche Parteien sie damit beauftragen wollen, die Politik im Land zu gestalten. In einer Gemeinde übernimmt dies die Gemeinderatswahl. Wie genau wird eigentlich der Gemeinderat in Baden-Württemberg gewählt?

M4 Du hast die Wahl!

Bei der Gemeinderatswahl hat jeder Wähler so viele Stimmen, wie Gemeinderäte oder Kreisräte zu wählen sind. Die Anzahl richtet sich nach der Größe der Gemeinde: mindestens 8, maximal 60 Gemeinderäte können gewählt werden. So umfasst beispielsweise der Gemeinderat der Stadt Reutlingen 40 Gemeinderäte.

Bei einer Gemeinderatswahl hat der Wähler zwei Möglichkeiten. Entweder gibt er den Stimmzettel unverändert ab und somit erhält jeder Kandidierende auf dem Stimmzettel eine Stimme. Oder er kann einen Stimmzettel verändern, oder sich aus den verschiedenen Wahlvorschlägen seinen Stimmzettel zusammenstellen.

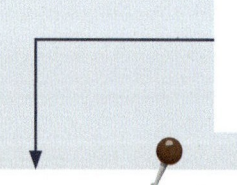

Stimmzettel können durch Kumulieren und Panaschieren verändert werden.

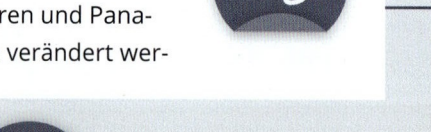

Kumulieren = Häufeln: Der Wähler muss nicht jedem Bewerber gleich viele Stimmen geben. Er kann Kandidaten, die er besonders gerne im Gemeinderat oder Kreistag sehen möchte, stärker unterstützen und ihnen bis zu drei Stimmen geben. Dieses Anhäufeln von Stimmen nennt man kumulieren. Allerdings darf der Wähler nicht mehr Stimmen vergeben, als er insgesamt hat. In Reutlingen beispielsweise darf er insgesamt nicht mehr als 40 Stimmen vergeben. Werden es mehr, ist der Wahlzettel ungültig.

Panaschieren – Mischen: Der Wähler ist nicht auf einen Stimmzettel beschränkt. Er kann sich Bewerber der verschiedenen Stimmzettel mischen (panaschieren). In der Regel wird er einen oder mehrere Namen von einem anderen Wahlvorschlag in die freien Zeilen seines Stimmzettels schreiben. Und wenn er will, kann er auch diesen Kandidaten mehrere Stimmen geben (kumulieren). Auch hier gilt, wer mehr Stimmen vergibt als Sitze zu vergeben sind, macht seine Wahl ungültig.

Nach: Andreas Gawatz, Politik und Unterricht aktuell 15, Kommunalwahlen in Baden-Württemberg, 2009, S. 12

M5 Gültig oder ungültig?

In der erfundenen Gemeinde Bad Wurzenried finden Gemeinderatswahlen statt. Die Gemeinde hat knapp 10.000 Einwohner und dementsprechend sind 18 Gemeinderäte zu wählen. Hier findest du vier abgegebene Stimmzettel von vier verschiedenen Wählerinnen und Wählern.

Stimmzettel 1: Sozialdemokratische Partei (SPD)

Nr.	Name	Stimmen
101	Mathiesen-Felber, Erika, Hauptschullehrerin, Saarstr. 36	3
102	Holderich, Frank-Thomas, Verwaltungsjurist, Beethovenweg 37	
103	Schotz, Franziska, Studiendirektorin, Am Abblick 7	2
104	Geisel, Anton, Angestellter, Münzgasse 9	
105	Gutholz, Jörg, Betriebsleiter, Münzgasse 18	
106	Hohlweck, Susanna, Technische Assistentin, Eichendorfweg 38	
107	Lang, Hilde, Studentin, Marktplatz 3	
108	Dold, Sven, Anwendungsentwickler, Amschweg 20	
109	Weber, Udo, Journalist, Albert-Schweitzer-Str. 3	3
110	Kerber, Inge, Dipl. Pädagogin, Reußenbachstr. 28	
111	Waller, Robert, Grafiker, Obertorstr. 18	1
112	Junge, Herbert, Pfarrer, Kastelstr. 53	2
113	Dr. Berger, Gerhard, Arzt, Kastelstr. 67	1
114	Hörsch, Jürgen, Krankenpfleger, Wiesengrund 102	
115	Junge, Jürgen, Dreher, Haxenweg 22	
116	Klein, Martin, Schlosser, Oberziegelhacher Str. 16	
117	Wilheim, Bernd Christian, Bäcker, Am Rohrbach 27	
118	Lang, Hilde, Referentin, Franzstr. 10	
	Otto Weber	3
	Sonia Düre	3

Stimmzettel 2: Christlich Demokratische Union Deutschlands (CDU)

Nr.	Name	Stimmen
202	Dr. Werner, Hans, Studiendirektor, Buhlstr. 21	1
202	Maier, Bernd, Kaufmann, Jordanstr. 2	
203	Maier-Schotz, Franziska, Betriebswirtin im Handwerk, Kromerstr. 43	3
204	Rack, Theo, Lokomotivbetriebsinsp. A.D., Schmiedsgasse 17	
205	Stoll, Jutta, Hausfrau, Johann-Sebastian-Bach-Str. 12	3
206	Schäufele, Otto, Richter, Oberriedweg 15	
207	Maier, Klemens, Landwirt, Ehrensberg 6	
208	Wild, Angela, Diplomverwaltungswirtin (FH), Orffstr. 17	2
209	Ahrem, Karl, Gartenbauarchitekt, Mühlenwiesenstr. 9	
210	Dr. Seeger, Wilfried, Internist, Schillerstr. 46	
211	Kiefer, Wilhelm, Zahntechniker, Eichenweg 11	
212	Kulisch, Frieder, Einzelhandelskaufmann, Marktplatz 3	
213	Marlebis, Barbara, Studentin, Junkergasse 24	
214	Klink, Wilhelm, Schlosser, Schlossgasse 2	
215	Schinder, Emart, Lehrer, Merowingerweg 7	
216	Winzer, Heidi, Erzieherin, Stadtbauweg 10	2
217	Woller, Willi, Kriminalbeamter, Lindenstr. 26	
218	Kotz, Stephan, Elektriker, Kernerstr. 6	
	Scholz, Franziska	3
	Schettler, Franziska	3
	Gehr, Heidi	3

Stimmzettel 3: Unabhängige Wähler Bad Wurzenried (UW)

Nr.	Name	Stimmen
301	Lichtenberger, Reinhold, Hauptschullehrerin, Saarstr. 36	3
302	~~Dr. Olsberger, Florian, Arzt, Kollegergasse 44~~	
303	Weber, Otto, Buchhändler, Mittelstr. 26	3
304	~~Behalfer, Franziska, Bankangestellte, Pirsweg 10~~	
305	Zabel, Wilfried, Gastwirt, Hohe Str. 9	2
306	Helle, Andreas, Unternehmensberater, Konrad-Adenauer-Str. 1	1
307	Dürr, Sonja, Fotografin, Edith-Sieg-Str. 10	(durchgestrichen)
308	Fischer, Jochen, Studienrat, Fuchsbruhl 3	(durchgestrichen)
309	Fetzer, Holger, Krankenpfleger, Schaienweg 30	(durchgestrichen)
310	Faulmüller, Gerhard, Industriemeister, Ellerbachstr. 15	(durchgestrichen)
311	Marquardt, Christina, Hausfrau, Hauptstr. 7	(durchgestrichen)
312	Herrgoth, Peter, Malermeister, Ellerbachstr. 15	(durchgestrichen)
313	März, Melanie, Kunsttherapeutin, Kennsweg 12	(durchgestrichen)
314	Brenneisen, Jochen, Schreinermeister, Riedstr. 18	(durchgestrichen)
315	Fritz, Holger, Musikalien-Händler, Innweg 2	(durchgestrichen)
316	Weigel, Gilbert, Dipl.-Ingenieur, Buckstr. 86	(durchgestrichen)
317	Sonderhauser, Hans-Joachim, Buchhändler, Eichblumstr. 11	(durchgestrichen)
318	Müller, Eleonora, Sonderschullehrerin, Bismarckweg 13	(durchgestrichen)
907	*Eitel, Andreas*	3

Stimmzettel 4: Alternative Liste – Die Grünen

Nr.	Name	Stimmen
401	Dr. Gehr, Heidi, Assistenzärztin, Schwedenschanze 7	3
402	Wegner, Peter, Ergotherapeut, Fürstenbergstr. 83	
403	Mutsch, Louise, Krankenschwester, Peter-Rosegger-Weg 16	3
404	Arens, Andreas, Hausmann, Hahnstr. 21	
405	Stofte, Marina, Sonderschullehrerin, Friedhofweg 13	3
406	Blankenried, Ronald, Rechtsanwalt, Jahnstr. 25	
407	Eitel, Andreas, Bildungsreferent, Schwalbenweg 1	3
408	Thierger, Thomas, Reisebürokaufmann, Tulpenweg 21	2
409	Verdienel, Karin, Bibliothekarin, Obere Gafusstr. 13	
410	Weber, Jana, Studentin, Brühlstr. 17	
411	Marx-Sonnenschein, Martina, Krankenschwester, Hofackerstr. 15	
412	Krauß, Georg Anton, Diplom-Pädagoge, Breslauer Str. 4	2
413	Ost, Franz, Musiker, Nelkenweg 3	
414	Mann, Dieter, Antiquar, Saliner Str. 13	
415	Petersen, Jutta, Ergotherapeutin, Henrj-Dunant-Str. 2-1	3
416	Autenrieth, Corinna, Hausfrau, Schwalbenweg 1	
417	Neuguth, Dirk, Verleger, Kleiner Steig 1	
418	Groß, Michel, Student, Konradstr. 2	

Nach: Politik und Unterricht aktuell 15, Kommunalwahlen in Baden-Württemberg, 2009, S. 13

7 Politik in der Gemeinde

Erklärfilm zur Gemeinderatswahl 2014 in Baden-Württemberg

Mediencode: 70003-11

Wählen ab 16
In manchen Bundesländern, z. B. in Baden-Württemberg, darf man bei den Kommunalwahlen schon ab 16 Jahren sein aktives Wahlrecht ausüben.

GEMEINDERAT

Der Gemeinderat ist als Vertretung der Bürgerinnen und Bürger das wichtigste Gremium einer Gemeinde. In den Gemeinden (Kommunen) und Städten Deutschlands werden Gemeinde- oder Stadträte, die auch manchmal „Stadtverordnetenversammlung" genannt werden, gewählt. In diesen Räten sind die Parteien der Gemeinde, aber auch unabhängige Wählergemeinschaften vertreten, sofern sie genügend Stimmen bei der Wahl bekommen haben. Die Gemeinderäte kommen zu regelmäßigen Sitzungen zusammen und bestimmen mit, ob zum Beispiel eine neue Umgehungsstraße gebaut wird oder neue Wohngebiete erschlossen werden.

BÜRGERMEISTER

Der Bürgermeister ist Chef der Gemeindeverwaltung. Er wird direkt von den wahlberechtigten Bürgern der Gemeinde in der Regel für 8 Jahre gewählt. Damit ist die Wahl des Bürgermeisters ist unabhängig von der Gemeinderatswahl. Man hat nur eine Stimme und kann damit auch nur einen Bewerber wählen. Gewählt ist, wer mehr die Hälfte der gültigen Stimmen hat (absolute Mehrheit).

AUFGABEN

1. Erkläre, wie eine Gemeinderatswahl abläuft (**M4**).
2. Recherchiere den Gemeinderat deiner Gemeinde:
    a) Wie viele Mitglieder hat der Gemeinderat eurer Gemeinde?
    b) Welche Parteien und Wählergruppen sind im Gemeinderat vertreten?
3. Richtig oder falsch? Überprüfe folgende Aussagen mithilfe von **M4**.

Aussage	R	F
a) Man muss sich nicht für eine Partei entscheiden.		
b) Für jede Partei, die antritt, hat der Wähler eine Stimme.		
c) Kommunalwahlen sind oft Personenwahlen. Deswegen darf man auch einem Kandidaten drei Stimmen geben.		

4. Überprüfe, welche der abgegebenen Stimmzettel gültig und welche ungültig sind und begründe (**M5**).
5. Beurteile, inwiefern Gemeinderatswahlen den Bürgern mehr Mitsprache einräumen.

Brauchen wir mehr direkte Demokratie?

Ihr kennt das sicherlich auch: In eurer Klasse sind heftige Diskussionen im Gange, beispielsweise darüber, wo der nächste Klassenausflug hingehen soll. Ihr stimmt dann vielleicht so darüber ab, dass jeder auf einen Zettel schreiben kann, wohin es gehen soll und die Mehrheit entscheidet in einer Abstimmung über euer Ausflugsziel. Ihr stimmt also direkt ab. Funktioniert das auch in größerem Rahmen?

M6 Zwei Formen der Demokratie

Selber abstimmen

Abstimmen lassen

\# **DIREKTE DEMOKRATIE**

Das Volk übt die Staatsgewalt unmittelbar (= direkt) aus, zum Beispiel in einer Volksversammlung. Es entscheidet mit Volksabstimmungen („Plebiszit") über alle politisch wichtigen Anliegen, einschließlich der Wahl und Abwahl wichtiger Amtsträger in Staat und Gesellschaft.

Erklärfilm zu Demokratie

Mediencode: 70003-12

M7 Soll das Volk mitentscheiden?

Die Bürgerinnen und Bürger Baden-Württembergs stimmen über den geplanten Bahnhof Stuttgart 21 ab.

Der SC und die Stadt Freiburg planen ein neues Stadion. Doch Bürgerinitiativen kämpfen gegen den Standort im Wolfswinkel.

Bürgerinitiativen
spontane, zeitlich meist begrenzte, lockere Zusammenschlüsse von Bürgerinnen und Bürgern, die sich mit verschiedenen Aktionen gegen politische Maßnahmen, öffentliche Planungen, Missstände und befürchtete Fehlentwicklungen wehren. Themen sind z. B. Kindergärten und Spielplätze, Verkehr und Straßenbau, Stadtentwicklung und -sanierung, Randgruppen oder kulturelle Themen sowie häufig Umweltthemen.

7 Politik in der Gemeinde

> **# REPRÄSENTATIVE DEMOKRATIE**
>
> **Das Volk übt die Staatsgewalt mittelbar (= indirekt) aus.**
> Dazu wählt das Volk Abgeordnete, die dann Repräsentanten des Volkes sind und in eigener Verantwortung zeitlich befristet handeln. Ihren Auftrag dazu bekommen die Abgeordneten in regelmäßig stattfindenden Wahlen.

M8 Auszug aus der Landesverfassung Baden-Württemberg

Landesverfassung Artikel 59

(1) Gesetzesvorlagen werden von der Regierung, von Abgeordneten oder vom Volk durch Volksbegehren eingebracht.

(2) Dem Volksbegehren muss ein ausgearbeiteter und mit Gründen versehener Gesetzentwurf zugrunde liegen. Das Volksbegehren ist zustande gekommen, wenn es von mindestens einem Sechstel der Wahlberechtigten gestellt wird. [...]

(3) Die Gesetze werden vom Landtag oder durch Volksabstimmung beschlossen.

Landesverfassung Artikel 60

(1) Eine durch Volksbegehren eingebrachte Gesetzesvorlage ist zur Volksabstimmung zu bringen, wenn der Landtag der Gesetzesvorlage nicht unverändert zustimmt. In diesem Fall kann der Landtag dem Volk einen eigenen Gesetzentwurf zur Entscheidung mitvorlegen.

Landesverfassung Baden-Württemberg, letzte Änderung vom 07.02.2011

M9 Direkt oder repräsentativ?

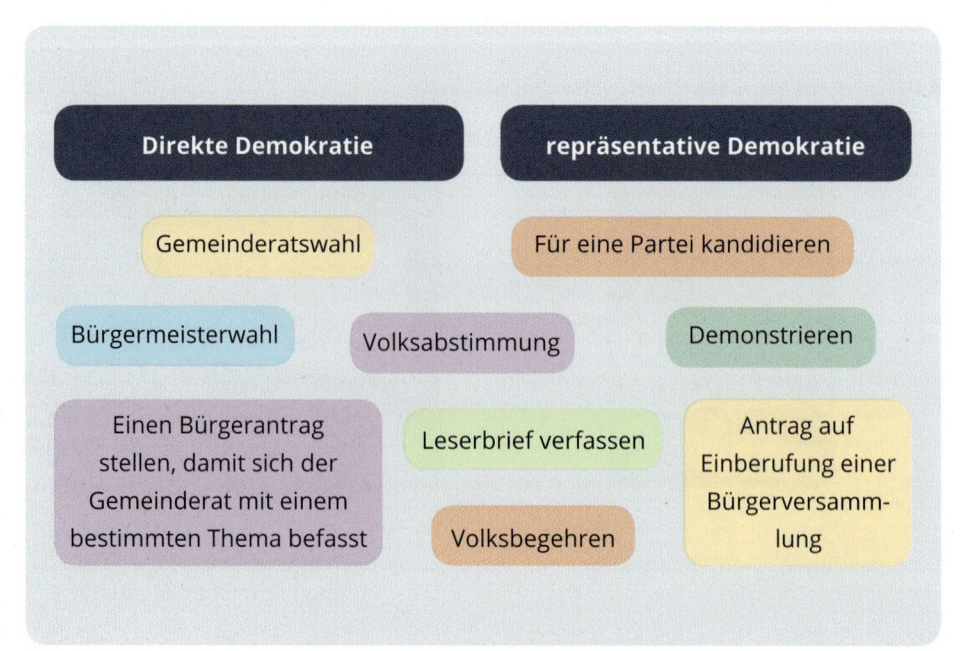

Direkte Demokratie
- Gemeinderatswahl
- Bürgermeisterwahl
- Volksabstimmung
- Einen Bürgerantrag stellen, damit sich der Gemeinderat mit einem bestimmten Thema befasst
- Leserbrief verfassen
- Volksbegehren

repräsentative Demokratie
- Für eine Partei kandidieren
- Demonstrieren
- Antrag auf Einberufung einer Bürgerversammlung

M10 Direkte Demokratie, Volksbegehren, Volksentscheid

Mit dem Begriff direkte Demokratie oder unmittelbare Demokratie werden mittlerweile eine Vielzahl von Formen der politischen Beteiligung des Volkes bezeichnet. Sie gewährt dem Volk die Möglichkeit, auch während der Legislaturperiode auf konkrete Sachfragen bezogen Einfluss zu nehmen.

Bei einem Volksbegehren zum Beispiel sammeln die Bürger in einer bestimmten Frist eine festgelegte Zahl an Unterschriften von Wahlberechtigten. Wenn dies geschafft wurde, muss sich das Parlament mit dem Thema beschäftigen, bleibt aber in seiner Entscheidung frei.

Wird die Vorlage abgelehnt, besteht für die Bürger die Möglichkeit, einen Volksentscheid und damit eine direkte Abstimmung der Wahlberechtigten zu verlangen.

Erklärfilm zu Volksentscheid

Mediencode: 70003-13

Legislaturperiode
Bezeichnung für die Amtszeit einer Regierung; Zeitspanne zwischen zwei Wahlen

M11 Brauchen wir mehr direkte Demokratie?

a) Bloß nicht!
Volksentscheide sind eine der gefährlichsten Mittel, die auch eine Demokratie, die ja vom Volke ausgeht, zugrunde richten kann.
Wir leben in einer Republik, und diese ist auch dadurch definiert, dass wir bestimmte Personen wählen, von denen wir glauben, dass sie uns am besten vertreten. Nun, wo liegt der Unterschied, ob ich nun selbst meine Meinung kundtue, indem ich zum Volksentscheid gehe, oder ob ich jemanden beauftrage, für mich zu reden und abzustimmen (im kleineren Kreise)?
Der Unterschied liegt schlicht und ergreifend darin, dass Politiker [...] sich ständig mit der Politik auseinandersetzen [...]. Als Normalbürger hat man diese Zeit schon gar nicht! Fehlentscheidungen, die auf unwissenschaftlicher Basis, Emotionalität, Unwissenheit und Populismus basieren [...] sind die Folge. Lassen Sie mich ein Beispiel nennen: Würden wir abstimmen, ob Kinderschänder, Terroristen oder sonstige in vielerlei Augen „Unpersonen" misshandelt, gefoltert oder mit der Todesstrafe bestraft werden sollten, so wären die Ergebnisse mehr als bedenklich [...].

Lucas Müller, Kennzeichen Digital, Das Blog, 18.7.2010 15:09

b) Eine super Idee
Es gibt ein Land, welches erfolgreich vom Volk regiert wird – die Schweiz. Wir haben unsere Rechte an das Parlament abgegeben, die Schweizer können von der Politik Gesetze verlangen und einfordern. Ist die Schweiz damit schlechter dran als Deutschland? Nein. In der Schweiz steht das Volk über allem und es regiert gut. Die Politiker sind nur Beauftragte des Volkes, denen notfalls die Gesetze diktiert werden. In Deutschland sind wir nur Stimmvieh, welches seine Rechte bei der Wahl abgibt. Wir sollten uns die einzige vollendete Demokratie der Welt als Vorbild nehmen.

Stefan Thien, Demokrat, Kennzeichen Digital, Das Blog, 18.7.2010 15:47

Populismus
eine Politik, die durch Übertreibung und starke Vereinfachung versucht, die Unterstützung breiter Massen zu erlangen

M12 Mitgestalten – ja, aber wie?

- Ich möchte etwas verändern oder mir passt etwas nicht.
- Ich kann Leserbriefe verfassen, im Internet bloggen oder Unterschriften sammeln.
- Ich kann dafür sorgen, dass die Stadtverwaltung, der Gemeinderat Briefe erhalten.
- Wenn von Seite der Gemeinde keine Reaktion erfolgt, kann ich eine Bürgerinitiative gründen und gehe verstärkt an die Öffentlichkeit, um weitere Mitstreiter zu finden.
- Der Gemeinderat befasst sich mit meinem Anliegen und bereitet eine Lösung vor, die dann beschlossen wird.
- Meine Bürgerinitiative bringt einen Antrag zur direkten Abstimmung ein.

BÜRGERBEGEHREN/-ENTSCHEID

Um einen Bürgerentscheid durchführen zu können, muss zunächst das Bürgerbegehren erfolgreich sein. Es muss schriftlich beantragt und in der Regel von 7 % der wahlberechtigten Bürgerinnen und Bürger unterschrieben worden sein. **Mit einem Bürgerentscheid können Bürgerinnen und Bürger Angelegenheiten, für die der Gemeinderat zuständig ist, selbst entscheiden.** Die gestellte Frage ist in dem Sinne entschieden, indem sie von der Mehrheit der gültigen Stimmen beantwortet wurde. Diese Mehrheit muss aber mindestens 20 Prozent der Stimmberechtigten betragen (Quorum). Wird das Quorum nicht erreicht, entscheidet der Gemeinderat über die Angelegenheit.

AUFGABEN

1. a) Entscheide dich spontan für einen Demokratietyp (**M6**).
   b) Nenne das wichtigste Argument, das für deine Entscheidung ausschlaggebend war.
2. Nenne Themen, über die Bürgerinnen und Bürger in Baden-Württemberg deiner Meinung nach direkt abstimmen sollten (**M7**).
3. Erkläre, welche Möglichkeiten der direkten Demokratie es in Baden-Württemberg gibt (**M8**, **M10**).
4. Ordne die Beteiligungsmöglichkeiten den Demokratietypen zu (**M9**).
5. Sollte es mehr direkte Demokratie geben (**M10**-**M12**)?
   a) Positioniert euch auf einer Entscheidungslinie.
   b) Begründet eure Position.

F zu Aufgabe 5a
Die Enden dieser Linie stehen jeweils für Ja und Nein.

GRUNDWISSEN

SOLL JEDER MITMACHEN?

BETEILIGUNGSMÖGLICHKEITEN FÜR JUGENDLICHE (M2-M3)

Du hast viele Möglichkeiten, dich zu beteiligen, wenn du an deiner Gemeinde etwas verändern möchtest. Du kannst deine Meinung zum Beispiel durch einen Brief an den Bürgermeister oder einen Leserbrief zum Ausdruck bringen. Damit dein Anliegen erfolgreich umgesetzt werden kann, brauchst du möglichst viele Mitstreiter.

JUGENDGEMEINDERAT (JGR) (M3)

Du hast ein Recht darauf, bei jugendrelevanten Themen in deiner Stadt mitzusprechen. Dazu kann die Gemeinde oder auch du selbst einen Jugendgemeinderat ins Leben rufen. Dazu brauchst du nur Unterschriften von Jugendlichen, die in deiner Stadt wohnen. Wenn es in deiner Stadt schon einen Jugendgemeinderat gibt, habt ihr jetzt auch ein Recht auf Beteiligung in Gemeinderatssitzungen bei jugendrelevanten Themen sowie ein Rede-, Anhörungs- und Antragsrecht.

KOMMUNALWAHLEN (M4-M5)

Gemeinderatswahlen werden auch Kommunalwahlen genannt. Eine Besonderheit der Kommunalwahlen besteht darin, dass man die Stimmen auf verschiedene Kandidaten (auch von unterschiedlichen Parteien) verteilen (panaschieren) oder einem Kandidaten bis zu drei Stimmen geben kann (kumulieren). In manchen Bundesländern, z. B. in Baden-Württemberg, darf man bei den Kommunalwahlen schon mit 16 Jahren sein aktives Wahlrecht ausüben. Wenn ihr selbst gewählt werden wollt, geht das auch mit dem Beginn der Volljährigkeit. Ihr lasst euch als Kandidat aufstellen, könnt dann also gewählt werden. Das nennt man passives Wahlrecht.

DIREKTE UND REPRÄSENTATIVE DEMOKRATIE (M6-M12)

In der repräsentativen Demokratie werden die politischen Entscheidungen nicht direkt von den Bürgern, sondern von gewählten Politikern, den Repräsentanten, im Parlament getroffen. Die Abgeordneten werden in freien Wahlen bestimmt und können bei der nächsten Wahl auch wieder abgewählt werden. Durch direkte Bürgerbeteiligung – z. B. in den Gemeinden – kann unmittelbar auf die politischen Entscheidungsprozesse Einfluss genommen werden. In Deutschland sind die Möglichkeiten direkter Demokratie auf Bundesebene allerdings äußerst begrenzt. Deshalb wird immer wieder gefordert, auch hier direktdemokratische Elemente einzuführen.

7.2 Wer soll in einer Gemeinde bestimmen?
Wie funktioniert eine Gemeinde?

Im Zusammenhang mit deiner Gemeinde sind dir sicherlich schon die Begriffe Bürgermeister, Gemeinderat oder Stadtverwaltung begegnet. Sie alle sind Teil einer Gemeinde und tragen dazu bei, dass das Leben möglichst reibungslos abläuft. Doch wie funktioniert das alles?

M1 Wer macht was in der Gemeinde?

Wo werden Entscheidungen getroffen?

Wenn in den Gemeinden Entscheidungen getroffen werden, geschieht dies im **Gemeinderat**. Dieser wird alle fünf Jahre in geheimer Wahl gewählt. Ein Gemeinderat trifft sich in regelmäßigen Sitzungen und bestimmt mit, ob zum Beispiel eine neue Umgehungsstraße gebaut wird oder neue Wohngebiete erschlossen werden. Ein Gemeinderat entscheidet auch über den Haushaltsplan. Das heißt, hier wird festgelegt, für welche Aufgaben im kommenden Jahr wieviel Geld zur Verfügung stehen wird (= Etatrecht). Er berät und beschließt Vorlagen der Verwaltung und Anträge der Fraktionen. Darüber hinaus kontrolliert der Gemeinderat auch die Verwaltung.

Wer ist der „Chef" der Gemeinde?

Eine Gemeinde wird von einem **Bürgermeister oder einer Bürgermeisterin** geleitet. Er oder sie wird für eine bestimmte Zeit gewählt. Eine wichtige Aufgabe des Bürgermeisters ist es, den Gemeinderat oder den Stadtrat zu leiten und er ist auch Chef der Verwaltung und Vorsitzender der Ausschüsse. Der Bürgermeister berät und entscheidet mit, ob zum Beispiel ein neues Jugendzentrum gebaut oder Geld für eine Sportanlage ausgegeben wird. Er führt das Rathauspersonal, repräsentiert eine Gemeinde nach außen und vertritt die Interessen auf Landesebene.

Wo werden Entscheidungen vorbereitet?

Nicht alle Angelegenheiten, die eine Gemeinde betreffen, können im Gemeinderat ausführlich beraten und diskutiert werden, da dies zu viel Zeit in Anspruch nehmen würde. Außerdem braucht man hin und wieder auch den Rat von Experten, die sich in einer Angelegenheit richtig gut auskennen. Diese Experten treffen sich zur Vorarbeit in den **Ausschüssen**. Die Ausschüsse setzen sich zusammen aus den Vertretern des Gemeinderats und sachkundigen Bürgern.

Wer setzt die getroffenen Entscheidungen um?

Bürgermeister und Gemeinderatsmitglieder sind gewählte Vertreter der Einwohnerinnen und Einwohner einer Gemeinde. In der **Verwaltung** arbeiten jedoch Angestellte der Stadt. Chef ist der Bürgermeister. Da sich die Verwaltungsangestellten hauptberuflich mit den Angelegenheiten einer Gemeinde befassen, sind sie Spezialisten. Deswegen kommen die meisten Vorschläge auch von ihnen und werden vom Bürgermeister in die Gemeinderatssitzungen eingebracht. Die Aufgaben einer Verwaltung bestehen also im laufenden Verwaltungsgeschäft, der Durchführung von staatlichen Auftragsangelegenheiten, dem Erfassen von Beschlussvorlagen und deren Umsetzung.

M2 Ein Gemeinderat berichtet

Helmut Treutlein ist Schulleiter der Pestalozzi Schule in Tübingen und Vater von sieben Kindern. In den Reutlinger Gemeinderat wurde er für die SPD bei den Kommunalwahlen 2014 wiedergewählt und ist deren Fraktionsvorsitzender. Das folgende Interview wurde mit ihm im November 2015 geführt.

Warum haben Sie für den Gemeinderat kandidiert?

Ich möchte an der Gestaltung der Stadt mitwirken. Im Gemeinderat wird demokratisch darüber entschieden, wie unsere Stadt künftig aussehen soll. Ich bin seit vielen Jahren in der SPD aktiv und beteilige mich an der politischen Diskussion in unserer Stadt. Im Gemeinderat wird die konkrete Lebenswirklichkeit der Menschen gestaltet und es wird entschieden, wie Gesetze umgesetzt werden.

(Was) kann man als Gemeinderat denn bewegen?

Wie sollen sich die Menschen in der Stadt bewegen? Mehr Raum für Fußgänger, Radfahrer und mehr Bus und Bahn! Wir wollen ein Theater bauen und die Spielplätze sollen für Kinder attraktiv sein. Es muss genügend Kinderbetreuungsplätze geben und jetzt müssen wir dafür sorgen, dass die Flüchtlinge, welche unserer Stadt zugewiesen werden, menschenwürdig untergebracht werden und alles getan wird, damit die Integration gelingt. Wir brauchen genügend Grün in der Stadt. [...] Das alles wird im Gemeinderat entschieden.

Was und wieviel hat man da zu tun?

Ein Gemeinderat hat viel Arbeit und braucht dazu sehr viel Zeit: Vorlagen lesen, mit Bürgern sprechen, in der Fraktion und in der Partei diskutieren, vor Ort besichtigen und besprechen, Vorschläge entwickeln, Anträge schreiben, in Sitzungen arbeiten: [...] Jede Woche braucht man dazu zwischen 12 und 20 Stunden, meist am Abend.

Mit welchen Argumenten überzeugen Sie Mitmenschen, für den Gemeinderat zu kandidieren?

Es ist eine tolle Sache, wenn man erlebt, wie man in der Demokratie die kleinen und großen Fragen diskutiert und entscheidet. Die Demokratie ist die beste Herrschaftsform in der Welt. Dazu braucht es Menschen, die bereit sind mitzuwirken, sich für die Wahl zur Verfügung zu stellen und nach der Wahl die Verpflichtung des Amtes verantwortungsvoll wahrzunehmen. Das ist schwer, manchmal belastend und man muss auch bereit sein, zu verlieren. Aber nur so lebt Demokratie.

Interview: Petra Reiter-Mayer mit Helmut Treutlein, 21.11.2015

Helmut Treutlein (SPD) ist Mitglied des Reutlinger Gemeinderats und Fraktionsvorsitzender.

Fraktion
Gruppe von Abgeordneten im Parlament

Partei
Zusammenschluss von Menschen, die für die gleichen politischen Ziele kämpfen

AUFGABEN

1. Stelle grafisch in einem Schaubild dar, wie eine Gemeinde funktioniert (**M1**).
2. Erläutere, wie wichtig ein Gemeinderat für deine Gemeinde ist (**M2**).
3. Beurteile, inwiefern Bürger an Entscheidungen in der Gemeinde beteiligt sind (**M1**, **M2**).

Wofür soll eine Gemeinde ihr Geld ausgeben?

Die vielen Aufgaben, die eine Gemeinde zu erledigen hat, kosten Geld: Ob Kindergärtnerin oder Feuerwehrmann, Busfahrerin oder Hausmeister, Bibliothekar oder Steuerbeamtin – alles(!) muss bezahlt werden. Auch die Kosten für Strom, Porto und Telefon usw. Welche Aufgaben hat die Gemeinde? Woher bekommt sie ihr Geld? Wie schwer ist es, mit diesem Geld die zahlreichen Aufgaben zu finanzieren?

M3 Welche Aufgaben hat eine Gemeinde?

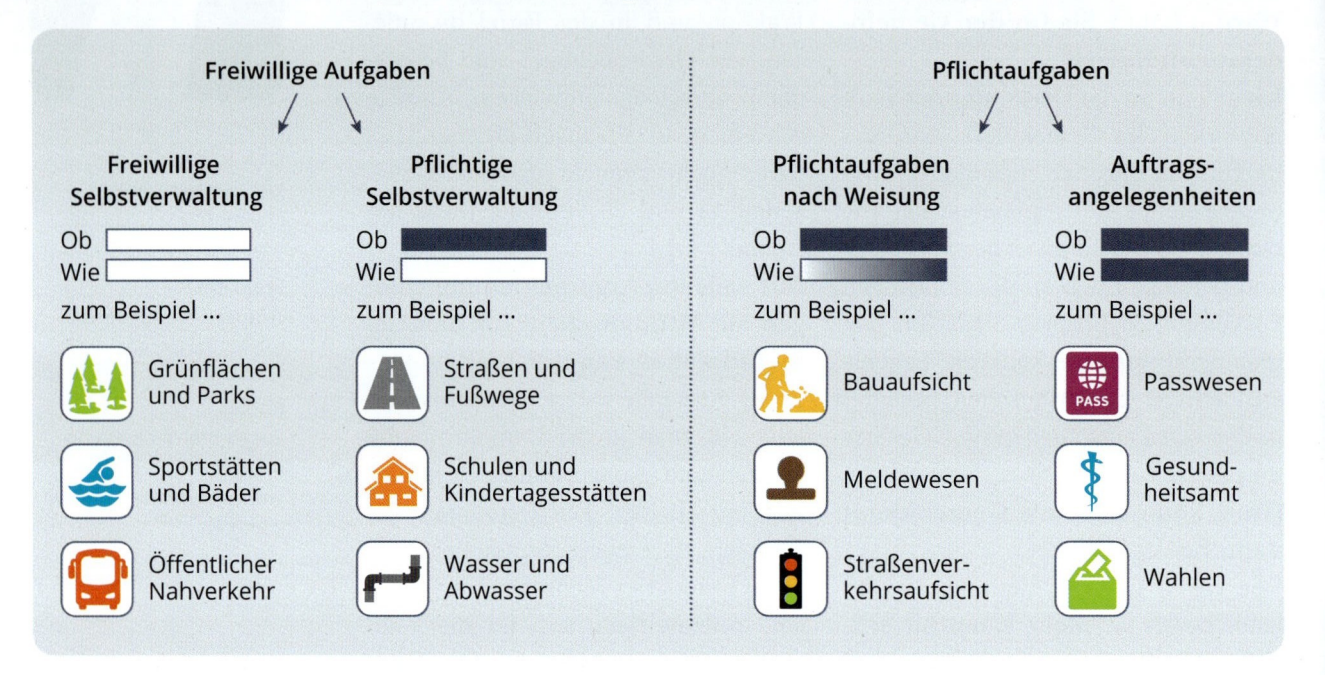

Freiwillige Aufgaben

- Freiwillige Selbstverwaltung
  - Ob / Wie
  - zum Beispiel …
    - Grünflächen und Parks
    - Sportstätten und Bäder
    - Öffentlicher Nahverkehr

- Pflichtige Selbstverwaltung
  - Ob / Wie
  - zum Beispiel …
    - Straßen und Fußwege
    - Schulen und Kindertagesstätten
    - Wasser und Abwasser

Pflichtaufgaben

- Pflichtaufgaben nach Weisung
  - Ob / Wie
  - zum Beispiel …
    - Bauaufsicht
    - Meldewesen
    - Straßenverkehrsaufsicht

- Auftragsangelegenheiten
  - Ob / Wie
  - zum Beispiel …
    - Passwesen
    - Gesundheitsamt
    - Wahlen

M4 Woher bekommen die Gemeinden ihr Geld?

Einen Großteil […] [des Geldes] erhält […] [die Gemeinde] durch Steuern. Steuern sind allgemeine Abgaben der Bürger und Unternehmen, für die
5 sie keine konkrete Gegenleistung erwarten können. Manche dieser Steuern erhebt die Gemeinde selbst, wie zum Beispiel die Gewerbesteuer für Unternehmen, die Grundsteuer für
10 Hausbesitzer oder die Hundesteuer für Hundehalter. Von anderen Steuern, die das Land oder der Bund erheben, bekommt die Gemeinde einen Anteil. Außerdem bekommt die Gemeinde Zuschüsse von Bund und 15 Land für konkrete Projekte. Wenn du ins Schwimmbad gehst und dort Eintritt bezahlst, zählt das auch zu den Einnahmen einer Gemeinde. Genauso wie die Gebühren für die Abwas- 20 serentsorgung und die Müllabfuhr. Auch das Geld für Strafzettel fließt in die Gemeindekasse. Wenn die Gemeinde nicht genügend Geld hat, um alle Ausgaben zu finanzieren, kann 25 sie auch einen Kredit aufnehmen, d. h., dass sie sich zusätzlich Geld, z. B. von einer Bank, leihen muss.

M5 Übersichtlich soll es sein – der Haushalt der Gemeinde

Vereinfacht könnte der Haushaltsplan einer Gemeinde so aussehen:

Einnahmen	€	Ausgaben	€
Steuern (Grund-, Gewerbe-, Vergnügungs-, Hundesteuer)		Rat, Ausschüsse, Verwaltung, Bürgerberatung etc.	
Anteil an der Einkommen- und Umsatzsteuer		Jugend, Soziales, Gesundheit	
Verwaltungs- und Benutzergebühren		Grundstücke, Gebäude, Abfallwirtschaft, Schulden	
Sonstige Einnahmen (z. B. Verkaufserlöse aus Ferienkalendern)		Ordnung, Recht, Umwelt	
Finanzhilfen von den Ländern und vom Bund		Kultur, Bildung, Sport	
		Stadtplanung, Wohnen	
Insgesamt	?	**Insgesamt**	?

M6 Die Ausgaben und Einnahmen der Stadt Baselberg

a) Beispiele für Ausgaben

- Laufende Kosten für die schulischen Bildungseinrichtungen: 24,0 Mio. €
- Gestaltung der Landesgartenschau: 3,0 Mio. €
- Sanierung der Konzerthalle: 7,4 Mio. €
- Neubau der Tigerbrücke: 2,2 Mio. €
- Soziale Sicherung (z. B. Sozial- und Jugendhilfe, Hartz IV ...): 37,2 Mio. €
- Energetische Sanierung der Schulen: 2,5 Mio. €
- Verwaltungspersonal, Berufsfeuerwehr, Ensemble des Theaters: 58,8 Mio. €
- Neubau der Umgehungsstraße: 1,5 Mio. €
- Sanierung des Stadions: 1,7 Mio. €

b) Beispiele für Einnahmen

- Steuern der Gewerbebetriebe 2.500.000 €
- Gebühren für Müllentsorgung 800.000 €
- Eintrittsgelder Hallenbad 250.000 €
- Kindergartenbeiträge 800.000 €
- Verkauf von Info-Broschüren des Tourismus-Büros 50.000 €
- Zuschüsse des Landes für Schulkantinen 250.000 €
- Steuern für Grundstücke 900.000 €
- Einkommensteueranteil 1.800.000 €

AUFGABEN

1. Erkläre, woher Gemeinden ihr Geld bekommen (**M4**).
2. Ordne die Ausgaben und Einnahmen aus **M6** in den Haushaltsplan **M5** ein.
3. Die Gemeinde Baselberg bekommt ein Problem: Aufgrund einer Wirtschaftskrise brechen die Einnahmen aus der Gewerbe- und der Einkommensteuer um 4 Mio. € ein. Die Gemeinde muss jetzt sparen (**M6**).
   a) Bildet Gruppen und versetzt euch in die Rollen von Gemeinderatsmitgliedern. Überlegt, welche Vorhaben ihr streichen oder kürzen wollt.
   b) Berücksichtigt die Aufgaben, die ihr unbedingt erfüllen müsst (**M3**).
   c) Präsentiert und diskutiert eure Pläne in der Klasse.

Hinweis zu M5
Bei den Posten in M5 handelt es sich lediglich um einige Beispiele. In der Realität stellt sich der Haushalt einer Gemeinde komplizierter dar.

Soll es kostenlosen Nahverkehr für alle geben?

Stell dir vor, du stehst an einer Tübinger Bushaltestelle und steigst einfach ein, ohne Fahrschein – egal wann, egal wo.

M7 Kostenfreies Busfahren in Tübingen?

Tübus umsonst – so lautet eine Schlagwort, das in der Universitätsstadt Tübingen derzeit diskutiert wird. Dabei ist der Begriff irreführend. Zwar sollen nach diesem Modell möglichst viele den Bus nutzen, ohne ein Ticket lösen zu müssen, doch Kosten entstehen natürlich dennoch. Im Grunde geht es um eine Umverteilung der Kosten. [...] Wobei rund die Hälfte der anfallenden Kosten des Busverkehrs bereits heute über Steuereinnahmen finanziert wird. Nun wird an eine Erhöhung der Grundsteuer, Gewerbesteuer oder Hundesteuer gedacht. [...] [Dem Oberbürgermeister Boris] Palmer geht es um einen „echten Diskurs", um ein rationales Abwägen aller Argumente. [...] Für Palmer ist klar, dass [...] die breite Mehrheit der Bürger dahinter stehen muss. [...] Die Ausgangslage ist unbestritten. Immer mehr Menschen wollen in Tübingen wohnen, „doch das Straßennetz wächst nicht mit", argumentiert der Oberbürgermeister. Dazu wäre den Klimaschutzzielen der Stadt gedient, wenn weniger Menschen das Auto nutzen. 45 Prozent aller Fahrten in Tübingen [...] werden laut Palmer mit dem Auto zurückgelegt. Das Stadtoberhaupt erinnert in diesem Zusammenhang an die Stauvermeidung und ist überzeugt davon, dass eine ticketfreie Nutzung des Tübinger Stadtverkehrs die billigste Maßnahme wäre, den Autoverkehr in der Stadt zu reduzieren.
Erste Zahlen machen die Runde: Von 16 Millionen Euro zusätzlicher Kosten jährlich ist die Rede: Nach Abzug aller Zuschüsse müsste die Stadt neun statt bisher 3,5 Millionen Euro übernehmen – Jahr für Jahr. Inbegriffen wäre eine Ausweitung des Busverkehrs um 20 Prozent in der Stadt. [...] Die Diskussionen drehen sich um Grundsätzliches. Dass viele Menschen für vieles bezahlen müssen, das sie nicht nutzen, sei das Wesen von Steuern, sagt Palmer, „auch Pazifisten bezahlen die Bundeswehr". Warum nicht „Freibad umsonst" oder „Kultur umsonst" wird ihm entgegengehalten. Der kontert damit, dass jene Vorschläge weder dem Klimaschutz noch der Entlastung der Straßen dienten.

Michael Petersen, www.stuttgarter-zeitung.de, 27.8.2015

Diskurs
Erörterung, Diskussion

rational
vernünftig, sinnvoll

Pazifist
Pazifismus bezeichnet eine Grundhaltung, die jede Anwendung von Gewalt ablehnt und mit aller Kraft für den Frieden eintritt. Ein Pazifist lehnt aus Gewissensgründen jede Form von Krieg grundsätzlich ab.

kontern
entgegnen

M8 Wie kommen Entscheidungen in der Gemeinde zustande?

Die Vorlagen und Anträge werden an die Fraktionen gegeben. Dort bilden die Gemeinderäte auf der Fraktionssitzung eine gemeinsame Position.

↓

Die Vorlagen und Anträge werden in den fachlich zuständigen Ausschüssen vorberaten. Hier können Gemeinderäte Änderungsanträge stellen.

↓

Die Beschlussempfehlung des federführenden Ausschusses wird in der Gemeinderatssitzung debattiert. Findet der Vorschlag (oder ein Änderungsantrag) eine Mehrheit, dann ist er beschlossen.

→ Lehnt der Gemeinderat ein Bürgerbegehren ab, gibt es einen Bürgerentscheid. Alle Wahlberechtigten stimmen über den Vorschlag ab. Findet der Vorschlag eine Mehrheit, dann ist er beschlossen.

↓

Nun ist die Gemeindeverwaltung dafür zuständig, die gefassten Beschlüsse umzusetzen. Die Gemeinderäte können durch Anfragen die Umsetzung kontrollieren.

federführend
hauptverantwortlich

debattieren
ein Streitgespräch mit formalen Regeln führen

M9 TüBus umsonst – ernsthaft?

Dietmar Schöning, Vorsitzender der FDP-Fraktion im Gemeinderat Tübingen ist gegen einen kostenlosen TüBus [...]

Einer ernsthaften Prüfung hält all das, was zurzeit unter den Stichworten „ticketfreier Nahverkehr" oder „TüBus umsonst" in Tübingen gehandelt wird, nicht stand.

Wer z. B. – mit Bezug auf die Schwächeren in unserer Stadt – ein Grundrecht auf Mobilität ins Feld führt, tut sich schwer mit der Begründung, warum deshalb alle in den Genuss eines für den Nutzer kostenfreien ÖPNV kommen sollten. Auch verkehrspolitische Gründe sprechen [...] nicht für „TüBus umsonst". [...] Niedrigere Preise allein führen nicht zum Umsteigen, weil es viele gute Gründe gibt, einen PKW zu benutzen, die sich nicht wegsubventionieren lassen.

Schließlich die Klimabelastung durch CO_2 und andere Luftschadstoffe: Kein Zweifel, der Bus, gut besetzt, schneidet besser ab als ein PKW mit einem Insassen. Aber ein Bussystem, das von 6 bis 24 Uhr alle Linien mindestens im Halb-Stunden-Takt bedienen soll, gerät immer mehr in die Gefahr, auch Linien zu betreiben, deren umweltpolitischer Nutzen bei wenigen Fahrgästen zweifelhaft wird.

Dietmar Schöning, www.fdpbwportal.de, 13.8.2015

Dietmar Schöning ist Vorsitzender der FDP-Fraktion im Gemeinderat Tübingen.

M10 Kompromiss und andere Bedenken

Einen Kompromiss schlägt die SPD-Gemeinderatsfraktion vor. Statt rund 40 Euro soll eine Monatskarte künftig 15 Euro kosten, abends nach 19 Uhr und an Wochenenden soll der Bus kostenfrei genutzt werden dürfen. So könnten gegenüber dem Nulltarifmodell Kosten gespart und Erfahrungen gesammelt werden. [...] Jeder Tübinger mit Erstwohnsitz soll [...] einen Gutschein erhalten, den er gegen eine Jahreskarte eintauschen kann. Alle Bus-Fahrgäste hätten somit ein Ticket. [...]

Dem CDU-Stadtrat Hubert Wicker sind die Annahmen der Stadtverwaltung zu vage. Womöglich würden nur Radfahrer und Fußgänger das Angebot nutzen, „und kaum ein Auto weniger ist unterwegs", sagt der frühere Regierungspräsident und amtierende Landtagsdirektor. Wicker geht nicht davon aus, dass die Gewerbesteuer deutlich erhöht wird, „also müsste die Grundsteuer verdoppelt werden." Durch die Erhöhung anderer Steuern ließen sich die notwendigen Summen nicht einnehmen. Eine Möglichkeit sieht er dennoch: „Als Pilotprojekt mit Unterstützung des Landes kann ich mir den kostenfreien Busverkehr vorstellen."

Michael Petersen, www.stuttgarter-zeitung.de, 27.8.2015

AUFGABEN

1. Entscheide dich spontan: Sollte es auch in deiner Stadt einen kostenlosen Bus für alle geben (**M7**)?
    a) Nenne das für dich wichtigste Argument deiner Begründung.
    b) Haltet die Argumente der Klasse in einer Pro- und Kontra-Liste fest.
2. (Wie) Funktioniert ein kostenloser Bus für alle (**M8**)?
    a) Notiere alle Fragen, die dir einfallen.
    b) Tausche dich mit einem Partner über eure Fragen aus.
    c) Einigt euch auf die drei wichtigsten Fragen, die eurer Meinung nach geklärt werden müssen.
    d) Diskutiert eure Fragen in der Klasse.
3. Beschreibe das Verfahren, das zu einem kostenlosen Busfahren für alle führen könnte (**M8**).
4. Arbeite die Argumente des Tübinger Oberbürgermeisters Boris Palmer für kostenfreies Busfahren heraus (**M7**).
5. Analysiere mithilfe des Konfliktmodells den Tübinger Streit um den „TüBus umsonst" (**M7-M10**).
6. Überprüfe dein spontanes Urteil aus Aufgabe 1.

zu Aufgabe 1b
So könnte eure Tabelle aussehen:

Sollte es auch in unserer Stadt einen kostenlosen Bus für alle geben?	
Pro	Kontra
...	...
...	...

zu Aufgabe 6
Wenn du nicht mehr weißt, wie der Streit gelöst werden kann und wer Entscheidungen treffen darf, kannst du das nochmals in M8 nachlesen.

KOMPETENZ: Analysieren

Konflikte mithilfe eines Modells analysieren

Wenn du wissen möchtest, wie was Großes funktioniert, kannst du dir das in einem Modell betrachten. Du kannst Flugzeuge, Häuser oder Autos als Modelle nachbauen. Diese Modelle zeigen also im Kleinen, wie das große Original aufgebaut ist und wie es funktioniert. Modelle versuchen die Wirklichkeit vereinfacht darzustellen, was umso wichtiger ist, weil die Wirklichkeit oft sehr kompliziert ist. Modelle konzentrieren sich auf das Wichtigste und lassen unnötige Einzelheiten weg.

Du kannst auch in Gemeinschaftskunde mit Modellen arbeiten, vor allem dann, wenn es darum geht, komplizierte Konflikte zu analysieren.

Folgende Fragen und modellhafte Darstellung helfen dir, einen Konflikt zu durchschauen:

1. Worum wird gestritten? Was ist das knappe Gut?
2. Wer streitet sich mit wem? Welche unterschiedlichen Interessen haben die Beteiligten (= Akteure) und wie können sie ihre Interessen durchsetzen?
3. Wie kann der Streit gelöst werden? Wer darf darüber entscheiden?
4. Wie könnte ein gerechter Interessenausgleich aussehen?

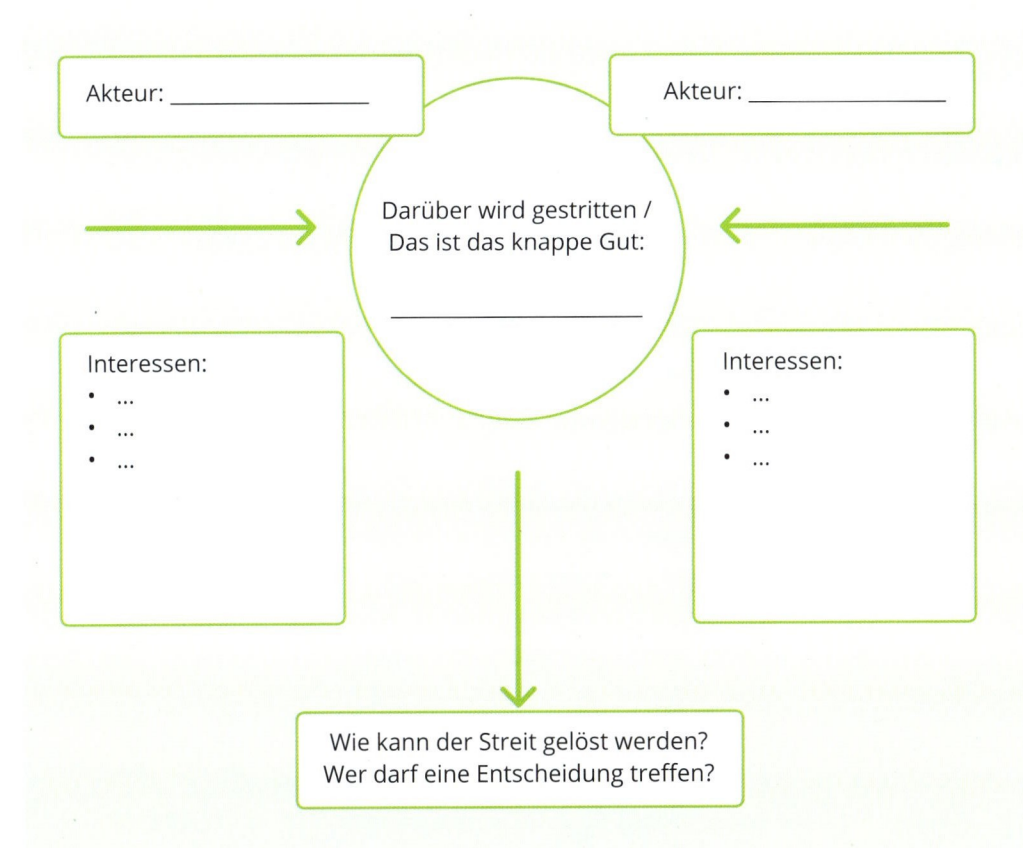

Akteur: _____

Akteur: _____

Darüber wird gestritten / Das ist das knappe Gut:
_____

Interessen:
- …
- …
- …

Interessen:
- …
- …
- …

Wie kann der Streit gelöst werden? Wer darf eine Entscheidung treffen?

GRUNDWISSEN

WER SOLL IN EINER GEMEINDE BESTIMMEN?

ORGANISATION EINER GEMEINDE (M1)

Die Verwaltung der Gemeinde wird vom Bürgermeister geleitet. Bürgermeister und Verwaltung führen die Beschlüsse der Gemeindevertretung aus. Wenn in den Gemeinden in Deutschland Entscheidungen getroffen werden, müssen daran auch die Bürgerinnen und Bürger beteiligt werden. Daher gibt es auch hier Parlamente, die „Gemeinderat" genannt werden (in Städten „Stadtrat"). Dieser wird alle fünf Jahre von den Einwohnern gewählt, die über 18 Jahre alt sind und die deutsche Staatsangehörigkeit besitzen oder einem EU-Staat angehören. Die Gemeinderatsmitglieder kommen zu regelmäßigen Sitzungen zusammen, beschließen den Haushaltsplan und bestimmen mit, welche freiwilligen Aufgaben die Gemeinde übernimmt.

AUFGABEN EINER GEMEINDE (M3)

Eine Gemeinde hat viele Aufgaben, die das tägliche Leben betreffen. Diese lassen sich in Pflichtaufgaben (z. B. Wasserversorgung, Abfallentsorgung, Straßenbau etc.) und freiwillige Aufgaben (z. B. Freibäder, Sporthallen, Bibliotheken) unterteilen. Darüber hinaus muss eine Gemeinde auch im Auftrag von Bund und Land Verwaltungsaufgaben ausführen (z. B. Pass- und Meldewesen, Durchführen von Wahlen etc.).

FINANZIERUNG EINER GEMEINDE (M4)

Damit eine Gemeinde ihren Aufgaben nachkommen kann, benötigt sie Geld. Deshalb sind Gemeinden dazu berechtigt, Steuern (z. B. Grund- und Gewerbesteuern, Hundesteuer etc.), Verwaltungsgebühren, Benutzungsgebühren und Beiträge für die Investitionen in die Infrastruktur zu erheben. Darüber hinaus erhalten die Gemeinden einen Anteil aus den Steuern von Bund und Land sowie zweckgebundene Zuweisungen.

GRUNDWISSEN

 # GEMEINDERAT (M1, M2)

Der Gemeinderat (in Städten: Stadtrat) ist das Hauptorgan der Gemeinde. Er entscheidet über wichtige Fragen, die die Gemeinde betreffen, z. B. über den Gemeindehaushalt und die Höhe der gemeindlichen Abgaben. Die Ratsmitglieder sind ehrenamtlich tätig und werden von der wahlberechtigten Bevölkerung auf fünf Jahre gewählt.

 # ALS GEMEINDERAT TÄTIG SEIN (M2)

Wer an der Gestaltung einer Gemeinde aktiv mitmachen möchte, kandidiert für die Wahlen zum Gemeinderat. Dort kann jedes Mitglied die konkrete Lebenswirklichkeit der Menschen innerhalb einer Gemeinde gestalten.

Die Arbeit als Gemeinderat beschäftigt sich unter anderem mit den Problemen wie sich die Menschen innerhalb der Gemeinde bewegen sollen oder ob es neue Spielplätze geben soll usw.

Die Arbeit eines Gemeinderats kostet viel Zeit, denn er muss Vorlagen durchlesen, mit den Bürgerinnen und Bürgern sprechen, diskutieren, Vorschläge entwickeln, Anträge schreiben und in den entsprechenden Sitzungen mitarbeiten.

 # DER BÜRGERMEISTER (M1)

Die Bürgermeisterin oder der Bürgermeister ist Vorsitzender des Verwaltungsausschusses und leitet die Gemeindeverwaltung. Er hat im Gemeinderat kraft seines Amtes Antrags-, Rede- und Stimmrecht. Der Bürgermeister informiert die Einwohner über wichtige Angelegenheiten der Gemeinde und repräsentiert die Gemeinde nach außen. Er hat also eine herausragende Stellung in der Gemeinde. Er wird auf acht Jahre von den stimmberechtigten Einwohnern direkt gewählt.

SELBSTEINSCHÄTZUNG

Du hast in diesem Kapitel die Gemeinde entdecken können und weißt nun, wie eine Gemeinde funktioniert. Mithilfe der Tabelle kannst du nun unter anderem überprüfen, ob du noch weißt, welche Möglichkeiten du hast, um dich zu beteiligen, welche zwei verschiedenen Demokratieformen es gibt und wie bei uns der Gemeinderat gewählt wird.

Ich kann ...	Das klappt schon ...	Hier kann ich noch üben ...
... meine Gestaltungsmöglichkeiten in der Gemeinde beschreiben.	👍 👌 👎	Kapitel 7.1: M2-M4, #Jugendgemeinderat
... beschreiben, wie eine Gemeinderatswahl funktioniert.	👍 👌 👎	Kapitel 7.1: M4, M5, #Gemeinderat
... die beiden Demokratieformen indirekte und repräsentative Demokratie beschreiben.	👍 👌 👎	Kapitel 7.1: M6-M10, M12, #Direkte Demokratie, #Repräsentative Demokratie
... die Beteiligungsmöglichkeiten den Demokratieformen zuordnen.	👍 👌 👎	Kapitel 7.1: M9
...Aufbau und Aufgaben einer Gemeinde darstellen.	👍 👌 👎	Kapitel 7.2: M1, M3
... einen kommunalen Konflikt analysieren.	👍 👌 👎	Kapitel 7.2: M7-M10
... die Möglichkeiten der Einflussnahme von Bürgern auf einen kommunalen Konflikt erläutern.	👍 👌 👎	Kapitel 7.1: M8, #Gemeinderat, #Kreistag

TRAINING

M1 Würfelspiel: Rathausrallye

1) Organisiere eine Radwanderkarte, deine Großeltern kommen zu Besuch.
2) Für das Schulfest willst du Plakate in der Stadt aufhängen. Besorge dir eine Genehmigung im Ordnungsamt.
3) Erkundige dich, wann das Sommer-Open-Air-Konzert stattfindet.
4) Besorge dir Wertstoffsäcke im Bürgerbüro.
5) Du gehst zum Geld verdienen für deine Nachbarn einkaufen. Erkundige dich, ob du dafür einen Gewerbeschein benötigst.
6) Du hast einen kleinen Hund aus dem Tierheim geholt. Frage bei der Kämmerei nach der Höhe der Hundesteuer.
7) Die Läuse sind wieder an eurer Schule! Frage nach, wie man sie am besten bekämpft.
8) Ein Freund von dir hat großen Streit mit seinen Eltern. Erkundige dich, wie du ihm helfen kannst.
9) Reserviere deiner großen Schwester einen Hochzeitstermin im nächsten Jahr.
10) Hinterlasse deine neue Adresse nach deinem Umzug.
11) Besuche das Sozialamt und finde heraus, ob und wie man einen Zuschuss für die Klassenfahrt bekommen kann.
12) Frage, ob dein Schlüssel abgegeben wurde.

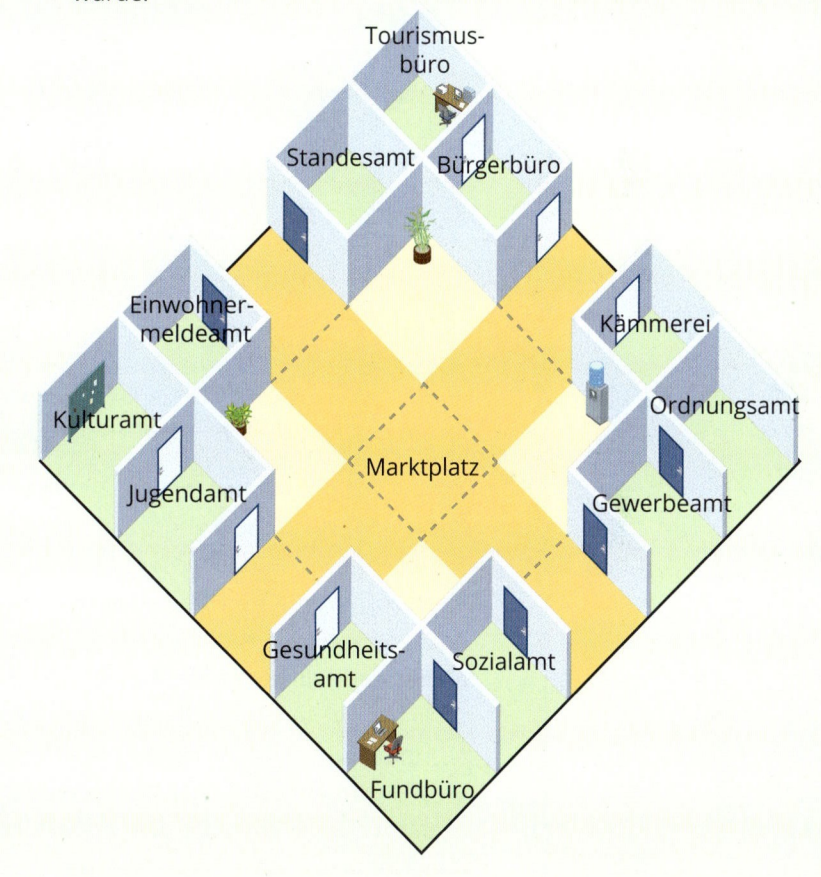

Anleitung:

Jeder Spieler stellt eine Spielfigur auf den Marktplatz. Der jüngste Mitspieler beginnt, würfelt und rückt in eine beliebige Richtung vor. In dem Büro oder Amt, in dem du stehen bleibst, kannst du in der nächsten Runde einen Auftrag erledigen. Zunächst würfelt und zieht der nächste Spieler. Bis du wieder an der Reihe bist, liest du dir die Aufträge durch. Suche den Auftrag, für das das Amt zuständig ist, in dem du stehst. Ein Auftrag ist erledigt, wenn du eine 5 oder eine 6 würfelst. Das Spiel ist zu Ende, wenn alle Aufträge erledigt sind. Wer die meisten erledigt hat, hat gewonnen.

Was weißt du schon?

1. Verteilt euch im Klassenzimmer (Tische und Stühle beiseite räumen). Der Boden ist jetzt eine große Landkarte. Einigt euch, wo Norden und wo Süden ist. In der Mitte ist euer Schulort. Klärt gemeinsam, wo ungefähr die nächsten größeren Städte liegen und wo z. B. Polen oder die Türkei oder Frankreich liegt.
   a) Stellt euch in der ersten Runde dort hin, wo ihr geboren wurdet.
   b) In der zweiten Runde dort, wo eure Mutter geboren wurde.
   c) Dritte Runde: Und wo wurde eure Großmutter geboren?
   d) Vielleicht wisst ihr sogar, wo die Mutter eurer Großmutter geboren wurde? Dann könnt ihr eine vierte Runde spielen.
   Berichtet, was euch bei dem Spiel auffällt.

2. Richtet ein Erzählcafé aus, in dem ihr euch gegenseitig von der Herkunft eurer Familien berichtet.

3. a) Stellt euch gegenseitig „Schätzfragen" zum Thema „Einwanderung".
   Beispiel:
   Wie viele Menschen, die aus einer zugewanderten Familie stammen, leben in eurer Gemeinde, in Baden-Württemberg, in Deutschland?
   b) Überlegt euch Möglichkeiten, wie ihr überprüfen könnt, welche eurer Schätzungen stimmen.

8

#Einwanderungsland Deutschland – wie gelingt die Integration von Zuwanderern?

In Deutschland leben Menschen, die ursprünglich aus Deutschland stammen, zusammen mit Menschen, die selbst oder deren Familien aus anderen Staaten nach Deutschland eingewandert sind. In den letzten Jahren hat die Zuwanderung nach Deutschland sogar zugenommen, besonders durch viele Flüchtlinge, die Zuflucht in einem sicheren Land suchen. Wie gut sind Zuwanderer in die deutsche Gesellschaft integriert? Welche Chancen und welche Probleme hat das Einwanderungsland Deutschland?

Was lernst du in diesem Kapitel?

- ... warum und in welchem Ausmaß es Zuwanderung nach Deutschland gibt.
- ... wie sich die Bevölkerung Deutschlands nach Herkunft und Alter der Menschen zusammen setzt.
- ... was die Zuwanderer einerseits und was muss die deutsche Gesellschaft andererseits für eine gute Integration leisten müssen.
- ... welche Chancen und welche Schwierigkeiten es durch Zuwanderung gibt.
- ... ob es in Deutschland mehr Zuwanderung geben muss.

GEMEINSAM AKTIV

Integrationsprojekte in unserer Gemeinde erkunden

Erkundet in Projektgruppen, wie die Integration von zugewanderten Jugendlichen und Erwachsenen in eurer Gemeinde gelingt. Dokumentiert eure Zwischenergebnisse in eurem Arbeitsheft und stellt euer Gesamtergebnis abschließend auf Plakaten vor.

Geht dabei so vor:

1 Sammelt mithilfe einer Kartenabfrage Ideen zum Thema „Einwanderung in meiner Gemeinde – wie gut sind zugewanderte Menschen integriert?".

2 Erarbeitet euch mithilfe dieses Kapitels Grundlagenwissen, um euch auf eure Fragen gut vorbereiten zu können:
a) Was sind die Ursachen der Einwanderung nach Deutschland? (→ Kapitel 8.1: M1-M4; Kapitel 8.2: M1-M3)
b) Wie viele Ausländer und Zuwanderer leben in Deutschland? Wie ist die Bevölkerung in Deutschland zusammengesetzt? (→ Kapitel 8.1: M5-M10)
c) Was versteht man unter Integration? Was trägt zu einer guten Integration bei und welches Verhalten behindert Integration? (→ Kapitel 8.2: M3; Kapitel 8.3: M1, M3-M4, M9-M11)
d) Wie können Ausländer die deutsche Staatsbürgerschaft erhalten? (→ Kapitel 8.3: M7)

3 Recherchiert Orte und Institutionen, die sich um die Integration von Zuwanderern kümmern, z. B. Schulen, Arbeitskreis Asyl, Sportvereine, eine Beratungsstelle in der Gemeindeverwaltung, der AWO (Arbeiterwohlfahrt) oder einer Kirche.

4 Bildet Gruppen, die jeweils ein Integrationsprojekt vorstellen und vor Ort Experten befragen. (→ Kapitel 7.1: Kompetenz)

5 Präsentiert euch gegenseitig eure Ergebnisse. Ihr könnt dazu auch eine Ausstellung im Schulhaus gestalten.

6 Wie gut gelingt die Integration von Zuwanderern in eurer Gemeinde? Diskutiert eure Projektergebnisse.

Tipp:
Das Bundesamt für Migration und Flüchtlinge (*www.bamf.de*) stellt auf seiner Interseite regelmäßig „Integrationsprojekte vor Ort" vor.

8.1 Zuwanderung nach Deutschland – neue Vielfalt unter Deutschen?

Warum Deutschland? Herkunftsgeschichten von Zuwanderern

In den letzten Jahrzehnten sind Menschen aus unterschiedlichen Gründen nach Deutschland eingewandert. In den 1950er und 1960er Jahren haben deutsche Unternehmen dringend Mitarbeiter gesucht und im Ausland angeworben. Es kamen insgesamt mehrere Millionen „Gastarbeiter", vor allem aus Italien, Spanien, Griechenland und Portugal. Das war die erste große Einwanderungswelle. Mittlerweile können alle EU-Bürgerinnen und Bürger innerhalb der Europäischen Union frei umziehen.

M1 Egid, 14 Jahre alt, aus Syrien, Schüler

Ich bin aus Syrien nach Deutschland gekommen. In Syrien herrscht schon lange Krieg. Alles ist zerstört, Häuser, Straßen, Autos. Und viele Menschen sind gestorben. Für meine Familie war es besonders gefährlich: wir sind Kurden und sprechen eine andere Sprache als die meisten Syrer. Viele Menschen auf den Straßen in Damaskus, der syrischen Hauptstadt, sagen, dass Kurden schlechte Menschen sind. Es ist verboten, Kurdisch zu sprechen oder kurdische Musik zu hören. Wir konnten nicht frei leben. Darum haben wir Syrien verlassen. […] In Deutschland zu leben, ist für mich die größte Freiheit.

Interview: Anne Hinrichs, Die ZEIT, 23.10.2014, S. 45

M2 Sotirios Goulas aus Griechenland

„Sotirios – das heißt Retter. Passender könnte der Vorname von Sotirios Goulas (39) also nicht sein. Der Gefäßchirurg aus Griechenland ist ein Glücksfall für seinen Arbeitgeber, das St.-Josef-Hospital in Bad Driburg. In der ostwestfälischen Kleinstadt ist der Ärztemangel deutlich spürbar. Die Versorgung in dem Akutkrankenhaus kann nur noch gewährleistet werden, weil Mediziner wie Goulas in die Lücke springen. Circa 30 Prozent der Arztstellen sind mit Ausländern besetzt. Das St.-Josef-Hospital bietet Goulas vieles, von dem er im griechischen Gesundheitswesen nur träumen kann: ein sicheres, gutes Einkommen und ein unbefristetes Arbeitsverhältnis.

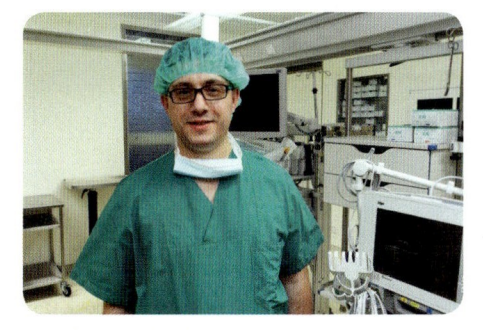

Sotirios Goulas hat wegen der Wirtschaftskrise in Griechenland keine Anstellung als Arzt gefunden.

Birgit Hibbeler, www.aerzteblatt.de, 2013

M3 Ismail C., 55, aus der Türkei, Gießereiarbeiter

Ich kam 1972 nach Schwäbisch Hall, aus der Türkei, aus Samsun am Schwarzen Meer – wegen der Arbeit. Zunächst kam ich alleine, drei Monate
⁵ später kam meine Frau nach. Zwei Jahre habe ich bei einer Möbelfirma gearbeitet, danach in einer Baumwollfabrik (bis 1978). Seitdem bin ich bei der Firma Mahle. [...] Ich lebe länger in Schwäbisch Hall als in der Türkei, ¹⁰ ich bin 55 Jahre alt, 33 Jahre bin ich hier. Das ist meine Heimat. [...] Ich habe drei Kinder, die sind hier geboren und wollen natürlich hier bleiben.

Landeszentrale für politische Bildung 2006, Meine Heimat ist in mir. Muslime und Musliminnen in Baden-Württemberg, S. 46

MIGRATION

Migration bedeutet Zu- und Abwanderung von Menschen.
So viele Menschen wie nie zuvor auf der Welt sind Migranten, das heißt, sie haben ihr Land verlassen, um in einem anderen Land zu leben. Das betrifft laut UNO (Vereinte Nationen) über 230 Millionen Menschen. Am meisten Menschen wandern aus Asien und Südamerika aus.

M4 P. aus Sri Lanka, Hausfrau

Ich komme aus einer größeren Stadt in Sri Lanka. Meiner Familie ging es finanziell nicht so gut. [...] Ich bin acht Jahre zur Schule gegangen, ich
⁵ bin dort aber nicht so gut klargekommen. [...] In Sri Lanka gefällt mir nicht, dass viele Menschen getötet werden. Viele Mörder bedrohen Leute mit dem Messer und wollen das
¹⁰ Portemonnaie haben. [...] Die Polizei nimmt auch Geld, Verbrecher können sich mit Geld freikaufen, auch wenn sie Menschen verletzt oder getötet haben. [...]
¹⁵ Früher wollte ich in meinem Land heiraten. Aber da ist viel Armut, mit Kindern ist es schwer. Ich habe gedacht, eine Zukunft woanders ist viel besser. Dann hat diese (eine) Bekannte Bilder geschickt von einem Mann, ²⁰ der in Deutschland lebt. [...] Meine Mutter hat mit dem Mann geredet, mit seiner Mutter und seinen Schwestern und sich alles angeschaut. Dann hab ich gesagt: O. k. ich gehe zu ihm ²⁵ nach Deutschland. [...] Wenn mein Mann Arbeit hatte, bekam ich das Visum verlängert. Hätte er keine Arbeit gehabt, hätte ich kein Visum bekommen. [...] Hier muss man auch hart ³⁰ arbeiten, sonst hat man kein schönes Leben.

Sabine Ferenschild, www.suedwind.de, S. 27, September 2013

M5 Zuwanderung und Abwanderung

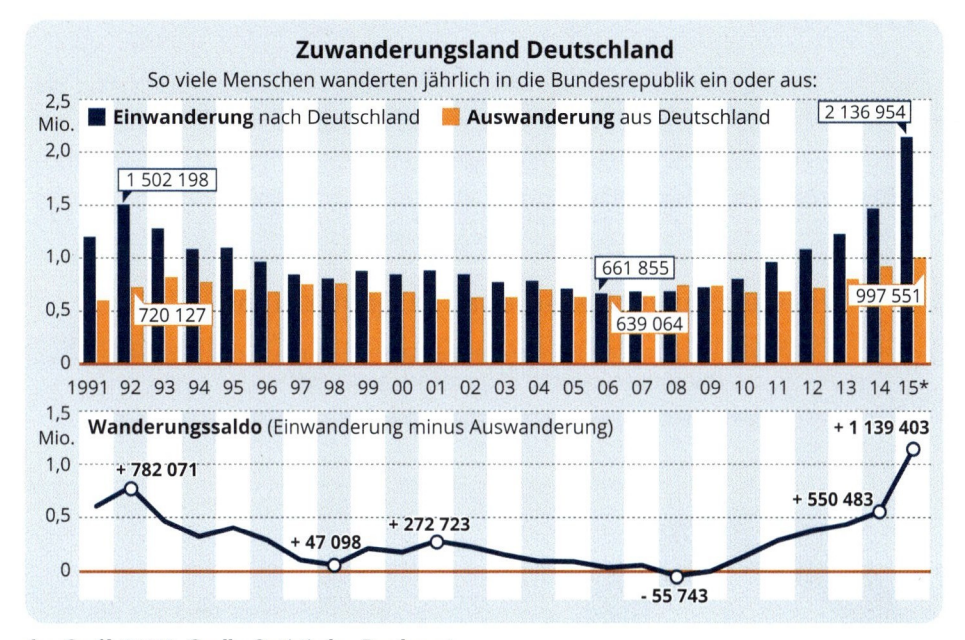

Zuwanderungsland Deutschland
So viele Menschen wanderten jährlich in die Bundesrepublik ein oder aus:

- Einwanderung nach Deutschland
- Auswanderung aus Deutschland

Ausgewählte Werte (Einwanderung/Auswanderung):
- 1992: 1 502 198
- 1993: 720 127
- 2006: 661 855
- 2008: 639 064
- 2014: 997 551
- 2015*: 2 136 954

Wanderungssaldo (Einwanderung minus Auswanderung)
- 1992: + 782 071
- 1997: + 47 098
- 2001: + 272 723
- 2008: − 55 743
- 2014: + 550 483
- 2015*: + 1 139 403

dpa-Grafik 24440; Quelle: Statistisches Bundesamt

Saldo
Saldo heißt Differenz, Unterschied

EINWANDERUNGSLAND

Ein Einwanderungsland ist ein Land mit vielen Zuwanderern.

In klassischen Einwanderungsländern wie die USA, Kanada oder Brasilien ist die Einwanderung wegen Arbeitskräftemangel gezielt gefördert worden. In typischen Einwanderungsländern ist es also oft gesetzlich geregelt, dass Menschen unter bestimmten Bedingungen zuwandern können. Deutschland ist eines der beliebtesten Zuwanderungsländer. Immer wieder gibt es politische Konflikte um die Frage, ob die Integration von Zuwandern gut gelingt und ob die Zuwanderung nach Deutschland durch Gesetze stärker geregelt werden soll.

Push- und Pullfaktoren
Die Gründe, die Menschen, aus ihrer Heimat vertreiben, nennt man Push-Faktoren („Abstoßungskräfte") und die Gründe, die Menschen nach Deutschland „anziehen", werden als Pull-Faktoren („Anziehungskräfte") bezeichnet

AUFGABEN

1. Warum gibt es Zuwanderung nach Deutschland?
   a) Erarbeite dir aus den Materialien **M1-M4** Gründe, warum Menschen nach Deutschland einwandern. Schreibe eine Liste.
   b) Ergänzt gegenseitig eure Listen – auch mit weiteren Ideen.
   c) Erstellt in Gruppenarbeit ein Schaubild mit der Überschrift „Ursachen der Einwanderung".
2. a) Beschreibe das Balkendiagramm in **M5**.
   b) Wandern Menschen eher aus Deutschland ab oder nach Deutschland ein? Überprüfe dazu **M5**.

zu Aufgabe 1c
Unterscheidet dabei zwei Seiten:
- Was bringt Menschen dazu, ihr Herkunftsland zu verlassen (Push-Faktoren)?
- Was macht Deutschland attraktiv für Zuwanderer (Pull-Faktoren)?

Wie setzt sich die Bevölkerung in Deutschland zusammen?

Hier könnt ihr erfahren, was genau man unter der Einwanderungsgesellschaft verstehen kann. Dazu trainiert ihr, verschiedene Arten von Statistiken und Schaubildern zu analysieren. Dieses methodische Handwerkszeug braucht ihr auch für viele andere Themen im Fach Gemeinschaftskunde.

M6 Wie viele Zuwanderer leben in Deutschland?

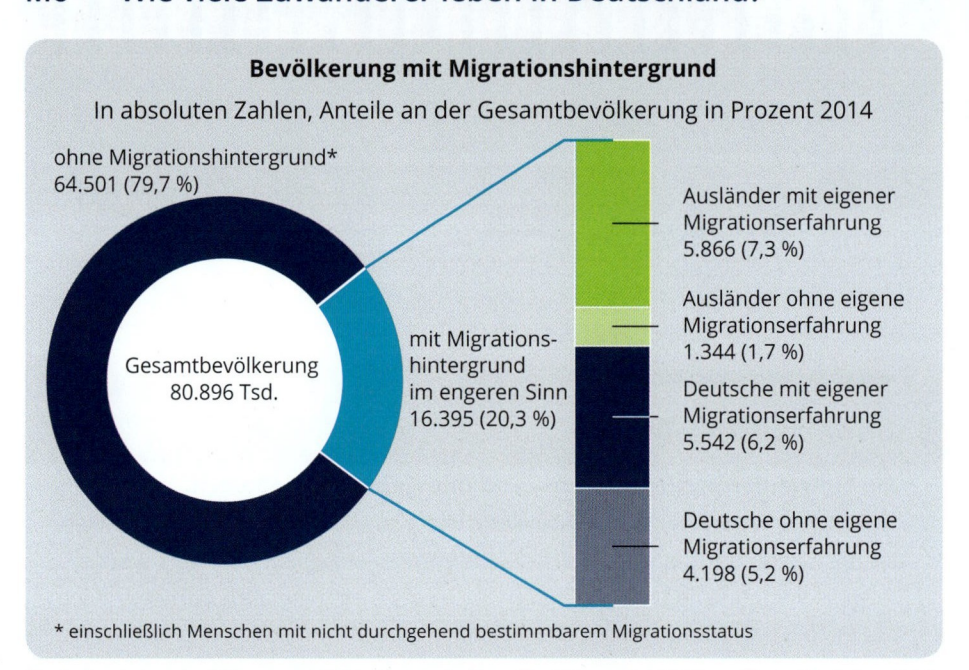

Bevölkerung mit Migrationshintergrund
In absoluten Zahlen, Anteile an der Gesamtbevölkerung in Prozent 2014

- ohne Migrationshintergrund* 64.501 (79,7 %)
- Gesamtbevölkerung 80.896 Tsd.
- mit Migrationshintergrund im engeren Sinn 16.395 (20,3 %)
  - Ausländer mit eigener Migrationserfahrung 5.866 (7,3 %)
  - Ausländer ohne eigene Migrationserfahrung 1.344 (1,7 %)
  - Deutsche mit eigener Migrationserfahrung 5.542 (6,2 %)
  - Deutsche ohne eigene Migrationserfahrung 4.198 (5,2 %)

* einschließlich Menschen mit nicht durchgehend bestimmbarem Migrationsstatus

Nach: Ergebnisse des Mikrozensus 2014, Pressemitteilung Nr. 277 vom 3.8.2015, revidierte Ergebnisse 2016, Statistisches Bundesamt (Destatis)

M7 Aus welchen Ländern stammen die Zuwanderer?

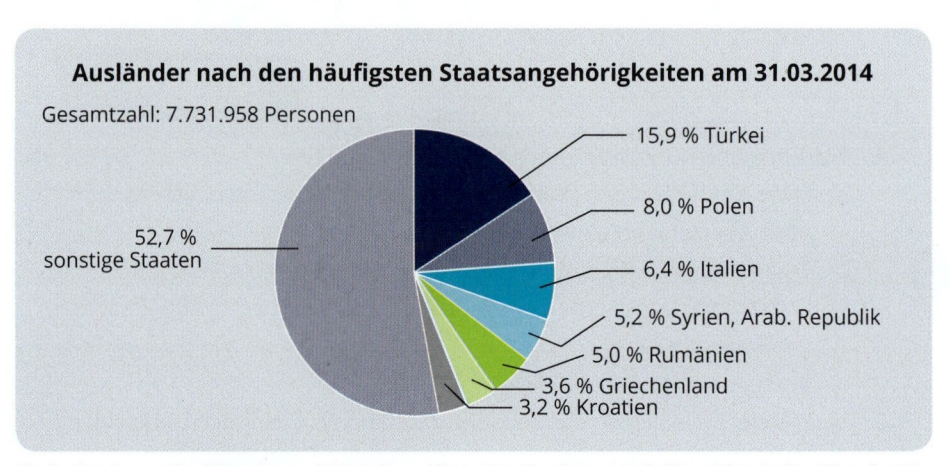

Ausländer nach den häufigsten Staatsangehörigkeiten am 31.03.2014
Gesamtzahl: 7.731.958 Personen

- 52,7 % sonstige Staaten
- 15,9 % Türkei
- 8,0 % Polen
- 6,4 % Italien
- 5,2 % Syrien, Arab. Republik
- 5,0 % Rumänien
- 3,6 % Griechenland
- 3,2 % Kroatien

Nach: Bundesamt für Migration und Flüchtlinge (Hg.): Das Bundesamt in Zahlen 2013, Berlin 2014, S. 105, Quelle: Ausländerzentralregister

M8 Verteilung in der Bundesrepublik Deutschland

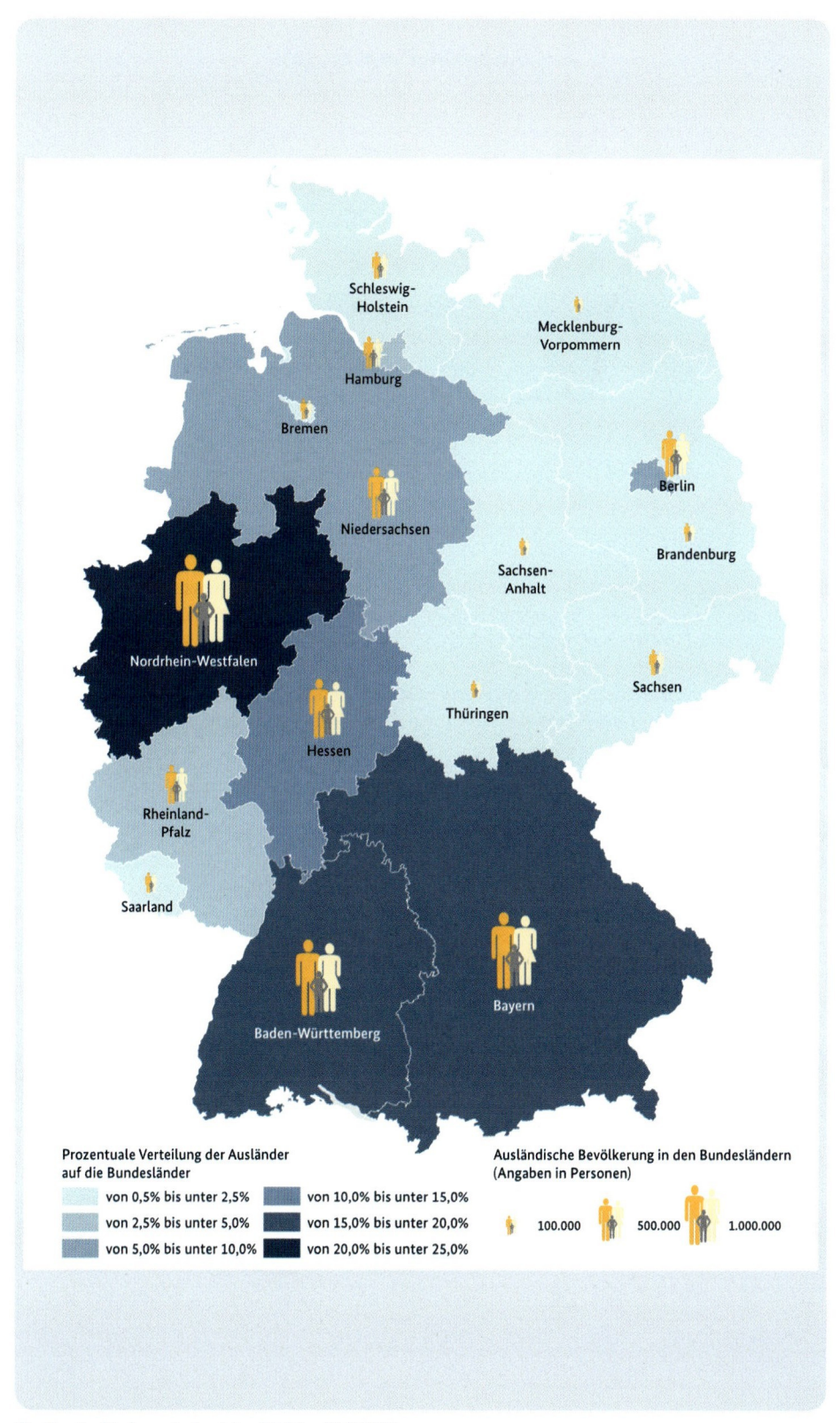

Prozentuale Verteilung der Ausländer auf die Bundesländer
- von 0,5% bis unter 2,5%
- von 2,5% bis unter 5,0%
- von 5,0% bis unter 10,0%
- von 10,0% bis unter 15,0%
- von 15,0% bis unter 20,0%
- von 20,0% bis unter 25,0%

Ausländische Bevölkerung in den Bundesländern (Angaben in Personen)
- 100.000
- 500.000
- 1.000.000

Quelle: Ausländerzentralregister, Stichtag 31.3.2016

M9 Zuwanderung aktuell: Flüchtlinge

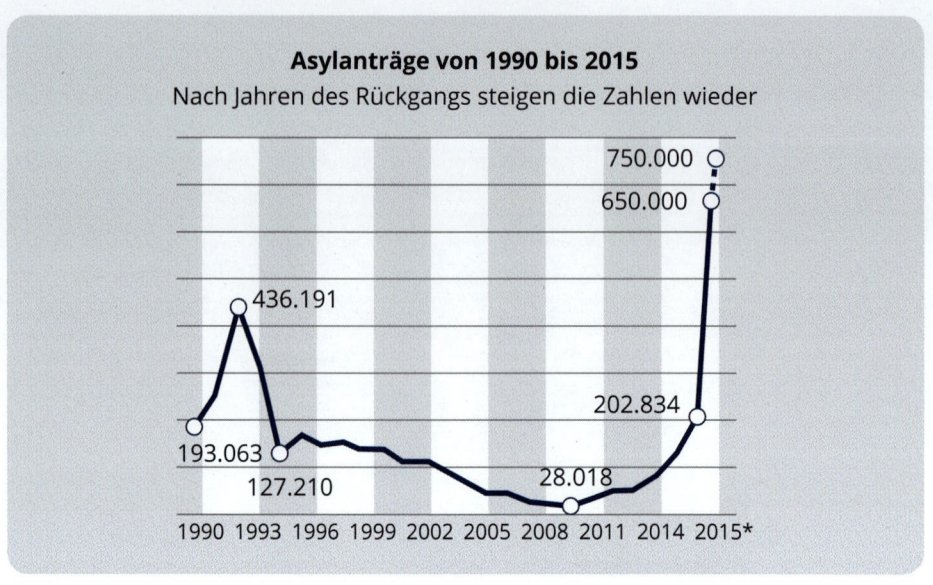

Asylanträge von 1990 bis 2015
Nach Jahren des Rückgangs steigen die Zahlen wieder

- 750.000
- 650.000
- 436.191
- 193.063
- 127.210
- 202.834
- 28.018

1990 1993 1996 1999 2002 2005 2008 2011 2014 2015*

Quelle: Mediendienst Integration

Seit 2014 stiegen aufgrund vieler Konflikte in der Welt die Flüchtlingszahlen an. Die Länder der Europäischen Union sind das Ziel vieler Menschen, die vor Krieg und Armut fliehen. Ein Großteil dieser Menschen möchte in Deutschland Asyl (= Schutz) beantragen.
Im Jahr 2015 wurden insgesamt etwa eine Million Flüchtlinge in Deutschland registriert. Seit Oktober 2016 geht die Zahl der Asylanträge in Deutschland zurück.

AUSLÄNDER – DEUTSCHE MIT MIGRATIONSHINTERGRUND

Ein Mensch ist Deutscher, wenn er einen deutschen Personalausweis hat. Deutsche Bürgerinnen und Bürger dürfen an allen Wahlen in ihrer Gemeinde, ihrem Bundesland und bei den Wahlen zum Deutschen Bundestag (Parlament der Bundesrepublik Deutschland) teilnehmen. Sie sind automatisch auch Bürgerinnen und Bürger der Europäischen Union.
Wer dauerhaft in Deutschland lebt, aber keine deutsche Staatsangehörigkeit hat, ist ein **Ausländer oder eine Ausländerin**. Ein Teil der Deutschen ist jedoch nach Deutschland eingewandert. Wenn man von dieser Gruppe sprechen möchte, dann wird oft der Begriff **„Menschen mit Migrationshintergrund"** verwendet. Meist meint man damit die erste und zweite Generation einer zugewanderten Familie.

FLÜCHTLINGE UND ASYLBEWERBER

Flüchtlinge, die in Deutschland Schutz vor Verfolgung beantragen, sind Asylbewerber.

Asyl ist ein Grundrecht in Deutschland, das man beantragen darf, wenn man nicht aus einem sicheren Drittstaat einreist. Auch die Genfer Flüchtlingskonvention schützt Flüchtlinge in Deutschland. Das Grundrecht auf Asyl wird normalerweise in jedem Einzelfall geprüft. Flüchtlinge können in Deutschland bleiben, wenn sie glaubhaft nachweisen können, dass sie in ihrer Heimat verfolgt wurden. Armut ist allerdings kein anerkannter Asylgrund. Nur ein Teil der Asylbewerber erhält daher ein Bleiberecht. Nicht anerkannte Asylbewerber müssen Deutschland wieder verlassen.

Genfer Flüchtlingskonvention
Die Genfer Flüchtlingskonvention ist das wichtigste internationale Schutzdokument für Flüchtlinge. Fast jedes Land der Welt hat sich verpflichtet, Menschen Schutz zu geben, die vor einem Krieg fliehen.

M10 Migranten in Baden-Württemberg – Junge und Alte

Der Anteil der unter 25-Jährigen, also der Kinder, Jugendlichen und jungen Erwachsenen liegt bei den Migranten bei 35 %, bei den Baden-Württembergern ohne Migrationshintergrund dagegen lediglich bei 23 %.
Die Gruppe der 25 bis unter 65-Jährigen ist mit rund 54 % jeweils gleich groß.
Im Rentenalter, also 65 Jahre und älter, sind nur 11 % der Migranten, bei den Menschen ohne Migrationshintergrund liegt der Anteil älterer Menschen mit knapp 23 % mehr als doppelt so hoch. Das Durchschnittsalter ist somit bei den Migranten mit rund 36 Jahren erheblich niedriger als bei den Baden-Württembergern ohne Migrationshintergrund, die ein Durchschnittsalter von rund 45 Jahren aufweisen.

©*Statistisches Landesamt Baden Württemberg, 2012*

AUFGABEN

1. Analysiert arbeitsteilig die Schaubilder **M6-M9**.
2. Vergleicht die Zusammensetzung eurer Klasse mit der Zusammensetzung der Bevölkerung in Deutschland (**M7**).
3. Überprüft eure Antworten der Schätzfragen von der Auftaktseite. Recherchiert dazu weitere Zahlen und Fakten, wenn nötig.
4. Erstellt aus den Daten aus **M10** zwei Kreisdiagramme mit aussagekräftiger Überschrift.
5. Ausländer? Menschen mit Migrationshintergrund? Neu-Deutsche? Findet weitere Bezeichnungen, die zutreffend und nicht beleidigend sind. Diskutiert in der Klasse, welche Begriffe für Zuwanderer am besten passen.

H zu Aufgabe 1
Nutzt dafür die Kompetenzkarte auf der Folgeseite.

H zu Aufgabe 4
Rechnet dazu die angegebenen Zahlen in Flächenanteile im Kreis um. Ihr braucht dazu einen Zirkel und ein Geo-Dreieck.

KOMPETENZ: Analysieren

Diagramme und Schaubilder analysieren

1. Fragestellung / Thema bestimmen
Was ist das Thema des Diagramms / Schaubilds? Lies genau die Überschrift der Darstellung.

2. Darstellungsform bestimmen
Um welche Darstellungsform (Schaubild), welche Art von Diagramm handelt es sich? Diagramme sind gezeichnete Zahlenwerte. Es gibt verschiedene Arten von Diagrammen:
a) in **Balken- und Säulendiagramm** lassen sich verschiedene Zahlenwerte gut miteinander vergleichen,
b) durch **Linien- und Kurvendiagramm** können zeitliche Entwicklungen gut dargestellt werden,
c) **Kreisdiagramm** lassen die jeweiligen Anteile an der Gesamtmenge gut erkennen.

In Schaubildern sind die Zahlendiagramme mit grafischen Elementen und Bildern verbunden. Dadurch soll die Aussage der Zahlen deutlicher gemacht und veranschaulicht werden – damit sie sich besser und schneller einprägt.

3. Diagramm/Schaubild beschreiben
– In welcher Maßeinheit sind die Zahlenwerte angegeben? Handelt es sich um absolute Zahlen? Dann steht dort z. B. „in Tausend" oder „in Millionen". Oder sind relative Zahlen dargestellt? Diese Angaben erfolgen in Prozent (%) oder „von 100" und geben den Anteil der betrachteten Gruppe an.
– Welcher Zeitpunkt oder Zeitraum ist dargestellt?
– Woher kommen die Zahlen, was ist als Quelle der Darstellung angegeben?

4. Analysieren und Aussagen formulieren
– Was zeigen die Zahlen und Daten? Ist eine (zeitliche) Entwicklung zu erkennen?
– Gibt es Besonderheiten oder Auffälligkeiten? Können Höchst-, Tiefst- oder Durchschnittswerte abgelesen werden?
– Was ist die Gesamtaussage des Diagramms? Versuche diese in einem Satz zu formulieren.

5. Schaubild kritisch beleuchten und erklären
Ist die Form der Darstellung korrekt? Passen die Abstände im Koordinatensystem, sind die Einheiten nicht gestreckt oder gestaucht, sondern vergleichbar?
Wie ist die Aussage des Schaubilds / Diagramms in das Thema einzuordnen? Berücksichtige hierbei, was du schon alles zu dem Thema gelernt hast. Bestätigen sich deine Vorkenntnisse oder sind Widersprüche oder neue Aspekte zu erkennen?

a) Balkendiagramm
Säulendiagramm

b) Liniendiagramm
Kurvendiagramm

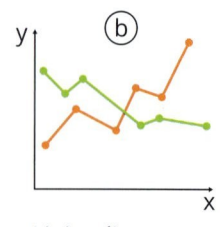

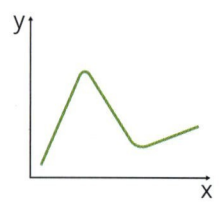

c) Kreisdiagramm

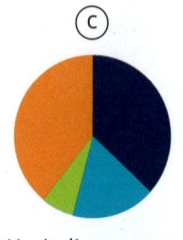

GRUNDWISSEN

NEUE VIELFALT IN DEUTSCHLAND?

 # EINWANDERUNGSLAND DEUTSCHLAND (M1-M6)

Einwanderung ist ein Merkmal der deutschen Gesellschaft. Migration findet als Auswanderung aus Deutschland, in den letzten Jahren aber vor allem als Einwanderung nach Deutschland, statt. Zu den Push-Faktoren, die Menschen dazu bringen, ihre Heimat zu verlassen, gehören politische und religiöse Verfolgung, Kriege und Bürgerkriege, Hunger und Armut, zu wenig Sicherheit und Mitbestimmungsrechte, schlechte Ausbildungsbedingungen, aber auch Missernten und Naturkatastrophen.

Pull-Faktoren sind Anziehungskräfte – die Pull-Faktoren, die Deutschland attraktiv für Zuwanderung macht, sind: Frieden, Sicherheit, die Gewährleistung von Menschenrechten und Demokratie in den Staaten der Europäischen Union, die Möglichkeit, Asyl zu beanspruchen, die Wirtschaftskraft und geringe Arbeitslosigkeit in Deutschland, soziale Absicherung. Auch die Möglichkeit zum Familiennachzug bringt Zuwanderung mit sich.

 # ZUSAMMENSETZUNG DER BEVÖLKERUNG (M6, M8)

Insgesamt haben über 20 Prozent der Menschen einen Migrationshintergrund, das heißt, sie oder ihre Familien (die Eltern) sind nach Deutschland zugewandert.

In Deutschland leben etwa sieben Prozent Ausländer, das sind Menschen ohne deutschen Pass. Sie müssen in Deutschland Steuern zahlen und erhalten ggf. auch Sozialleistungen, dürfen aber nicht an Wahlen teilnehmen. EU-Staatsbürger dürfen allerdings auch in Deutschland an kommunalen Wahlen und an der Europawahl teilnehmen.

 # MEHR ZUWANDERUNG DURCH FLÜCHTLINGE (M9)

Die Zuwanderung nach Deutschland nimmt seit 2014 vor allem auch durch Flüchtlinge zu. Flüchtlinge, die politisch verfolgt werden, können in Deutschland Asyl oder zumindest ein Aufenthaltsrecht nach der Genfer Konvention oder anderer Schutzvorschriften erhalten. Der Anspruch auf Schutz wird in jedem Einzelfall geprüft.

 # VERJÜNGUNG DER GESELLSCHAFT (M10)

Zuwanderung macht die Gesellschaft in Deutschland im Durchschnitt jünger. Unter den Zuwanderern gibt es mehr junge Menschen als bislang in Deutschland gelebt haben.

8.2 Zuwanderung – mehr Chancen als Risiken für die deutsche Gesellschaft?

Wie gelingt bislang die Integration in der Schule und auf dem Arbeitsmarkt?

Viele sehen Chancen in der Zuwanderung und weisen darauf hin, dass die Gesellschaft in Deutschland immer älter wird und junge Migrantinnen und Migranten braucht. Es gibt aber auch kritische Fragen zu möglichen Problemen der Zuwanderung: Wie gut sind Kinder und Jugendliche während ihrer Schulzeit und Ausbildung integriert? Welche Folgen hat Zuwanderung für den Arbeitsmarkt? Sollte es weniger, mehr oder besser qualifizierte Zuwanderer geben?

Menschen mit Migrationshintergrund auf dem Arbeitsmarkt
Von den 2,17 Millionen Arbeitslosen (Dezember 2013) hat mit 770.000 deutlich mehr als ein Drittel (36 Prozent) einen Migrationshintergrund.
- In Westdeutschland ist der Anteil der Arbeitslosen mit Migrationshintergrund an allen Arbeitslosen (42 Prozent) weitaus höher als im Osten Deutschlands mit 18 Prozent.
- Vieles spricht dafür, dass der hohe Anteil von Menschen mit Migrationshintergrund an den Arbeitslosen vor allem eine Folge fehlender (formaler und in Deutschland anerkannter) Qualifikationen ist.

Bundesagentur für Arbeit (Hg.): Der Arbeitsmarkt in Deutschland – Menschen mit Migrationshintergrund auf dem deutschen Arbeitsmarkt, Juni 2014

M1 Schülerinnen und Schüler nach besuchter Schulart und Migrationshintergrund in Deutschland 2014

	Anzahl SchülerInnen gesamt in Tsd.	Ohne Migrationshintergrund in Prozent	Mit Migrationshintergrund in Prozent
Grundschule	2.799	64,5	35,5
Hauptschule	445	52,2	47,8
Realschule	1.385	67,5	32,5
Gymnasium	2.513	73,6	26,4

Andere Schularten hier nicht aufgeführt. Nach: Statistisches Bundesamt (Hg.): Datenreport 2016, S. 87

M2 Welche beruflichen Abschlüsse erreichen Migranten?

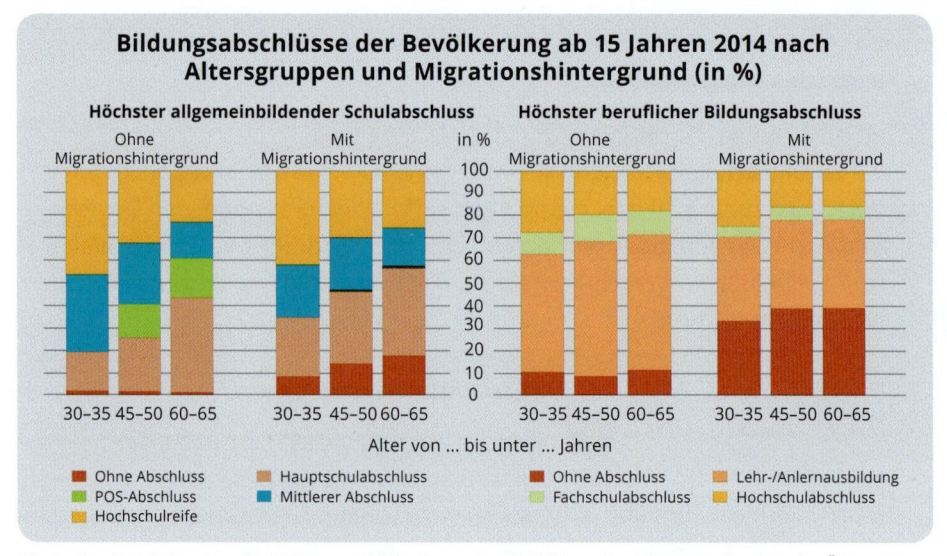

Bildungsabschlüsse der Bevölkerung ab 15 Jahren 2014 nach Altersgruppen und Migrationshintergrund (in %)

Höchster allgemeinbildender Schulabschluss / Höchster beruflicher Bildungsabschluss
Ohne Migrationshintergrund / Mit Migrationshintergrund
Altersgruppen: 30–35, 45–50, 60–65
Alter von ... bis unter ... Jahren

Legende: Ohne Abschluss · Hauptschulabschluss · POS-Abschluss · Mittlerer Abschluss · Hochschulreife · Ohne Abschluss · Lehr-/Anlernausbildung · Fachschulabschluss · Hochschulabschluss

Nach: Bundesministerium für Bildung und Forschung, Bundesbildungsbericht 2014, Statistische Ämter des Bundes und der Länder, Mikrozensus 2014

M3 Porsche – wirtschaftlicher Erfolg dank Zuwanderung?

Im Porschewerk arbeiten heute Mitarbeiterinnen und Mitarbeiter, die aus vielen unterschiedlichen Nationen stammen. Die ersten Arbeitskräfte aus dem Ausland sind im Jahr 1964 als sogenannte „Gastarbeiter" angeworben worden. Viele dieser Zuwanderer haben ihre Familien nachgeholt und leben mittlerweile in der dritten Generation in Stuttgart.

Die ersten ausländischen Mitarbeiter der in Zuffenhausen ansässigen Sportwagenschmiede wohnten in einem extra gebauten Wohnheim. Dort gab es Platz für 450 Menschen. Täglich fuhren sie mit dem werkseigenen Bus nach Zuffenhausen. Heute sind bei dem Autobauer rund 10.000 Mitarbeiter aus 55 Nationen beschäftigt. Die Porsche AG habe rund 1.300 Beschäftigte, die eine ausländische Staatsbürgerschaft besitzen, sagt Vorstandschef Matthias Müller. [...] Er will bei Porsche mehr Menschen mit ausländischen Wurzeln im Management etablieren. „Da gibt es noch Nachholbedarf. Wir haben das erkannt und werden darauf unser Augenmerk richten."

Der 56 Jahre alte Yasar Tosun arbeitet seit 14 Monaten bei dem Sportwagenbauer im Logistikbereich. Diskriminierung scheint es dort nicht zu geben. „Wir sind eine große Familie und schaffen alle zusammen", sagt er mit schwäbischem Akzent. Seine Tochter Emre pflichtet ihm bei. Sie habe bei Porsche im Jahr 2000 mit einer Ausbildung als Industriekauffrau angefangen. [...] Betriebsratschef Uwe Hück betont: „Die deutsche Wirtschaft ist auf die Unterstützung der ausländischen Arbeitskräfte angewiesen." Es sei wichtig, ihnen mit Respekt und Toleranz gegenüberzutreten.

Oliver Schmale, dpa, www.autoservicepraxis.de, 23.1.2012

AUFGABEN

1. Haben Migranten in Schule und Ausbildung die gleichen Chancen?
   a) Einzelarbeit: Analysiert arbeitsteilig **M1-M3**.
   b) Partnerarbeit: Vergleicht eure Ergebnisse und ergänzt sie.
   c) Erstellt gemeinsam ein Placemat und präsentiert euer Gruppenergebnis in der Klasse/Lerngruppe.

2. a) Informiert euch über Programme und Hilfen für Kinder und Jugendliche.
   b) Erläutert, wie sie die Integration von Zuwanderern unterstützen.

zu Aufgabe 1a
Nutzt die Kompetenzkarte auf S. 210 und macht euch Notizen in euer Heft.

zu Aufgabe 1c
Wie ein Placemat funktioniert, könnt ihr im Methodenglossar nachlesen.

Braucht Deutschland mehr Zuwanderung?

In Deutschland gibt es eine große öffentliche Diskussion darüber, ob Deutschland die starke Zuwanderung gut verkraften kann und ob Deutschland die Zuwanderung vielleicht sogar braucht. Im Mittelpunkt der Diskussion steht immer die Überlegung, ob es nicht einen Bedarf an vielen jungen Arbeitskräften gibt und ob die Integration von Migranten von Staat und Gesellschaft bewältigt werden kann.

M4 Schlagzeilen

Fachkräftemangel – Deutschland braucht mehr Einwanderer

Immer mehr alte Menschen – Pflegekräfte fehlen

Integrationsprobleme – Deutschland braucht ein besseres Einwanderungsgesetz

Zuwanderer bringen mehr Geld in die Soziale Sicherung in Deutschland

Flüchtlingszahlen – Bedarf an Integration auf dem Arbeitsmarkt

Hohe Kosten für Integration – Zuwanderung belastet die Sozialen Kassen

---

 # DEMOGRAFISCHER WANDEL

In Deutschland gibt es immer mehr ältere Menschen. Die Bevölkerung wird ohne Zuwanderung schrumpfen.
Deutschland hat eine niedrige Geburtenrate und die Menschen werden durch eine gute medizinische Versorgung und gute Ernährung immer älter. Frauen in Deutschland bekommen im Schnitt nur 1,41 Kinder. Dadurch gibt es im Verhältnis zu den Älteren immer weniger junge Menschen. Der demografische Wandel bringt Probleme mit sich, weil die arbeitenden jüngeren Menschen Sozialbeiträge und Steuern zahlen. Davon bekommen ältere Menschen ihre Renten und Pensionen. Auch die Finanzierung der Gesundheitskosten ist in einer älteren Bevölkerung schwierig. Außerdem klagen viele Unternehmen über einen Arbeitskräftemangel, z. B. im Pflege- und Gesundheitswesen. Nur durch Zuwanderung kann es einen Netto-Zuwachs der Bevölkerung geben.

**Erklärfilm
Demografischer Wandel**

Mediencode: 70003-14

M5 Deutschland – mit und ohne Zuwanderung

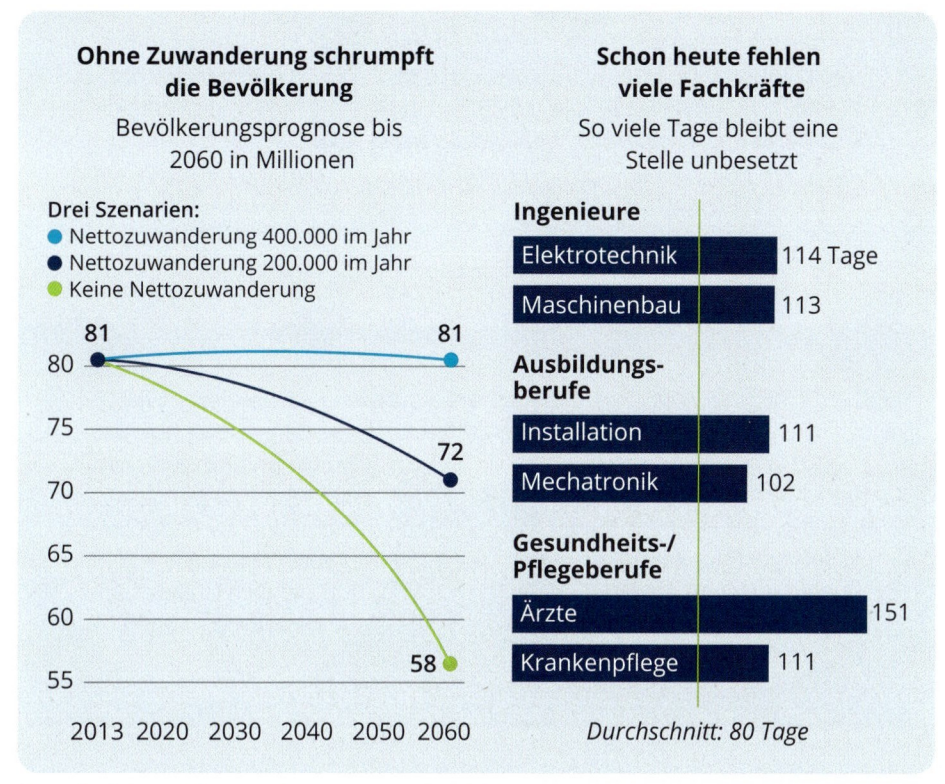

Ohne Zuwanderung schrumpft die Bevölkerung

Bevölkerungsprognose bis 2060 in Millionen

Drei Szenarien:
- Nettozuwanderung 400.000 im Jahr
- Nettozuwanderung 200.000 im Jahr
- Keine Nettozuwanderung

Jahr	2013	2060
Nettozuwanderung 400.000	81	81
Nettozuwanderung 200.000	81	72
Keine Nettozuwanderung	81	58

Schon heute fehlen viele Fachkräfte

So viele Tage bleibt eine Stelle unbesetzt

Ingenieure
- Elektrotechnik: 114 Tage
- Maschinenbau: 113

Ausbildungsberufe
- Installation: 111
- Mechatronik: 102

Gesundheits-/Pflegeberufe
- Ärzte: 151
- Krankenpflege: 111

Durchschnitt: 80 Tage

Nach: Frankfurter Allgemeine Sonntagszeitung, 18.1.2015

Tipp
Auf der Homepage des Statistischen Landesamtes findest du eine animierte Grafik zum Altersaufbau:
https://www.destatis.de/bevoelkerungspyramide/

Überprüfe, wie sich die Bevölkerung in einzelnen Jahren verändern wird.

M6 Argumentepool: Braucht Deutschland mehr Zuwanderung?

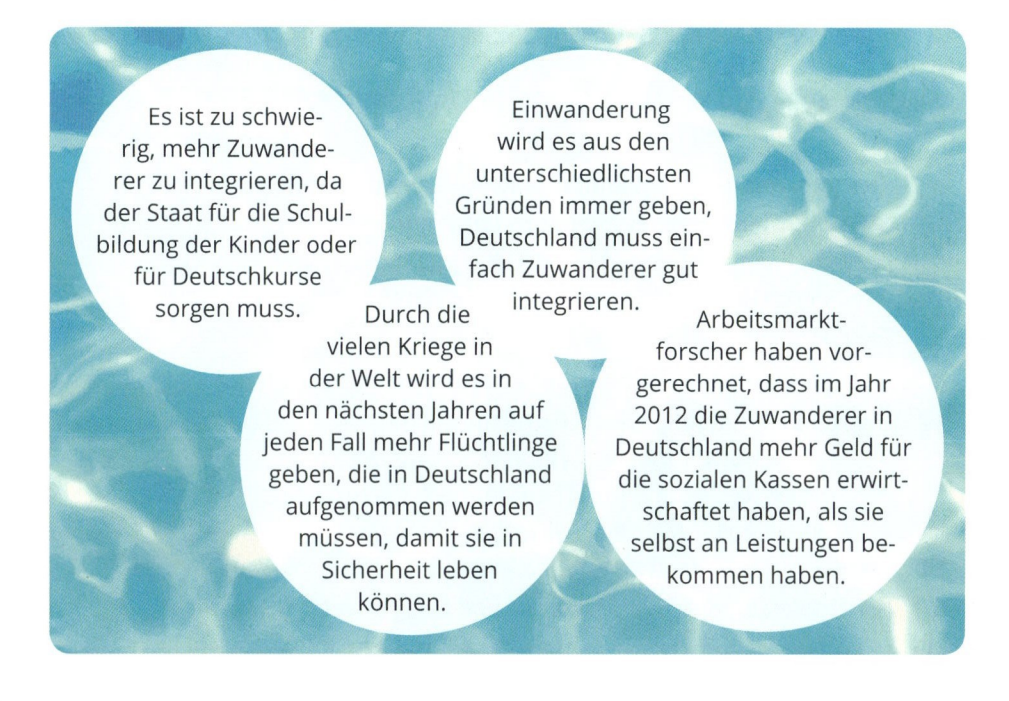

- Es ist zu schwierig, mehr Zuwanderer zu integrieren, da der Staat für die Schulbildung der Kinder oder für Deutschkurse sorgen muss.

- Einwanderung wird es aus den unterschiedlichsten Gründen immer geben, Deutschland muss einfach Zuwanderer gut integrieren.

- Durch die vielen Kriege in der Welt wird es in den nächsten Jahren auf jeden Fall mehr Flüchtlinge geben, die in Deutschland aufgenommen werden müssen, damit sie in Sicherheit leben können.

- Arbeitsmarktforscher haben vorgerechnet, dass im Jahr 2012 die Zuwanderer in Deutschland mehr Geld für die sozialen Kassen erwirtschaftet haben, als sie selbst an Leistungen bekommen haben.

8 Einwanderungsland Deutschland – wie gelingt die Integration von Zuwanderern?

- Mehr Zuwanderung bedeutet mehr Integrationsprobleme, z. B. haben viele Zuwanderer aus arabischen Staaten ein Frauenbild, das nicht auf Gleichberechtigung, sondern einer Vormachtstellung von Männern beruht.

- Menschen sollten grundsätzlich dort bleiben, wo sie geboren wurden.

- Wegen des demografischen Wandels braucht Deutschland mehr Zuwanderung, damit wir unseren Lebensstandard mit guten Sozialleistungen für bedürftige Menschen sichern können.

- Die Integration der vielen Flüchtlinge, die 2015/2016 gekommen sind, hat sich als schwierig erwiesen, weil viele der Menschen nicht gut genug für den deutschen Arbeitsmarkt ausgebildet sind.

- Menschen sollten grundsätzlich die Freiheit haben, da zu leben und zu arbeiten, wo sie es möchten.

- Zuwanderer sind wichtig für bestimmte Branchen und Unternehmen. Wenn sie gut ausgebildet sind und als Arbeitskräfte gebraucht werden, sollten sie nach Deutschland einwandern können.

AUFGABEN

1. Ordne jeder Zeitungsüberschrift in **M4** ein selbst gewähltes Beispiel zu.

2. Deutschland 2060: Gestaltet eine Reportage über eine Gesellschaft, in der es viel mehr alte Menschen als junge gibt – wie könnte sich das auf Schulen, Sportvereine, Supermärkte, Unternehmen usw. auswirken – lasst euren Reporter von verschiedenen Orten berichten und spielt die Reportage in der Klasse vor.

3. Braucht Deutschland mehr oder weniger Zuwanderung (**M6**)?
   a) Notiert die Aussagen aus dem Pool auf Karten.
   b) Ergänzt weitere mögliche Argumente.
   c) Sortiert die Argumente auf eurem Tisch – welche passen inhaltlich zusammen?
   d) Wählt aus, welche Argumente euch am meisten überzeugen. Stellt eure Meinung in der Klasse vor und begründet eure Auswahl.

F zu Aufgabe 3
Überprüft die Argumente. Faktenchecks zum Thema Flüchtlinge und Zuwanderung findet ihr z. B. hier: *http://www.fluter.de/face-the-facts* oder *unter http://www.bpb.de/veranstaltungen/format/aktion/221946/faktencheck-flucht-und-asyl*

GRUNDWISSEN

INTEGRATION IN SCHULE UND BERUF (M1-M5)

In der Schule und der Arbeitswelt gibt es weiterhin Unterschiede zwischen Menschen mit und ohne Migrationshintergrund. So haben Kinder aus Einwandererfamilien oft eine schlechtere Schulbildung und Migranten sind häufiger arbeitslos. Viele Unternehmen in Deutschland sind allerdings auch auf zugewanderte Arbeitskräfte angewiesen. Die Integration in den Arbeitsmarkt gelingt dann, wenn Menschen gut ausgebildet sind. In vielen Städten und Gemeinden gibt es daher Paten- und Unterstützungsprogramme, mit denen Jugendliche aus Einwandererfamilien gefördert werden.

DEMOGRAFISCHER WANDEL (M6-M7)

Demografie ist die Beschreibung einer Bevölkerung in ihrer Alterszusammensetzung. Die deutsche Gesellschaft wird im Durchschnitt immer älter.

Die älteren Menschen in Deutschland leben immer länger, weil die gesundheitliche Versorgung so gut ist. Außerdem werden weniger Kinder geboren, als das früher der Fall war. Frauen in Deutschland bekommen im Durchschnitt 1,4 Kinder (vor fünfzig Jahren waren es durchschnittlich über zwei Kinder). Die Sterberate liegt in Deutschland also über der Geburtenrate. Das heißt, es gibt immer mehr alte Menschen und zu wenig Neugeborene, um das auszugleichen. Diese Alterung der Gesellschaft ist ein Merkmal des demografischen Wandels in Deutschland.

Je nachdem, wie viel Zuwanderung es in den nächsten Jahren geben wird, wird die Alterung der Gesellschaft stärker oder schwächer sein.

VORTEILE UND NACHTEILE VON ZUWANDERUNG (M6)

Die Befürworter einer starken Zuwanderung sehen zum einen die moralische Verpflichtung, Flüchtlingen Schutz zu gewähren, und zum anderen weisen sie darauf hin, dass Unternehmen in Deutschland mehr Arbeitskräfte brauchen. Der Vorteil wird auch darin gesehen, dass junge Zuwanderer, die eine Arbeitsstelle finden, Steuern und Sozialabgaben zahlen und dadurch auch die soziale Sicherung in Deutschland (Rentenversicherung, Krankenversicherung) mitfinanzieren.

Kritiker einer zu großen Zuwanderung weisen vor allem darauf hin, dass die Integration von Einwanderern Kosten für soziale Unterstützung, Sprachkurse und Ausbildung verursacht. In Deutschland wird gerade darüber diskutiert, inwiefern man die Themen Arbeitszuwanderung und Schutz von geflüchteten Menschen voneinander unterscheiden kann oder muss.

8.3 Herausforderung Integration
Guter Wille auf beiden Seiten?

Sowohl die Zuwanderer müssen bereit sein, sich auf ihr neues Land einzulassen, und die Einheimischen müssen vielleicht auch Zugeständnisse machen, damit das Zusammenleben funktioniert. Wie viel Entgegenkommen müssen beide Seiten zeigen? Was ist der Kern des Zusammenlebens in Deutschland, mit dem alle einverstanden sein müssen?

M1 Wann ist man integriert?

Eine Person ist in die deutsche Gesellschaft integriert, …	Zustimmung	Ablehnung
wenn sie einen Schulabschluss hat.		
wenn sie gut Deutsch spricht.		
wenn sie eine Berufsausbildung hat.		
wenn sie überwiegend deutsche Freunde hat.		
wenn sie Alkohol trinkt.		
wenn sie sich politisch engagiert.		
wenn sie die deutsche Staatsbürgerschaft besitzt.		
wenn ihre Kinder gut Deutsch sprechen.		
wenn ihre Kinder in den Kindergarten gehen.		
wenn sie Weihnachten und Ostern feiert.		
…		

Nach: Siegried Haas u. a., in: Wochenschau Nr. 6/2006, S. 2011

BITTE INS HEFT!

DISKRIMINIERUNG

Wenn einzelne Menschen oder Gruppen benachteiligt werden, weil sie zum Beispiel eine andere Hautfarbe oder eine andere Religion haben, so werden sie diskriminiert. Die Gründe dafür können sehr unterschiedlich sein. Oft spielen Vorurteile eine Rolle. So haben manche Menschen ohne Grund eine schlechte Meinung von Menschen fremder Herkunft oder mit fremdländischem Aussehen. Sie behandeln diese Menschen deshalb unfair und ungerecht – sie diskriminieren sie.

Gerd Schneider, Christiane Toyka-Seid, www.bpb.de, 29.9.2016

M2 „Ich habe es satt"

Ich habe es satt,
immer wieder diese verächtlichen
Blicke zu spüren.
Ich habe es satt,
das Wort Nigger zu hören.
Ich habe es satt,
Fragen wie „Warum bist du schwarz?"
zu hören, [...]
Ich habe es satt,
zu hören, ich solle Baumwolle
pflücken gehen.
Ich habe es satt,
mich wie ein Diener behandeln zu
lassen.
Ich habe es satt,
zu hören: du bist schwarz, du musst
singen können;
du musst tanzen können, du musst
schnell sein;
Du musst dies und jenes können!"
[...]
Ich bin es leid,
mich für meine Hautfarbe
rechtfertigen zu müssen.

(Rashida, 16 Jahre)

Nach: Aktion Courage e.V. Bundeskoordination Schule ohne Rassismus, Schule mit Courage (Hg.): Rassismus Erkennen und Bekämpfen, Berlin 2013, S. 13

Zusatzaufgaben
a) Informiert euch im Internet über das Projekt „Schule ohne Rassismus – Schule mit Courage".
b) Stellt zusammen, welche Anforderungen ihr als Schule erfüllen müsst, um daran teilnehmen zu können.
c) Diskutiert in der Klasse, ob ihr euch daran beteiligen wollt.

M3 Fremd wird man durch Blicke

Simon Abesi* ist mit seinen Eltern als Dreijähriger aus Eritrea geflüchtet und unterrichtet Deutsch und Ethik an einem Frankfurter Gymnasium.

Sie sprechen deutsch, wie man das von einem Deutschlehrer erwarten darf [...] Sind Sie noch in irgendeiner Weise fremd?

Vom Äußeren sicher. Vom Inneren (lacht) bin ich schon sehr deutsch. So einen Rest Fremdheit gibt es dann, wenn es irritierte Blicke gibt. Es gibt Menschen, bei denen ich merke, dass ich anders bin durch mein Äußeres.

Sie fühlen sich fremd, wenn man mit Ihnen so umgeht, als seien Sie fremd?

Genau so. Das ist die beste Definition von fremd, die ich gehört habe. Man wird fremd durch Blicke, wenn einen jemand im Bus länger anschaut, als das üblich ist. Wenn die Distanz verloren geht. Es ist mir auch schon passiert, dass jemand einfach anfängt, die Haare anzufassen. Dann wird man fremd.

Warum sind Sie so gut in Deutschland angekommen?

[...] Meine Eltern kamen unfreiwillig hier her, sind vor dem Krieg in Eritrea geflohen, haben ihr Haus zurückgelassen, kamen mit ganz wenig hier an. [...] Was meine Eltern kennzeichnet, das ist Ehrgeiz, den ich auch habe, und Fleiß. Sie wollten unbedingt unabhängig sein von Leistungen des Staates.

Wie sah das aus?

Sie haben sich ihr Geld selbst verdient, haben deutsch gelernt, Kurse besucht, Bücher gelesen. Das hat gereicht, um an Elterngesprächen teilnehmen zu können, zu verstehen, was an der Schule passiert, und um uns Kindern klarzumachen, dass Schule wichtig ist.

*Name geändert.
Peter Hanack, Salomon Ghebrehiwet, Frankfurter Rundschau, 28.6.2010

Vorurteil
Eine Meinung wird ohne eigene Erfahrung und Prüfung einfach kritiklos übernommen

M4 Reicht die Integrationsbereitschaft?

Der Berliner Stadtteil Neukölln ist ein typisches Einwandererviertel. Heinz Buschkoswky war 15 Jahre lang Bezirksbürgermeister. Er fordert Migrantinnen und Migranten zu mehr Integrationsbereitschaft auf.

[...] Dann ist eben halt die Frage, dass die, die neu ins Land kommen [...] Teil des Landes und der Lebensregeln werden wollen und nicht ihr eigenes Ding machen. [...] Das nenne ich Integration. [...] [Es] sind ganze Generationen entstanden von jungen Leuten, die für sich in dieser Gesellschaft, für sich überhaupt keine Perspektive sehen, die die Grundrechenarten nicht beherrschen, die keinen Satz in deutscher Sprache mit vernünftigem Anfang und Ende bilden können. [...] Und deswegen glaube ich, dass hier die Gesellschaft etwas unmissverständlicher sein dürfte, sein müsste, um klar zu machen: Du bis hier herzlich willkommen, wir möchten auch, dass du ein Teil von uns bist und deswegen hätten wir gerne, dass du dich unserer Art und Weise, wie wir leben, anschließt.

Christoph Heinemann, Heinz Buschkowsky
www.deutschlandfunk.de, 29.3.2015

AUFGABEN

1. Was heißt „integriert"?
  a) Übertrage die Checkliste **M1** in dein Heft und bearbeite sie.
  b) Tauscht euch mit einem Partner über eure Ergebnisse aus und einigt euch jeweils auf eine Fortsetzung der Sätze:
    – *Fremd fühlt sich ein Mensch in einem Land, wenn ...*
    – *Integriert fühlt sich ein Mensch in einem Land, wenn ...*
  c) Erstellt in Gruppenarbeit eine Begriffskarte zu **#Integration.**

2. a) Arbeitet mithilfe von **M2-M4** heraus, welches Verhalten jeweils die Integration erschwert.
  b) Gestaltet Lösungsvorschläge für die einzelnen Punkte.

3. Freie Diskussion in der Klasse: Müssen sich Kinder und Jugendliche aus zugewanderten Familien in unserer Schulgemeinde mehr anpassen oder funktioniert die Integration gut?

H zu Aufgabe 1c)
Du kannst zum Beispiel so beginnen: „*Integration ist ...*"

F zu Aufgabe 1c)
Recherchiert auf den Seiten des Bundesamtes für Migration und Flüchtlinge (www.bamf.de), wie dort „Integration" definiert wird.

H zu Aufgabe 2a)
Habt ihr selbst schon einmal fremdenfeindliches Verhalten erlebt? Berichtet euch und ergänzt eure Liste.

Neues Land und neuer Pass = integriert?

In vielen Gemeinden in Baden-Württemberg ist Integrationspolitik ein wichtiges Thema. Aber wie gut funktioniert die Integrationspolitik? Sollten sich zum Beispiel Ausländer grundsätzlich einbürgern lassen, um besser in die deutsche Gesellschaft integriert zu sein?

M5 Warum ich Deutscher geworden bin

Davut C., 21 Jahre, Mechatroniker
Ich bin Mannheimer. Hier bin ich geboren und ich fühle mich nicht als Türke, Deutscher oder Deutschtürke. Die deutsche Staatsangehörigkeit habe ich angenommen, weil ich hier schon immer lebe. Hätte ich mich für die türkische Staatsangehörigkeit entschieden, dann hätte ich den Wehrdienst in der Türkei ableisten müssen. Das wollte ich nicht.

Acelya D., 20 Jahre, Studentin
Meine Mutter ist Griechin, mein Vater Türke und ich bin Deutsche. So einfach ist das. Ich bin in Bochum geboren und lebe dort sehr gerne. Außerdem studiere ich für das Lehramt an Haupt- und Realschulen und möchte Beamtin werden. Das geht nur mit der deutschen Staatsangehörigkeit.

Cyrus P., 19 Jahre, Auszubildender bei einer Bank
Ich bin mit meinen Eltern vor zehn Jahren aus dem Iran geflohen. Wir wurden als politische Flüchtlinge anerkannt. Gefühlsmäßig ist es nicht leicht, die deutsche Staatsangehörigkeit anzunehmen. Aber die Vorteile liegen klar auf der Hand: gesicherter Aufenthaltsstatus, Wahlrecht.

M6 Stuttgart und Baden-Württemberg werben für die Einbürgerung

PASS Auf, lass Dich einbürgern!

STUTTGART

M7 Wege zur deutschen Staatsangehörigkeit

Staatsangehörigkeit
Als Staatsbürger besitzt man bestimmte Rechte und Pflichten in dem jeweiligen Land. So darf man wählen oder gewählt werden, muss aber auch Steuern bezahlen oder als Mann z. B. Wehr- oder Zivildienst leisten. Die Staatsangehörigkeit regeln die Staaten ganz unterschiedlich.

Staatsangehörigkeit: DEUTSCH
Die deutsche Staatsangehörigkeit wird erworben durch ...

Abstammung von deutschen Eltern

Ein Kind, bei dem mindestens ein Elternteil deutscher Staatsbürger ist, erhält mit der Geburt die deutsche Staatsangehörigkeit.

Geburt in Deutschland

Ein Kind ausländischer Eltern, die dauerhaft in Deutschland leben, erhält mit der Geburt die deutsche Staatsangehörigkeit und außerdem meist die Staatsangehörigkeit der Eltern (doppelte Staatsbürgerschaft).

Zwischen dem 18. und dem 23. Geburtstag muss es sich für eine der beiden Staatsbürgerschaften entscheiden.

Einbürgerung

Nachträglicher Erwerb der deutschen Staatsbürgerschaft auf Antrag. Voraussetzungen dafür sind unter anderem:

mindestens 8 Jahre Aufenthalt in Deutschland, Bekenntnis zum Grundgesetz, gesicherter Familienunterhalt, ausreichende Deutschkenntnisse, Straflosigkeit, Aufgabe der bisherigen Staatsangehörigkeit, Kenntnisse über die deutsche Rechts- und Gesellschaftsordnung (Einbürgerungstest)

©Bergmoser + Höller Verlag AG, Zahlenbilder 130385

M8 Beide Pässe behalten?

Ayhan und Dilek Akcora wären gerne Deutsche. Dann hätten sie die Staatsbürgerschaft des Landes, dessen Sprache sie sprechen, in dem sie
5 geboren wurden, seit fast vier Jahrzehnten leben und ihre beiden Kinder zur Welt gekommen sind. Doch dafür müssten die Akcoras ihre türkischen Pässe zurückgeben. „Ich mag
10 nicht akzeptieren, dass ich für die deutsche Staatsbürgerschaft etwas anderes, mir sehr Wichtiges aufgeben muss", sagt der in Frankfurt geborene Informatiker Ayhan Akcora.
15 Er fühle sich schließlich auch als Türke und nicht nur als Deutscher. Seine Frau Dilek empfindet dieses Entweder- oder, vor das sie der deutsche Staat stellt, als ungerecht. „Ich füh-
20 le mich irgendwie diskriminiert." Zumal wenn nun die Regelung eingeführt wird, dass ihre beiden Kinder die doppelte Staatsbürgerschaft haben können, sie also auch formal Deutsche und Türken sein werden – 25 ohne sich entscheiden zu müssen. „Es kann doch nicht sein, dass das Geburtsdatum so wichtig ist."

Mechthild Harting, faz.net, 4.12.2013

AUFGABEN

1. Erläutere, welche Bedeutung es für die drei jungen Menschen in **M5** hat, dass sie jetzt deutsche Staatsbürger sind.
2. Erläutert, wer das Plakat in **M6** mit welchem Ziel veröffentlicht hat.
3. Sibel ist 21 Jahre alt und hat nach ihrem Realschulabschluss in Tuttlingen eine Ausbildung zur Fachinformatikerin abgeschlossen. Ihre Großeltern stammen aus der Türkei und ihre Eltern sind türkische Staatsbürger, die aber in Baden-Württemberg aufgewachsen sind. Sibel will sich einbürgern lassen, doch ihre Eltern werfen ihr vor, sie verrate damit ihre türkische Herkunft.
   a) Gestaltet ein Rollenspiel zu dem Konflikt.
   b) Überprüft, ob sie Deutsche werden kann (**M7**).
4. Überprüft, ob ihr genug über Deutschland wisst, um eingebürgert werden zu können: Auf der Internetseite *www.bamf.de* (Bundesamt für Migration und Flüchtlinge) findet ihr Online-Versionen des Einbürgerungstestes zum Ausprobieren!

H zu Aufgabe 3b
Verfasst zu jeder Person eine Rollenkarte: Wer ist die Person? Welches Anliegen / welches Interesse hat sie? Welche Rolle nimmt sie in der Familie ein? Wie könnte sich die Person im Rollenspiel verhalten?

Einwanderungsstadt Stuttgart – ein Modell für die Zukunft?

Stuttgart ist eine Einwanderungsstadt: In der Stadt mit den knapp 600.000 Einwohnern leben Menschen aus über 170 Nationen. Die meisten von ihnen kommen aus der Türkei, aus Italien, Griechenland und Kroatien. Die Stadt Stuttgart hat sich in den letzten Jahren sehr für die Integration von Migranten eingesetzt. Taugt Stuttgart als Modell für andere Gemeinden?

M9 Haus 49 – ein interkultureller Treffpunkt in Stuttgart Nord

Das „Haus 49" ist ein Bildungs- und Beratungszentrum im Stuttgarter Norden. Dort leben Menschen aus vielen Nationen zusammen. Kinder, Jugendliche und Erwachsene finden im „Haus 49" viele Angebote – von Lernpatenprojekten und Nachhilfestunden über Bewerbertrainings bis hin zu Kursen für Erwachsene. Das „Haus 49" ist ein interkultureller Treffpunkt und ein gutes Beispiel für die Integrationspolitik der Stadt Stuttgart.

M10 Stuttgart – ein Modell für andere Städte?

Über 40 Prozent der Stuttgarter haben einen »Migrationshintergrund«, unter den Jugendlichen hat sogar jeder zweite ausländische Wurzeln – das ist weit mehr als in Berlin, Köln oder Hamburg. Dass das kaum jemand mitbekommt, ist ein gutes Zeichen dafür, dass die Integration funktioniert. [...] Stuttgart ist eine Stadt der Ingenieure, eine reiche Stadt, hier sitzen die Aushängeschilder der deutschen Industrie: Daimler, Porsche, Bosch [...]. Eine Stadt, die Fachkräfte braucht, mit einer Arbeitslosenquote von fünf Prozent. Zum Vergleich: Berlin hat zwölf Prozent. [...]
Um Majlinda Syla hat die Stadtverwaltung geworben. Nach dem Realschulabschluss begann die Albanerin mit einer Ausbildung für Bürokommunikation. Mit dem Programm „Deine Stadt – deine Zukunft" richtet sich Stuttgart an Auszubildende mit Einwanderungsgeschichte, 30 Prozent sind es bereits in der Stadtverwaltung. Mehr als in jeder anderen Großstadt. Mjlinda Syla ist 19 Jahre alt, hat lange blonde Haare, wäre da nicht ihr Name, jeder hielte sie für eine Schwäbin. Geboren ist sie in Prishtinë, auf-

gewachsen in einer Kleinstadt nahe Stuttgart; ihr Vater ist Facharbeiter. „Hier ist meine erste Heimat", sagt sie. Sie hatte immer viele deutsche Freunde, trotzdem haben ihre Eltern und Verwandten „ganz schön geschaut", als sie ihnen gesagt hat, dass sie bei der Stadt anfängt. Ihre Ausbildungsleiterin erzählt von einer türkischen Mutter, die ihr gesagt habe: Seit sie wisse, dass die Stadt Einwanderer einstellen wolle, fühle sie sich angekommen in Deutschland.

Längst gilt Stuttgart als Vorreiter kommunaler Integrationspolitik [...], nicht nur wegen der zahlreichen Förderprojekte, sondern auch wegen des »Gemeinschaftsgeistes«, der in Stuttgart herrsche.

Arnfrid Schenk, www.zeit.de, 15.11.2012

M11 „Mama lernt Deutsch"

Hier besuchen Mütter, die zugewandert sind, den Sprachunterricht.

„Mama-lernt-Deutsch"-Kurse gibt es seit mehr als zehn Jahren. Aktuell werden sie an 15 Stuttgarter Schulen angeboten [...]. Die „Mama-lernt-Deutsch"-Kurse finden zweimal pro Woche vormittags statt, sodass die Mütter ihre Kinder zum Kindergarten oder zur Schule bringen und sie später wieder abholen können. Den inhaltlichen Schwerpunkt bilden Schulthemen. Die Mütter lernen zum Beispiel, wie man einen Stundenplan liest oder eine Entschuldigung schreibt. „Das Lehrbuch zum Kurs ist thematisch mit dem Schulalltag der Kinder verknüpft", sagt Ayse Özbabacan von der Abteilung Integration. „Die Mütter lernen per Lehrbuch das deutsche Schulsystem kennen und bekommen Kontakt zu anderen Frauen. Das schafft Selbstbewusstsein." Auf diese Weise sollen die Frauen motiviert werden, nach dem „Mama-lernt-Deutsch"- Kurs einen – sprachlich anspruchsvolleren – Integrationskurs zu absolvieren.

Caroline Leibfriz, www.stuttgarter-zeitung.de, 2.5.2014

AUFGABEN

1. Arbeitet aus **M9** und **M10** heraus, inwiefern Stuttgart eine typische Einwanderungsstadt ist.
2. Stellt für Stuttgart (**M9-M11**) – oder eure eigene Gemeinde – eine Liste mit Integrationsprojekten zusammen.
3. Erstellt ein Schaubild: Inwiefern kann sich ein Nachhilfeprojekt für Grundschulkinder mit schlechten Deutschkenntnissen positiv auf deren Leben auswirken?

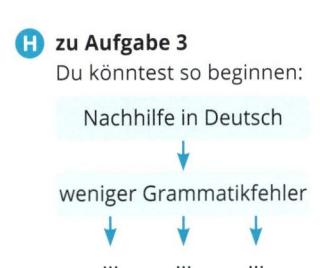

H zu Aufgabe 3
Du könntest so beginnen:

Nachhilfe in Deutsch
↓
weniger Grammatikfehler
↓ ↓ ↓
... ...

GRUNDWISSEN

(WIE) KANN INTEGRATION GELINGEN?

INTEGRATION (M1, M2)

Das Wort Integration kommt aus der lateinischen Sprache und bedeutet, dass Teile zu einem Ganzen zusammengefügt werden. Die Frage, wie gut Menschen unterschiedlicher Herkunft in einem Staat zusammenleben, ist eine Frage der Integration.

Integration wird von Experten als eine Entwicklung angesehen, zu der beide Seiten der Gesellschaft einen Beitrag leisten können. Von den Zuwanderern auf der einen Seite wird erwartet, dass sie die deutsche Sprache lernen und sich gut verständigen können. Sie müssen sich auch wie alle Bürgerinnen und Bürger an die Verfassung der Bundesrepublik Deutschland halten. Darin werden Grundrechte, wie zum Beispiel die Gleichberechtigung von Frauen und Männern und die Religionsfreiheit, gewährleistet. Außerdem müssen Zuwanderer die in Deutschland gültigen Regeln und Gesetze beachten.

Auf der anderen Seite müssen sicher auch die Einheimischen etwas zur Integration beitragen. Denn Integration wird erschwert oder verhindert, wenn die aufnehmende Gesellschaft nicht tolerant genug gegenüber Zuwanderern oder Ausländern ist und sich fremdenfeindlich verhält.

Es ist in der deutschen Öffentlichkeit umstritten, wieviel Anpassung der Einwanderer (z. B. bei der Bekleidung, Freizeitgestaltung) über die Sprachkenntnis und Anerkennung der Gesetze hinaus notwendig ist, damit die Integration gelingt.

FREMDENFEINDLICHKEIT UND DISKRIMINIERUNG (M3, M4)

Eine Hürde bei der Integration von Zuwanderern in die Gesellschaft ist Ausländer- oder Fremdenfeindlichkeit. Davon spricht man, wenn Menschen Ausländer (auch: Menschen mit anderer Religion) generell ablehnen. Fremdenfeindlichkeit beruht oft auf Vorurteilen. Wenn die Vorurteile dazu führen, dass eine Minderheit ausgegrenzt oder benachteiligt wird, spricht man von Diskriminierung. Ausländer- und Fremdenfeindlichkeit kann zu Beleidigungen oder tätlicher Gewalt gegen Menschen anderer Herkunft, Hautfarbe oder Religion führen. Es gibt in Deutschland Gesetze, die Menschen davor schützen sollen, dass sie aufgrund ihrer Herkunft, Religion, ihres Geschlechts, ihres Alters oder ihrer sexuellen Identität diskriminiert werden. Ausländerfeindliche Straftaten werden auch polizeilich verfolgt.

GRUNDWISSEN

 # INTEGRATIONSPOLITIK – WIE DER STAAT INTEGRATION FÖRDERT (M5)

Der Staat will die Integration von Zuwanderern durch politische Maßnahmen fördern. Dabei geht es oft um Projekte zur Förderung der Sprachkompetenz und der Bildung.

Sowohl das Land Baden-Württemberg als auch die Stadt Stuttgart werben zum Beispiel dafür, dass sich Ausländerinnen und Ausländer einbürgern lassen. Mit der Einbürgerung bekommt ein Ausländer die deutsche Staatsangehörigkeit und darf wählen gehen. Der Staat Deutschland hat es im Jahr 2000 einfacher gemacht, Deutscher zu werden.

 # EINBÜRGERUNGSGESETZ – WIE MAN DEUTSCHER WERDEN KANN (M7)

Kinder von deutschen Eltern sind durch ihre Abstammung immer deutsche Staatsbürger.

Auch Ausländerinnen und Ausländer können die deutsche Staatsangehörigkeit erwerben, wenn sie bestimmte Voraussetzungen erfüllen. Sie müssen mindestens acht Jahre lang rechtmäßig in Deutschland leben, ausreichende deutsche Sprachkenntnisse haben und mit einem deutschen Schulabschluss oder dem Einbürgerungstest nachweisen können, dass sie die Rechts- und Gesellschaftsordnung Deutschlands kennen und akzeptieren. Sie müssen für ihren eigenen Lebensunterhalt sorgen können und dürfen nicht wegen einer Straftat verurteilt worden sein.

Die Kinder von ausländischen Staatsangehörigen erhalten automatisch die deutsche Staatsangehörigkeit, wenn sie in Deutschland geboren wurden und ein Elternteil seit mindestens acht Jahren rechtmäßig in Deutschland lebt.

 # FALLBEISPIEL STUTTGART – INTEGRATION VOR ORT (M9-M11)

Die Stadt Stuttgart hat ein politisches Programm für die Integration von Einwanderern. Dazu gehören Förderprogramme der Stadtverwaltung, Begegnungs- und Beratungszentren und Deutschkurse für Einwanderer. Für diese umfassende Integrationsarbeit ist die Stadt Stuttgart auch mit Preisen ausgezeichnet worden.

Viele baden-württembergische Gemeinden haben mittlerweile ähnliche Programme – das reicht von der Unterstützung von Sportvereinen bis hin zu Integrationsbeauftragten in der Verwaltung.

SELBSTEINSCHÄTZUNG

In diesem Kapitel hast du dich mit dem Einwanderungsland Deutschland auseinandergesetzt und bist der Frage nachgegangen, wie Integration von Zuwanderern gelingen kann. Die Folgende Tabelle hilft dir, herauszufinden, welche Inhalte und Fähigkeiten du dabei erworben hast. Zugleich zeigt sie dir, wo du noch weiter üben kannst.

Ich kann ...	Das klappt schon ...	Hier kann ich noch üben ...
... mindestens drei Gründe beschreiben, warum Menschen ihre Heimat verlassen (Push-Faktoren) und nach Deutschland kommen (Pull-Faktoren).	👍 👉 👎	Kapitel 8.1: M1-M4, #Migration, #Einwanderungsland
... die Einwanderung nach Deutschland mit zutreffenden Daten/Zahlen beschreiben.	👍 👉 👎	Kapitel 8.1: M5-M11; Kompetenz: Diagramme und Schaubilder analysieren #Zusammensetzung der Bevölkerung
... die Alterung der Gesellschaft in Deutschland beschreiben.	👍 👉 👎	Kapitel 8.1: M11; Kapitel 8.2: #Demografischer Wandel
... beschreiben, was Zuwanderer einerseits und die deutsche Gesellschaft andererseits zu einer guten Integration beitragen können.	👍 👉 👎	Kapitel 8.2: M1-M3 Kapitel 8.3: M9-M11 # Integration in Schule und Beruf
... mindestens zwei Schwierigkeiten und zwei Vorteile von Integration und Einwanderung erläutern.	👍 👉 👎	Kapitel 8.3: M1-M4, M7 #Vorteile und Nachteile von Zuwanderung
... an einem Beispiel beschreiben, wie Zuwanderer durch politische Regeln oder Maßnahmen besser integriert werden.	👍 👉 👎	Kapitel 8.3: M3- M4 #Einbürgerungsgesetz

TRAINING

M1   Deutsch sein bedeutet ...

...»deutsch«, das bedeutet... also äh... wie soll ich sagen?... eine bestimmte Kultur... eine typische Lebensform... ganz bestimmte Werte und so...

die deutsche Staatsbürgerschaft:

ALI   FRITZ

Karikatur: Gerhard Mester

Aufgaben

1. a) Beschreibe die Karikatur.
   b) Erläutere, welche Meinung zum Thema Integration der Zeichner hat.
2. a) Erstelle eine Tabelle mit Stichworten:

Was die Integration von Zuwanderern erleichtert ...	Was die Integration von Zuwanderern erschwert ...

   b) Ordne zu, wer jeweils für die genannten Punkte verantwortlich ist: die Zuwanderer selbst, die deutsche Gesellschaft, politische Regeln/Maßnahmen.
3. Gestalte ein Plakat für eine Einwanderungsgesellschaft, das für mehr wechselseitiges Verständnis zwischen den Einheimischen und den Zuwanderern wirbt.
4. Braucht Deutschland mehr Zuwanderung? Verfasse eine kurze Rede mit drei wichtigen Argumenten.

Jeder sollte das Recht haben ...

Jeder sollte das Recht haben ...

Jeder sollte das Recht haben ...

Jeder sollte das Recht haben ...

Nach einer Idee von K. Metzger, Politik betrifft uns, 3/2013

Was weißt du schon?

1. Schau dir die Bilder genau an und ergänze jeweils das Satzende.
2. a) Formuliere eine weitere Forderung.
   b) Beschreibe ein dazu passendes Bild.
3. Vergleiche deine Ergebnisse mit denen eines Partners / einer Partnerin.

9

#Grundrechte

Sobald wir mit mehreren Menschen zusammentreffen, handeln wir miteinander Regeln aus, an die wir uns halten. In einem Staat wie der Bundesrepublik Deutschland sind diese Regeln, die das Zusammenleben in der Gesellschaft ermöglichen, als Gesetze formuliert. Jeder muss sich an diese Gesetze halten. Den wichtigsten Rahmen unserer Rechtsordnung stellt in der Bundesrepublik Deutschland das Grundgesetz dar. Hier sind unsere Grundrechte festgeschrieben, die in ihrem Wesen unveränderlich sind.

Was lernst du in diesem Kapitel?

… welche Bedeutung die Grundrechte sowohl für das Zusammenleben der Menschen in Deutschland als auch für den Einzelnen in unserer Gesellschaft haben.

… welche Rechte und Regeln es zum Schutz der Grundrechte gibt.

GEMEINSAM AKTIV

Eine Foto-Safari zur Bedeutung der Grundrechte in unserem Alltag erstellen

Bei der Beschäftigung mit diesem Kapitel werdet ihr schnell feststellen, wie eng die hier behandelten Themen mit eurem Lebensalltag verbunden sind. Im Mittelpunkt stehen die Grundrechte. Aber wo genau begegnen euch diese Grundrechte in eurem Alltag? Fotografiert Situationen, die besonders eindrucksvoll diese Grundrechte in eurem Alltag beschreiben.

Geht dabei so vor:

1 Arbeitet in Gruppen von bis zu vier Schülerinnen und Schülern.

2 Klärt zunächst folgende Fragen:
Was sind eigentlich Grundrechte?
(→ Kapitel 9.1: M2, M3)
Welche Rolle spielen Grundrechte in unserem Alltag?
(→ Kapitel 9.1: M1)
Weshalb können Grundrechte manchmal im Konflikt zueinander stehen?
(→ Kapitel 9.1: M5-M7)
Schützt unsere Rechtsordnung Minderheiten? Wenn ja, wie?
(→ Kapitel 9.2: M1-M3, M5)

3 Nennt fünf Situationen, in denen ihr dem Thema „Grundrechte" regelmäßig in eurem Alltag begegnet. Versucht dabei auch, Situationen zu finden, in denen Grundrechte im Konflikt zueinander stehen
(→ Kapitel 9.1: M5-M7)
oder in denen sich der besondere Schutz von Minderheiten zeigt.
(→ Kapitel 9.2: M1-M5)

4 Fotografiert dann die eurer Meinung nach jeweils aussagekräftigste Situation. Achtung: Bedenkt, dass ihr die Persönlichkeitsrechte Anderer nicht verletzen dürft. Klärt gegebenenfalls, ob ihr andere Personen fotografieren dürft. Vermeidet es, die Fotos (z. B. auf sozialen Netzwerken) zu verbreiten. Druckt die Fotos aus.

5 Erstellt ein Ranking der von euch in Kleingruppen fotografierten Grundrechtesituationen:
1 – besonders wichtig in meinem Alltag, 5 – am wenigsten wichtig in meinem Alltag. Begründet eure Reihenfolge.

6 Klebt die Fotos entsprechend eures Rankings auf ein Poster.

7 Führt abschließend eine Ausstellung durch, indem ihr alle Poster (pro Kleingruppe = 1 Poster) im Klassenzimmer aufhängt.

9.1 Grundrechtegarantie – Qualitätsmerkmal unserer Gesellschaft

Grundrechte: Fester Bestandteil in unserem Alltag?!

Recht – damit hast du nichts zu tun? Du wirst schnell merken, dass du täglich damit in Berührung kommst. Das Recht bildet einen wichtigen Rahmen, der es uns überhaupt erst möglich macht, unsere Rechte und Freiheiten in Anspruch zu nehmen.

M1 Entscheidungsspiel: Geht oder geht nicht?

Fall 1
In der letzten Zeit gibt es in der Klasse 8c häufig Streit, einzelne Cliquen haben sich gebildet. Die Konflikte spitzen sich so zu, dass peinliche Fotos Einzelner, die auf der letzten Klassenparty aufgenommen worden waren, in ein soziales Netzwerk gestellt werden, um die jeweiligen Gegenspieler zu schädigen.

Fall 2
Vor einem Einkaufsmarkt in Stuttgart sitzen zwei Frauen mit Kopftuch und unterhalten sich. Zwei Jugendliche kommen hinzu und fordern die beiden auf, die Bank zu räumen, denn mit Kopftüchern hätten sie hier in der Öffentlichkeit nichts zu suchen.

Fall 3
Malina (16) hat sich für einen Aushilfsjob in einer Druckerei beworben. Im Bewerbungsgespräch teilt ihr der Chef mit, dass seine Druckerei auf dem absolut neuesten technischen Stand sei, man für diese Aushilfstätigkeit viel technisches Verständnis mitbringen müsse und er an eine männliche Aushilfe gedacht hatte.

Fall 4
Alle Kinder mit Ausnahme von Mattis (13) sind zum evangelischen Religionsunterricht angemeldet. Der Schulleiter bestimmt, dass auch Mattis am evangelischen Religionsunterricht teilnehmen muss. Er begründet seine Entscheidung damit, dass die Schule sonst ein Problem in ihrer Aufsichtspflicht sieht.

Fall 5
Ein schwerer Verkehrsunfall mit Toten und Verletzten hat sich ereignet. Reporter kommen an den Ort und fotografieren die Szenerie.

Dörthe Hecht, Politik betrifft uns, 3/2013

M2   Ist ein Ranking möglich?

Auszug aus den Grundrechten des Grundgesetzes der Bundesrepublik Deutschland

Glaubens-, Gewissens- und Bekenntnisfreiheit
(1) Die Freiheit des Glaubens, des Gewissens und die Freiheit des religiösen und weltanschaulichen Bekenntnisses sind unverletzlich. [...]

Schulwesen
(1) Das gesamte Schulwesen steht unter Aufsicht des Staates. [...]

Persönliche Freiheitsrechte
(1) Jeder hat das Recht auf freie Entfaltung seiner Persönlichkeit [...].

Unverletzlichkeit der Wohnung
(1) Die Wohnung ist unverletzlich. [...]

Gleichheitsgrundsatz
(1) Alle Menschen sind vor dem Gesetz gleich. [...]

Versammlungsfreiheit
(1) Alle Deutschen haben das Recht, sich ohne Anmeldung oder Erlaubnis friedlich und ohne Waffen zu versammeln.

Ehe, Familie, Kinder
(1) Ehe und Familie stehen unter einem besonderen Schutze der staatlichen Ordnung. [...]

Meinungs-, Informations-, und Pressefreiheit; Kunst- und Wissenschaft
(1) Jeder hat das Recht, seine Meinung in Wort, Schrift und Bild frei zu äußern und zu verbreiten [...].

Brief-, Post- und Fernmeldegeheimnis
(1) Das Briefgeheimnis, sowie das Post- und Fernmeldegeheimnis sind unverletzlich. [...]

Menschenwürde
(1) Die Würde des Menschen ist unantastbar. [...]

Vereinigung-, Koalitionsfreiheit
(1) Alle Deutschen haben das Recht, Vereine und Gesellschaften zu bilden. [...]

 # GRUNDGESETZ

Das Grundgesetz (GG) ist das wichtigste Gesetz in Deutschland.
Es regelt, wie der Staat aufgebaut ist. Hier finden sich auch die bedeutendsten Regeln: die Grundrechte.

 # GRUNDRECHTE

Die Grundrechte stehen ganz am Anfang des Grundgesetzes in den Artikeln 1-19. Sie dürfen in ihrem Wesen nicht verändert oder gar entfernt werden. Dies spiegelt die besondere Bedeutung der Grundrechte wider. Die Grundrechte verpflichten auch den Staat und alle staatlichen Gewalten, diese Grundrechte einzuhalten und zu schützen. In Artikel 1 GG findet sich das wohl bedeutendste Grundrecht. „Die Würde des Menschen ist unantastbar. Sie zu achten und zu schützen ist Verpflichtung aller staatlichen Gewalt."

M3 Die Grundrechte im Überblick

Die Grundrechte
Grundgesetz für die Bundesrepublik Deutschland, Artikel 1 bis 19

- Schutz der Menschenwürde (1)
- Freiheit der Person (2)
- Gleichheit vor dem Gesetz (3)
- Glaubens- und Gewissensfreiheit (4)
- Freie Meinungsäußerung (5)
- Schutz von Ehe und Familie (6)
- Elternrechte, staatliche Schulaufsicht (7)
- Versammlungsfreiheit (8)
- Vereinigungsfreiheit (9)
- Brief- und Telefongeheimnis (10)
- Recht der Freizügigkeit (11)
- Freie Berufswahl (12)
- Wehrdienst / Zivildienst (12a)
- Unverletzlichkeit der Wohnung (13)
- Eigentumsgarantie (14)
- Überführung in Gemeineigentum (15)
- Staatsangehörigkeit, Auslieferung (16)
- Asylrecht (16a)
- Petitionsrecht (17)
- Aberkennung von Grundrechten (18)
- Rechtsweggarantie (19)
- Volkssouveränität, Widerstandsrecht (20)
- Anspruch auf den gesetzlichen Richter (101)
- Gleicher Zugang zu öffentlichen Ämtern (33)
- Anspruch auf rechtliches Gehör vor Gericht (103)
- Wahlrecht (38)
- Schutz vor willkürlicher Verhaftung (104)

© Bergmoser + Höller Verlag AG, Zahlenbilder 60 110

Der deutsche Rechtsstaat garantiert die Grundrechte seiner Bürger (Artikel 1 bis 19 des Grundgesetzes) und schützt sie vor staatlicher Willkür. Er
5 gewährt allen Bürgerinnen und Bürgern neben unbedingter Rechtssicherheit (d. h. Klarheit, Bestimmtheit und Beständigkeit staatlicher Entscheidungen) auch Rechtsgleichheit
10 (d. h. vor dem Gesetz sind alle gleich – unabhängig davon, aus welcher Familie sie stammen, wie viel Geld sie besitzen oder wie berühmt sie sind). Alle staatlichen Eingriffe bedürfen einer gesetzlichen Grundlage (Gesetzes- 15 vorbehalt) und sämtliche Entscheidungen müssen von unabhängigen Gerichten überprüft werden können. Das nennt man Rechtsgebundenheit von Regierung, Verwaltung und Justiz. 20

AUFGABEN

1. a) Entscheide für die Situationen 1-5, ob so verfahren werden darf. Begründe deine Entscheidung (**M1, M2**).
   b) Vergleiche deine Ergebnisse mit denen eines Partners/einer Partnerin.
   c) Beschreibt, wie ihr vorgehen müsst, um eure Ergebnisse zu überprüfen.
2. Erstelle ein „Grundrechte-Ranking". Beginne dabei mit dem für dich wichtigsten Grundrecht. Begründe jeweils deine Entscheidung (**M2**).
3. Vergleiche deine Ergebnisse aus Aufgabe 2 mithilfe des Grundrechtekatalogs des Grundgesetzes (**M3**).

zu Aufgabe 3
Bittet euren Lehrer/eure Lehrerin, euch ein Grundgesetz zu geben.

Grundrechte im Konflikt

Nicht immer ist es einfach, alle Grundrechte auch in der Realität wirklich angemessen zu gewährleisten. Manchmal können Grundrechte sogar miteinander in Konflikt stehen. Im Einzelfall müssen dann Gerichte entscheiden, welches Grundrecht in einem ganz konkreten Fall wichtiger als ein anderes ist. Hier setzt du dich mit der Frage auseinander, ob der Staat foltern darf, um Leben zu retten: darf der Staat die Würde eines Opfers höher gewichten als die Würde eines möglichen Täters?

M4 Folter im Rechtsstaat?

Karikatur: Gerhard Mester, 2003

M5 Hintergrund „Der Fall Daschner"

Polizeipräsident Daschner informierte die Staatsanwaltschaft über sein Vorgehen.

Am 27. September 2002 wurde der 11-jährige Bankierssohn Jakob von Metzler entführt und – wie sich später herausstellt – ermordet. Schnell wird der Jurastudent Magnus Gäfgen festgenommen und von Polizisten verhört. Er war dringend tatverdächtig. Die Polizisten gingen davon aus, dass Gäfgen den Aufenthaltsort des Jungen kannte. Sie drohten ihm Gewalt an, falls er das Versteck des Jungen nicht verraten würde. Der zuständige Frankfurter Polizeivizepräsident Wolfgang Daschner hatte die Androhung von Gewalt angeordnet. Gäfgen lenkte daraufhin ein und nannte das Versteck des entführten Jungen. Man fand allerdings nur noch dessen Leiche.
Am 28.7.2003 wurde Magnus Gäfgen „wegen Mordes in Tateinheit mit erpresserischem Menschenraub mit Todesfolge [...] zu lebenslanger Freiheitsstrafe als Gesamtstrafe verurteilt"

LG Frankfurt am Main, Az. 5/22 Ks 2/03 3490 Js 230118/02

M6 Entschädigung für einen Kindermörder? Das Urteil

Das Land Hessen muss dem Kindsmörder Magnus Gäfgen wegen der Folterdrohung im Polizeiverhör eine Entschädigung von 3.000 Euro zahlen. Das hat das Oberlandesgericht Frankfurt zehn Jahre nach Gäfgens Mord entschieden. […] Das Landgericht hatte sich in seinem Urteil auf die Vorgaben des Europäischen Gerichtshofs für Menschenrechte (EGMR) stützen müssen. Dieser hatte 2010 festgestellt, dass die Androhung von Folter eine unmenschliche Behandlung im Sinne der Europäischen Menschenrechtskonvention war und ausnahmslos verboten ist.

ZEIT ONLINE, dpa, 10.10.2012

legal
einem Gesetz bzw. der Rechtsordnung entsprechend

legitim
rechtmäßig, allgemein anerkannt

M7 Entscheidung des Frankfurter Landgerichts: Kommentar

„Der Mann hat ein Kind entführt und getötet. Er hat viel Schlimmeres getan, als ihm selbst widerfuhr. Er, der Mörder, musste nicht mehr als die Drohung eines Polizisten ertragen, ihm Schmerzen zuzufügen. 3.000 Euro für so einen? Und doch ist es eine gute Nachricht. Der Polizist hat das Unantastbarste verletzt, was der Staat, den er vertrat, garantiert: die Menschenwürde."

Stephan Hebel, Frankfurter Rundschau, 5.8.2011

AUFGABEN

1. a) Analysiere die Karikatur.
   b) Benenne, welches Problem, das im Zusammenhang mit den Grundrechten steht, hier thematisiert wird (**M4**).

2. Positioniert euch vor dem Hintergrund des Falls Daschner entlang einer Positionslinie zu der Fragestellung: Darf der Staat Folter androhen, um Leben zu retten? (**M5**)

   Ja ←- - - - - - - - - - - - - - - - - - - -→ Nein

3. Erkläre, welche Grundrechte der Polizeivizepräsident Daschner in Folge der Festnahme Gäfgens gegeneinander abwägen musste (**M5**).

4. Arbeite aus **M7** die wesentlichen Argumente heraus, die zur Verurteilung des Landes Hessen zur Zahlung einer Geldentschädigung an den wegen Mordes verurteilten Magnus Gäfgen genannt werden.

5. Bewertet vor dem Hintergrund von **M5-M7** die Aussage „In einem Rechtsstaat muss auch ein Kindermörder wie Gäfgen gegebenenfalls entschädigt werden."

zu Aufgabe 3
Denke daran, dass die Grundrechte sowohl für das Opfer als auch für den Täter gelten.

zu Aufgabe 5
Gehe dabei entsprechend des Leitfadens auf der Folgeseite vor.

KOMPETENZ: Urteilen

Vom Bauchgefühl zum begründeten Urteil

Bei kontroversen politischen Fragestellungen wird häufig spontan, „aus dem Bauch heraus", geurteilt. Ein politisches Urteil allerdings ist eine begründete Aussage als Ergebnis eines gründlichen Denkprozesses. In der Regel geht es hierbei um politische Probleme, deren Dringlichkeit für die Betroffenen ein Handeln erfordern, z. B. die Entscheidung auf die Frage „Darf man foltern, um zu retten?" oder „Muss ein Kindermörder entschädigt werden?" Als Ergebnis stehen Ja/Nein-Entscheidungen. Je nach Perspektive wählt der Betroffene unter verschiedenen Alternativen aus. Die Entscheidung erfolgt unter Berücksichtigung verschiedener Kriterien, die es offen zu legen gilt und deren Auswahl begründet werden muss, damit das politische Urteil von Anderen nachvollzogen werden kann.

1. Ein spontanes Urteil fällen
Eine kontroverse politische Entscheidung zwingt dich, Position zu beziehen. Du fällst ein spontanes Urteil.

2. Das spontane Urteil überprüfen
Anhand von Kriterien, die allen bekannt sind, überprüfst du dein Spontanurteil.

3. Zu einem Gesamturteil kommen
Du fasst Teilurteile zusammen und wägst sie gegeneinander ab. Als Ergebnis wirst du entweder dein Spontanurteil bestätigen können oder aber du musst es nach Abwägung aller Kriterien revidieren und neu formulieren.

Analytisch lassen sich **Sachurteil und Werturteil** voneinander trennen, auch wenn das politische Urteil meist beide Urteilsebenen umfasst: Ein Sachurteil überprüft Einschätzungen oder Forderungen neben der Frage nach ihrer Verfassungsmäßigkeit (Legalität) daraufhin, ob sie geeignet sind, ein politisches Problem zu lösen (Effizienz). Werturteile beurteilen politische Entscheidungen, Situationen oder Positionen nach moralischen Maßstäben (Legitimität, Verantwortbarkeit).

Sachurteil	Werturteil
• Ist ein politisches Programm/eine Forderung mit bestehenden Gesetzen (insbesondere Grundgesetz) vereinbar (**Verfassungsmäßigkeit, Legalität**)? • Ist ein politisches Programm/eine Forderung geeignet, ein vorhandenes politisches Problem zu lösen (**Effizienz**)? Wird dabei die Entstehung neuer Probleme vermieden? • Ist ein politisches Programm/eine Forderung politisch **durchsetzbar**?	• Ist ein politischer Sachverhalt in dem Sinne **legitim** (politisch anerkennungswürdig), dass er mit geltenden **Regeln** übereinstimmt, Bürgerinnen und Bürgern die Möglichkeit zur Mitbestimmung (**Partizipation**) eröffnet und für die Öffentlichkeit nachvollziehbar (**Transparenz**) ist? • Ist ein politisches Programm/eine Forderung mit anerkannten **Grundwerten** des Zusammenlebens in der demokratischen Gesellschaft (Sicherheit, Frieden, Freiheit, Solidarität, Gerechtigkeit) vereinbar? • Ist ein politisches Programm/eine Forderung mit meinen persönlichen **Wertmaßstäben** (unterschiedliche Vorstellungen von Gerechtigkeit, Grundwerten ...) vereinbar?

GRUNDWISSEN

WAS MACHT DAS GRUNDGESETZ AUS?

GRUNDGESETZ (M2)

Das Grundgesetz, unsere Verfassung, ist das wichtigste Gesetz der Bundesrepublik Deutschland. Das Grundgesetz ist nicht in Paragrafen, sondern in Artikel unterteilt. Es gibt 146 Artikel, wobei die ersten 19 Artikel die wichtigsten sind, denn sie enthalten die Grundrechte. Durch die Ewigkeitsklausel (Art. 79,3 GG) sind die Art. 1 GG (Menschenwürde) und 20 GG (Staatsprinzipien) geschützt, d. h. man darf diese niemals ändern. Alle anderen Artikel des Grundgesetzes dürfen nur mit 2/3 Mehrheit des Bundestages und des Bundesrates geändert werden.

DAS WESEN DER GRUNDRECHTE (M2-M3)

Die im Grundgesetz verankerten Grundrechte sind Abwehrrechte gegen den Staat und geben unserem Zusammenleben den bedeutsamsten Rahmen. Hier steht, was der Staat im Umgang mit den Bürgerinnen und Bürgern darf und was er nicht darf: Die Artikel 1 – 19 garantieren Gleichheits- und Freiheitsrechte und verpflichten zugleich den Staat und alle staatlichen Gewalten, diese Grundrechte zu gewähren und zu schützen. Stehen Grundrechte miteinander im Konflikt, muss für den Einzelfall abgewogen werden, welches Recht schwerer wiegt.

GRUNDRECHTE IM KONFLIKT (M4-M6)

Manchmal können Grundrechte zueinander in Konflikt stehen. Dann muss abgewogen werden, welche Einschränkungen das Gesetz erlaubt und welche Rechte im Einzelfall schwerer wiegen. So muss der Staat laut Artikel 2 GG zum Beispiel die persönlichen Freiheitsrechte seiner Bürgerinnen und Bürger gewähren. Zugleich muss er aber auch dafür sorgen, dass sie dieses Recht in Anspruch nehmen können, d.h. der Staat muss für die Sicherheit seiner Bürgerinnen und Bürger sorgen. Ein zu hohes Maß an Sicherheit aber schränkt die Freiheit des Einzelnen ein. Insbesondere im Zusammenhang mit terroristischen Anschlägen wird deshalb immer wieder die Frage diskutiert, ob der Staat die Freiheit seiner Bürgerinnen und Bürger zugunsten von mehr Sicherheit, z. B. durch eine stärkere Überwachung einschränken darf.

9.2 Wie wird die Minderheit der Sinti und Roma in Baden-Württemberg geschützt?

Nationale Minderheiten haben es häufig schwer, ihre Kultur, ihre Sprache und Traditionen zu bewahren. Noch schwieriger wird das Leben für Minderheiten, wenn sie durch Teile der Mehrheitsgesellschaft ignoriert, im schlimmeren Fall sogar diskriminiert werden. Am Beispiel der Sinti und Roma erfahrt ihr hier, weshalb die Einhaltung der Grundrechte eine besondere Bedeutung für Minderheiten und gleichzeitig eine große Herausforderung für die deutsche Gesellschaft darstellt.

M1 (Diskriminierungs-) Szenen aus dem Alltag

1 Anruf bei der Polizei

In Dortmund riefen Nachbarn, die neben Roma-Familien leben, die Polizei. Ihre Beobachtung: Erwachsene gingen mit je einem Kind in eine „verdächtige" Wohnung und kämen ohne Kind wieder heraus. Die Polizisten stellten fest: Es war ein Kindergeburtstag.

Andrea Grunau, www.dw.de, 25.9.2013

2 Vorsicht Taschendiebe

Kürzlich warnte eine Kriminalinspektion in Rheinland-Pfalz vor Taschendieben aus Südosteuropa, „zum größten Teil aus Rumänien, vereinzelt auch aus Bulgarien oder der Slowakei". Sie bat rund 200 Hoteliers in einer E-Mail „bei Zimmerbuchungen ein Augenmerk darauf zu richten, ob es sich um Personen aus diesen Herkunftsländern handelt" – und deren Personalien und Pkw-Kennzeichen an die Polizei weiterzugeben.

Freia Peters, www.welt.de, 3.9.2014

3 Wohnung schon vergeben

Auch Schneeberger [Landesvorsitzender der deutschen Sinti und Roma in Bayern] hat Diskriminierung schon persönlich erlebt. Zum Beispiel bei der Wohnungssuche. „Als Landesverbandsvorsitzender bin ich sozial und finanziell gut gestellt, darüber müsste sich jeder Vermieter freuen. Aber als ich bei der Wohnungsbesichtigung erklärte, wer ich bin, war die Wohnung plötzlich schon vergeben."

Angelika Kahl im Interview mit Erich Schneeberger, www.bayerische-staatszeitung.de, 12.9.2014

NATIONALE MINDERHEITEN

In Deutschland leben vier nationale Minderheiten: die Dänen, die friesische Volksgruppe, die deutschen Sinti und Roma sowie das sorbische Volk.

Als nationale Minderheiten werden in Deutschland Bevölkerungsgruppen bezeichnet, die folgenden Kriterien erfüllen: Ihre Angehörigen sind deutsche Staatsangehörige. Sie haben eine eigene Sprache, Kultur und Geschichte und wollen diese bewahren. Sie leben in der Regel seit Jahrhunderten in Deutschland in eigenen Siedlungsgebieten. Zum letztgenannten Kriterium gibt es eine Ausnahme: die deutschen Sinti und Roma. Sie sind in Deutschland als nationale Minderheit anerkannt, obwohl sie meist in kleinerer Zahl nahezu in ganz Deutschland und nicht in abgegrenzten eigenen Siedlungsgebieten leben.

Nach: www.bmi.bund.de, 15.7.2016

M2 Minderheiten-Studie: Erhebliche Vorbehalte gegen Sinti und Roma

Jeder dritte Deutsche will keine Sinti oder Roma als Nachbarn. Zu diesem Schluss kommt eine Studie im Auftrag der Antidiskriminierungsstelle des Bundes. […] Keine andere Minderheit hat so viel mit einer Ablehnungshaltung zu kämpfen wie Sinti und Roma.

- Etwa 20 Prozent der Befragten zeigen eine klare Abneigung gegenüber dieser Gruppe […]. Andere Untersuchungen wie etwa die „Mitte"-Studie von 2014 kommen zu deutlich höheren Werten.
- Anders als bei anderen Minderheiten zieht sich diese Abneigung durch alle Bevölkerungsschichten.
- Deutlich mehr Befragte bekunden eine offenkundige „Antipathie" gegenüber Sinti und Roma (17 Prozent) als z. B. gegenüber Muslimen (11 Prozent) und Asylbewerbern (9 Prozent).
- Viele sind der Meinung, dass sie „durch ihr Verhalten" für diese Feindseligkeit selbst verantwort-

5

10

15

lich sind: Bei Muslimen denken das 51, bei Sinti und Roma 49 und bei Asylbewerbern 41 Prozent.
- Auf die Frage, was für ein „gutes Zusammenleben mit Sinti und Roma" notwendig sei, antworteten 80 Prozent mit der „Bekämpfung von Leistungsmissbrauch" und 78 Prozent mit „Kriminalitätsbekämpfung".
- Ungeachtet der Tatsache, dass viele Angehörige der Minderheit deutsche Staatsbürger sind, schlagen 22 Prozent der Befragten eine Abschiebung als Maßnahme für ein besseres Zusammenleben vor.

20

25

30

35

Ferda Ataman, Fabio Ghelli, www.mediendienst-integration.de, 4.9.2014

Leistungsmissbrauch
Von Leistungsmissbrauch spricht man, wenn jemand in Deutschland Sozialleistungen (z. B. Hartz IV) deswegen erhält, weil er nicht alle Tatsachen angibt, die für die Leistung erheblich sind. Das gilt auch für die Beantragung solcher Leistungen.

Antipathie
Abneigung, Widerwille

M3 Wer sind eigentlich Sinti und Roma?

Roma gilt als der allgemeine Sammelbegriff für die außerhalb des deutschen Sprachraums lebenden Gruppen; in Deutschland wird er überwiegend für die Gruppen im südosteuropäischen Raum gebraucht. Lange Zeit wurde der Begriff „Zigeuner" benutzt, der eine Fremdbezeichnung ist und von vielen Sinti und Roma als beleidigend oder herabsetzend empfunden wird.

Sinti (Einzahl, männlich: Sinto; Einzahl, weiblich: Sintez(z)a) und Roma (Einzahl, männlich: Rom, auch Ehemann oder Mensch; Einzahl, weiblich: Romni) sind die Bezeichnungen von im gesamten Europa lebenden Minderheitengruppen. Die Bezeichnung Sinti für die mitteleuropäischen Gruppen leitet sich möglicherweise von der Region Sindh (Indus) ab.

Udo Engbring-Romang, www.bpb.de, 24.2.2014

M4 Was macht ein gutes Zusammenleben mit Sinti und Roma aus?

Vorschläge der Befragten für ein gutes Zusammenleben mit Sinti und Roma

Integrationsangebote	91%
Freier Zugang zum Arbeitsmarkt	83%
Bekämpfung von Leistungsmissbrauch	80%
Kriminalitätsbekämpfung	78%
Eingreifen der Jugendämter	70%
Vermietung ohne Ansehen der Person	68%
Minderheitenrechte stärken	63%
Bereitstellung von Sozialleistungen	56%

Nach: www.sueddeutsche.de, 3.9.2014

MINDERHEITENSCHUTZ IM GRUNDGESETZ

Im Grundgesetz ist der Minderheitenschutz nicht ausdrücklich geregelt. Die „Väter und Mütter der Verfassung" wollten diesen vielmehr mit der strikten Gleichbehandlung, der in Artikel 3 GG festgeschrieben ist, zum Ausdruck bringen.

M5 Der Staatsvertrag

Ministerpräsident Winfried Kretschmann und Daniel Strauß, Vorsitzender des Landesverbands Deutscher Sinti und Roma [Baden-Württemberg], haben am 28.11.2013 einen Staatsvertrag im Rahmen einer gemeinsamen Veranstaltung von Landesregierung, Landtag und Landesverband unterzeichnet. „Sinti und Roma sind ein Teil von Baden-Württemberg. Dieses Land ist unsere gemeinsame Heimat. Der Staatsvertrag enthält das klare Bekenntnis zur Anerkennung der baden-württembergischen Sinti und Roma und legt eine verbindliche Förderung der Minderheit fest", sagte Ministerpräsident Winfried Kretschmann.

www.baden-wuerttemberg.de, 28.11.2013

Der Ministerpräsident Winfried Kretschmann und der Vorsitzende des baden-württembergischen Landesverbands Deutscher Sinti und Roma, Daniel Strauß, unterzeichnen am 28.11.2013 in Stuttgart den Staatsvertrag.

AUFGABEN

1. Nenne deine Erfahrungen mit Vorurteilen gegenüber Minderheiten?
2. Begründe mithilfe des Grundgesetzes, inwiefern die in **M1** dargestellten Szenen jeweils eine Diskriminierung darstellen.
3. In **M2** finden sich Auszüge aus der im September 2014 veröffentlichten Minderheiten-Studie.
   a) Arbeite die wesentlichen Ergebnisse der Studie heraus.
   b) Nenne konkrete Vorschläge, was jeder Einzelne von uns gegen die dargestellten Vorbehalte tun kann.
4. Vergleicht eure Vorschläge mit den Ergebnissen der repräsentativen Umfrage zum Zusammenleben mit Sinti und Roma (**M4**).
5. Erkläre, inwiefern ein Staatsvertrag zwischen dem Land Baden-Württemberg und den Sinti und Roma eine Änderung im Umgang miteinander bewirken kann (**M5**).
6. Stellt den Umgang mit Minderheiten bei euch vor Ort dar. Geht dabei entsprechend des Leitfadens auf der Folgeseite vor.

H zu Aufgabe 3b)
Die Vorschläge in **M4** können euch hierbei helfen.

F zu Aufgabe 5
Erläutere, weshalb der Minderheitenschutz nicht ausdrücklich im Grundgesetz geregelt worden ist, aber ein Staatsvertrag durchaus Sinn machen kann.

KOMPETENZ: Methode

Recherche vor Ort: Wie werden Minderheiten in unserer Gemeinde / Stadt / Region unterstützt?

Den Minderheitenschutz bei euch vor Ort könnt ihr mit einer Recherche am Beispiel der Situation der Sinti und Roma oder aber auch am Beispiel der Barrierefreiheit für Menschen mit Gehbehinderung erkunden. In einer Gemeinde- bzw. Stadtverwaltung gibt es viele Experten, die die euch fachkundig Auskunft geben können. So könnt ihr bei eurer Recherche vor Ort vorgehen:

1. **Problemstellung festlegen**
   - Fragestellungen sammeln, die euch im Zusammenhang mit dem Thema „Sinti und Roma in Baden-Württemberg" besonders interessieren

2. **Experten entsprechend der Fragestellungen auswählen**
   - eine Liste mit Experten/Ansprechpartnern, z. B. Abgeordnete, Bürgermeister, städtische Verwaltung/Sachbearbeiter, Polizisten etc. und deren Kontaktdaten erstellen

3. **Konkrete Aufgaben festlegen und auf Kleingruppen verteilen**
   - einen Plan über den organisatorischen (zeitlich und räumlichen) und inhaltlichen Ablauf der Recherche vor Ort erstellen
   - Kleingruppen bilden und Zuständigkeiten verteilen, z. B. für rechtzeitige Terminabsprachen sorgen; Ansprechpartner über Vorhaben und konkrete Problemstellung informieren (E-Mail, Telefonat); klären, ob das Gespräch ggf. mitgeschnitten werden darf

4. **Recherche durchführen**
   - Adressaten- und sachgerechte Kommunikation mit dem Gesprächspartner beachten

5. **Ergebnisse der Recherche nachbereiten**
   - Präsentation erstellen
   - Bezug zur ausgewählten Fragestellung beachten

6. **Präsentation halten und bewerten**
   - Wurde das Thema angemessen präsentiert?
   - Wurde die zuvor ausgewählte Fragestellung beachtet?
   - …

7. **Methode auswerten**
   - Haben sich alle Gruppenmitglieder an die vereinbarten Aufgaben gehalten?
   - Was sind Vor- bzw. Nachteile einer Recherche vor Ort?
   - …

GRUNDWISSEN

(WIE) WERDEN MINDERHEITEN GESCHÜTZT?

MINDERHEITEN (M3, #NATIONALE MINDERHEITEN)

Bevölkerungsgruppen, die in Deutschland leben und sich von der Mehrheit der Bevölkerung unterscheiden, genießen einen besonderen Schutz, wenn sie bestimmte Kriterien erfüllen. Dazu gehört u.a., dass sie ihre Traditionen pflegen, eine eigene Geschichte haben und ihre eigene Sprache sprechen. In Deutschland sind Sorben, Friesen, Sinti und Roma offiziell anerkannte Minderheiten. Damit genießen sie in der Bundesrepublik einen Minderheitenschutz, der ihnen garantiert, dass sie z. B. weiterhin ihre Sprache als offizielle Zweitsprache auch in der Schule verwenden dürfen und dabei vom Staat unterstützt werden – also z. B. das zweisprachige Schulwesen finanziert wird.

MINDERHEITENSCHUTZ IM GRUNDGESETZ (M5, #MINDERHEITENSCHUTZ IM GRUNDGESETZ)

Das Grundgesetz formuliert den Minderheitenschutz nicht ausdrücklich, sondern bringt diesen neben den Artikeln 1 (Menschenwürde) und 2 (Persönlichkeitsrechte) vor allem durch Artikel 3 (Gleichheit vor dem Gesetz) zum Ausdruck. Man kann daher auch von einem impliziten Minderheitenschutz im Grundgesetz sprechen. In einigen Landesverfassungen, z. B. in Schleswig-Holstein, Brandenburg und Sachsen ist der Minderheitenschutz aber enthalten, in anderen wiederum gibt es gesonderte Verträge, wie z. B. in Baden-Württemberg.

BADEN-WÜRTTEMBERGISCHE SINTI UND ROMA (M5)

Mit dem im Jahr 2013 unterzeichneten Staatsvertrag zwischen dem Land Baden-Württemberg und den baden-württembergischen Sinti und Roma wird dokumentiert, dass Sinti und Roma ein Teil von Baden-Württembergs sind und dies ihre Heimat ist. Zugleich legt der Vertrag eine verbindliche Förderung der Minderheit fest und konkretisiert damit den in Artikel 3 GG festgeschriebenen Minderheitenschutz auf Landesebene.

SELBSTEINSCHÄTZUNG

In diesem Kapitel hast du dich mit Grundrechten auseinandergesetzt. An Beispielen hast du gesehen, dass es in der Realität oftmals nicht ganz einfach ist, allen Grundrechten wirklich immer gerecht zu werden. Mithilfe der Tabelle kannst du einschätzen, wie fit du jetzt in diesem Thema bist.

Ich kann …	Das klappt schon …	Hier kann ich noch üben …
… beschreiben, was unter Grundrechten zu verstehen ist.	👍 🤏 👎	Kapitel 9.1: M2, M3, #Grundgesetzt, #Grundgesetze
… an einem Fallbeispiel die Verletzung von Grundrechten beschreiben.	👍 🤏 👎	Kapitel 9.1: M1, M5
… rechtliche Regelungen nennen, die es in unserer Rechtsordnung zum Schutz der Grundrechte gibt.	👍 🤏 👎	Kapitel 9.1: #Grundrechte
… an einem Fallbeispiel einen Grundrechtekonflikt beschreiben.	👍 🤏 👎	Kapitel 9.1: M5-M7, #Grundrechte im Konflikt
… die Bedeutung der Grundrechte vor dem Hintergrund des Minderheitenschutzes erläutern.	👍 🤏 👎	kapitel 9.2: M3, M5, #Nationale Minderheiten, #Minderheitenschutz im Grundgesetz

TRAINING

M1 Per Webcam direkt ins Zimmer der Schüler …

Sicher haben es die Pädagogen der Harriton High School nur gut gemeint, als sie Laptops mit winzigen Kameras an ihre Schüler verteilten. […] Dort, im US-Bundesstaat Pennsylvania, hat sich die stellvertretende Direktorin bestimmt nichts Böses dabei gedacht, als sie den Schüler Blake Robbins, 15, zu sich ins Zimmer bat. Die Lehrerin warf Blake „unangemessenes Verhalten" vor. Über eine von der Schule aus der Ferne aktivierte Laptop-Webcam habe sie nämlich erfahren, dass Blake mit Drogen handele, berichtete die Pädagogin. […] Insgesamt 2.300 Lern-Laptops hatte diese Schule […] an Schüler verteilt. Da konnten die Lehrer noch so sehr darauf verweisen, sie hätten durch die Webcam-Fernsteuerung verschollene Laptops wieder aufspüren wollen. Auch seien in 14 Monaten lediglich 42 Mal Webcams heimlich aktiviert worden, betonten sie.

Martin Zips, www.sueddeutsche.de, 24.02.2010

Aufgaben

1. Nenne die Grundrechte, die aus der Perspektive des deutschen Rechtsstaats an der Harriton High (**M1**) verletzt wurden.
2. Beschreibe eine typische Situation, in der aus deiner Sicht ein Grundrecht verletzt wird.

M2 Grundrechte im Alltag

Also, ich will eine offen-freiheitliche Gesellschaft, die die Privatsphäre kompromisslos schützt, aber durch effiziente Überwachung 100%ige Sicherheit garantiert. Was könnte man da machen?

Karikatur: Heiko Sakurei, 2011

Aufgabe

Erläutere die Aussage der Karikatur vor dem Hintergrund der Bedeutung der Grundrechte in unserem Alltag (**M2**).

ERLÄUTERUNGEN ZU OPERATOREN

Operatoren für die gesellschaftswissenschaftlichen Fächer (2016)

Hinweis: Die Anforderungsbereiche sind wechselseitig abhängig. Demzufolge schließt der Anforderungsbereich III die Anforderungsbereiche I und II, der Anforderungsbereich II den Anforderungsbereich I ein. Innerhalb der Anforderungsbereiche haben wir die Operatoren nach ansteigendem Schwierigkeitsgrad angeordnet.

Anforderungsbereich I: Reproduktion
(Wiedergeben und Beschreiben)

Arbeitsanweisung in der Aufgabe	Was ist genau zu tun?	Was dir zusätzlich helfen kann
nennen	Du zählst knapp die gefragten Informationen oder Begriffe auf.	Wenn es Stichworte sein sollen, dann kann es sinnvoll sein, deiner Antwort eine Struktur zu geben: 1. ..., 2. ..., 3. .... usw.
beschreiben	Du gibst die wichtigsten Merkmale in ganzen Sätzen und eigenen Worten wieder. Das kann aus eigenem Wissen oder mithilfe von Bildern, Karikaturen, Statistiken... erfolgen.	Bei Bildern, Karikaturen, Grafiken kannst du folgende Formulierungen verwenden: „Hier ist abgebildet ..." – „Hier sehe ich ..."
bezeichnen	Dieser Operator wird in erster Linie in der Geografie verwendet. Du drückst wichtige Sachverhalte in eigenen Worten aus, die dir z. B. in einer Karte, einer Tabelle oder einem Schaubild aufgefallen sind.	Achte darauf, möglichst exakt auf den Punkt zu bringen, was dir aufgefallen ist und dabei die entsprechenden Fachbegriffe zu verwenden. Dabei hilft dir z. B. die Legende einer Karte.

Anforderungsbereich II: Reorganisation und Transfer
(selbstständiges Erklären, Einordnen und Anwenden)

Arbeitsanweisung in der Aufgabe	Was ist genau zu tun?	Was dir zusätzlich helfen kann
herausarbeiten	Du „filterst" aus einem Material unter bestimmten Gesichtspunkten die entsprechenden Informationen heraus.	Achte darauf, welche Gesichtspunkte in der Aufgabenstellung genannt werden. Vermeide eine reine Inhaltswiedergabe. Gib bei Texten die Zeilen an, auf die du dich beziehst.
charakterisieren	Du findest heraus, worin die charakteristischen Merkmale bestehen und beschreibst das besonders Auffällige.	Du nennst die Merkmale und fasst die wichtigsten Auffälligkeiten zusammen. Verwende Belege.

Arbeitsanweisung in der Aufgabe	Was ist genau zu tun?	Was dir zusätzlich helfen kann
erstellen	Du zeigst Zusammenhänge auf – oft mit einer Skizze oder einer Zeichnung.	Hierfür kannst du z. B. Pfeile, Tabellen oder eine Mindmap verwenden.
darstellen	Du zeigst Zusammenhänge auf. In der Regel schreibst du dazu einen eigenen, gegliederten Text oder entwirfst ein Schaubild.	Damit dein Aufschrieb oder dein Schaubild nicht ein Durcheinander von Sätzen oder Pfeilen wird, kann vorher eine Stichwortsammlung bzw. ein erster Gliederungsentwurf hilfreich sein.
analysieren	Du wertest Materialien systematisch aus.	Es reicht nicht, alle Besonderheiten und Auffälligkeiten aufzuzählen, du musst diese auch sortieren und auswerten, indem du diese in Zusammenhang setzt.
ein-, zuordnen	Du stellst etwas in einen Zusammenhang, der dir durch die weitere Aufgabenstellung vorgegeben wird.	Achte darauf, auch zu erklären, warum das eine zum anderen passt. Als Vorarbeit kann es wichtig sein, zunächst zu beschreiben, was ein- oder zugeordnet werden soll.
begründen	Du untermauerst eine Aussage mit Gründen.	Formulierungen, die du verwenden kannst: „Dafür spricht ..." – „Ein Grund dafür ist ..."
erklären	Du gibst auf der Basis deines Wissens eine Antwort.	Hier sollst du die Gründe für etwas oder die Zusammenhänge von etwas aufzeigen. So kannst du eine Antwort auf die Frage geben, warum etwas so ist oder war. Formulierungen, die du verwenden kannst: „weil ..."; „deshalb ..."; „daher ..."; „dadurch ..."
erläutern	Du erklärst, warum etwas so ist, und nennst dabei Beispiele oder Belege.	Die hier besonders wichtigen Beispiele und Belege sollen deine Erklärung veranschaulichen, also verständlich machen, warum etwas so ist. Formulierungen, die du verwenden kannst: „Dies zeigt sich daran, dass ..." – „Dies wird belegt durch ..."
vergleichen	Du arbeitest aus zwei Materialien bestimmte Gesichtspunkte heraus (vgl. Operator herausarbeiten) und suchst nach Gemeinsamkeiten und Unterschieden, die du gewichtest. Am Schluss formulierst du ein Ergebnis.	Hier kann eine dreispaltige Tabelle hilfreich sein: Spalte 1: Merkmal, das du vergleichen möchtest Spalte 2: Material 1 Spalte 3: Material 2 Achte darauf, dass auch die Nennung von Unterschieden zu einem Vergleich gehört. Unterstreiche mit zwei verschiedenen Farben jeweils die Gemeinsamkeiten und Unterschiede.

Anforderungsbereich III: Reflexion und Problemlösung
(Umgang mit Urteilen und Abwägen von Handlungsmöglichkeiten)

Arbeitsanweisung in der Aufgabe	Was ist genau zu tun?	Was dir zusätzlich helfen kann
überprüfen	Du untersuchst, ob eine Aussage stimmig ist, und formulierst ein Ergebnis deiner Überlegungen.	Überlege dir, ob die Aussage Sinn macht, oder ob nicht. Du musst nicht abwägen, sondern kannst dich für eine Richtung entscheiden. Achte bei deiner Begründung auf die Kriterien.
beurteilen	Du nimmst Stellung zu einer Aussage von anderen oder einem Sachverhalt. Dabei geht es darum herauszufinden, ob diese Aussage überzeugend – also logisch und in sich stimmig – ist. Gib dabei die Gründe für dein Urteil an.	Nenne die Kriterien, mit denen du die Stimmigkeit überprüfst. Formulierungen, die du verwenden kannst: „Ich halte die Aussage für überzeugend, weil …" – „Weniger / nicht überzeugend ist, dass …"
bewerten	Auch hier geht es darum, Stellung zu beziehen. Allerdings kannst und sollst du hier stärker das einbeziehen, was dir persönlich oder unserer Zeit heute wichtig ist.	Nenne die Kriterien, mit denen du die Stimmigkeit überprüft hast und achte darauf, dass du deine dir wichtigen Werte und die damit verbundenen Vorstellungen begründet zum Ausdruck bringst: Formulierungen, die du verwenden kannst: „Ich halte das für richtig (bzw. falsch), weil …" – „Damit habe ich Schwierigkeiten, weil …" – „Die Menschen heute sehen das anders, da …" - „Mir ist besonders folgender Wert wichtig …" - „und deshalb …"
erörtern	Dir wird ein Problem vorgegeben. Wie auf einer zweischaligen Waage kannst du das Problem abwägen. Lege die Gründe dafür in die eine Schale, die Gründe dagegen in die andere. Am Ende kommst du zu einem Ergebnis deiner Abwägung. Dabei hilft wieder der Blick auf die Waage: In welcher Waagschale finden sich die gewichtigeren Gründe?	Formulierungen, die du verwenden kannst: „Dafür spricht …" – „Dagegen spricht …" – „Insgesamt komme ich zu der Einschätzung, dass …"
entwickeln	Du suchst nach einem Lösungsansatz für ein Problem.	Achte darauf, dass sich dein Lösungsansatz mit Gründen oder Belegen aus den vorgegebenen Materialien untermauern lässt.
gestalten	Du stellst etwas her oder entwirfst etwas, zum Beispiel eine Rede, ein Streitgespräch zwischen zwei Personen.	Dabei ist besonders deine Kreativität gefragt. Achte aber darauf, die Aufgabenstellung im Blick zu behalten. Beachte ebenfalls: Wen willst du ansprechen? Was willst du mit deinem Produkt erreichen?

METHODENGLOSSAR

Ampelkartenabfrage

- **Ziele:** Festlegung auf eine eindeutige eigene Position; Ermittlung eines Meinungsbildes der Gesamtgruppe

- **Orte im Unterricht:** erste Meinungsabfrage, Einleitung der abschließenden Urteilsbildung

- **Ablauf:** Jeder Teilnehmer erhält eine grüne und eine rote Karte. Zu einer politischen Streitfrage (die als Entscheidungsfrage formuliert ist) oder einer kontroversen These positioniert ihr euch nach kurzer Bedenkzeit auf ein Zeichen des Lehrers, indem ihr entweder die grüne (Zustimmung) oder die rote Karte (Ablehnung) deutlich sichtbar hochhaltet. Enthaltungen oder Zwischenpositionen sind nicht zugelassen. Einzelne Teilnehmer (ggf. im Blitzlichtverfahren auch alle) werden aufgefordert, ihre Meinung mit ihrem Hauptargument zu begründen. Dieses Argument kann auch in der Vorbereitungszeit stichwortartig bereits auf der (laminierten) Karte notiert werden..

- **Unbedingt beachten:** Alle Teilnehmer müssen sich gleichzeitig positionieren. Ein Meinungswechsel und eine Diskussion sind während der Ampelkartenabfrage nicht vorgesehen.

Fish-Bowl-Diskussion

- **Ziele:** Perspektivübernahme, Erarbeitung, Artikulation und Argumentation unterschiedlicher Positionen; kommunikatives Handeln

- **Orte im Unterricht:** Phase der Urteilsbildung

- **Ablauf:** Eine Kleingruppe diskutiert in einem Innenkreis in der Mitte des Raumes ein Thema, während die übrigen Schüler in einem Außenkreis darum herumsitzen („Fish-Bowl"), die Diskussion genau verfolgen und den Diskutanten im Anschluss eine Rückmeldung zum Diskussionsverhalten und Argumentation geben. Ein Moderator im Innenkreis leitet die Diskussion. In der Diskussionsrunde steht ein Stuhl mehr als es Teilnehmer gibt. Den freien Platz kann jemand aus der Beobachtergruppe einnehmen, um Fragen zu stellen oder seine Meinung einzubringen. Danach verlässt er die Diskussionsrunde wieder.

- **Variante:** Der Zuschauer verbleibt in der Diskussionsrunde, dafür verlässt ein anderer Diskutant die Runde und macht seinen Stuhl für einen anderen frei.

- **Unbedingt beachten:** Fragestellung sollte möglichst offen sein und in der Diskussion verschiedene Richtungen ermöglichen.

Variante Sitzkreis
- 🟢 Moderator
- 🔵 Gruppensprecher
- 🟠 freier Stuhl
- 🟠 Schüler

Gruppenpuzzle

▶ **Ziele:** Arbeitsteilige selbstständige Erarbeitung und Präsentation von (Teil-) Inhalten

▶ **Orte im Unterricht:** Erarbeitung, Schaffung einer breiten Informationsbasis

▶ **Ablauf:** Ein Thema wird in unterschiedliche, möglichst gleichwertige Teilthemen/ -aufgaben (= Puzzleteile) unterteilt, die in Gruppen erarbeitet werden. Das Gruppenpuzzle arbeitet mit zwei Gruppenformen (Stamm- und Expertengruppe) und wird in drei Phasen durchgeführt:

1. In der ersten Phase werden die Schüler in Stammgruppen eingeteilt. Jedes Mitglied erhält eine Teilaufgabe (= Puzzleteil) einer Gesamtaufgabe, die es erarbeitet und für die es zum „Experten" wird.

2. In der zweiten Phase treffen sich alle „Experten", die dieselbe Teilaufgabe bearbeitet haben, in den sog. Expertengruppen, tauschen sich aus, klären offene Fragen und vertiefen ihr Expertenwissen.

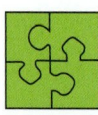

3. In der dritten Phase kehren die Experten in ihre jeweilige Stammgruppe zurück und informieren die Mitglieder der Stammgruppe über ihre Erkenntnisse (= Zusammensetzung der Puzzleteile).

▶ **Unbedingt beachten:** Nach dieser Phase muss jedes Gruppenmitglied über alle Teilaspekte eines Themas (= Puzzleteile) informiert sein. Die Teilergebnisse sollten zu einem Gesamtergebnis zusammengeführt werden.

Mindmap

▶ **Ziele:** Anschauliche Strukturierung von Informationen oder Themen; Entfaltung eines Themas und Vernetzung mit bereits bestehendem Vorwissen

▶ **Orte im Unterricht:** Einstieg, (Beginn der) Erarbeitung eines Themas; Entfaltung eines Themengebiets, z. B. bei der Vorbereitung eines Referats, ggf. systematische Sicherung der Kernergebnisse einer Unterrichtsreihe

▶ **Ablauf:**
1. Verwende ein unliniertes Blatt DIN-A4 (oder größer), lege es quer und schreibe das Thema der Arbeit groß in die Mitte des Blattes.

2. Sammle wesentliche Aspekte zum Thema und schreibe diese von den Hauptästen abgehend auf dein Blatt. Überlege genau, welche (Schlüssel-) Begriffe du hier verwendest, denn durch diesen Schritt strukturierst du dein Thema grundlegend.

3. Ergänze nun weitere Informationen zu den Teilaspekten, indem du kleinere Äste auf der zweiten (oder dritten) Gedankenebene anlegst.

4. Vervollständige abschließend deine Mindmap, indem du an jedem Ast passende Begriffe und Ideen ergänzt.

▶ **Unbedingt beachten:** Um das Mindmapping zu erlernen, empfiehlt es sich, in der vorgeschlagenen Weise vorzugehen. Mit der Zeit entwickelst du dann deinen eigenen Stil.

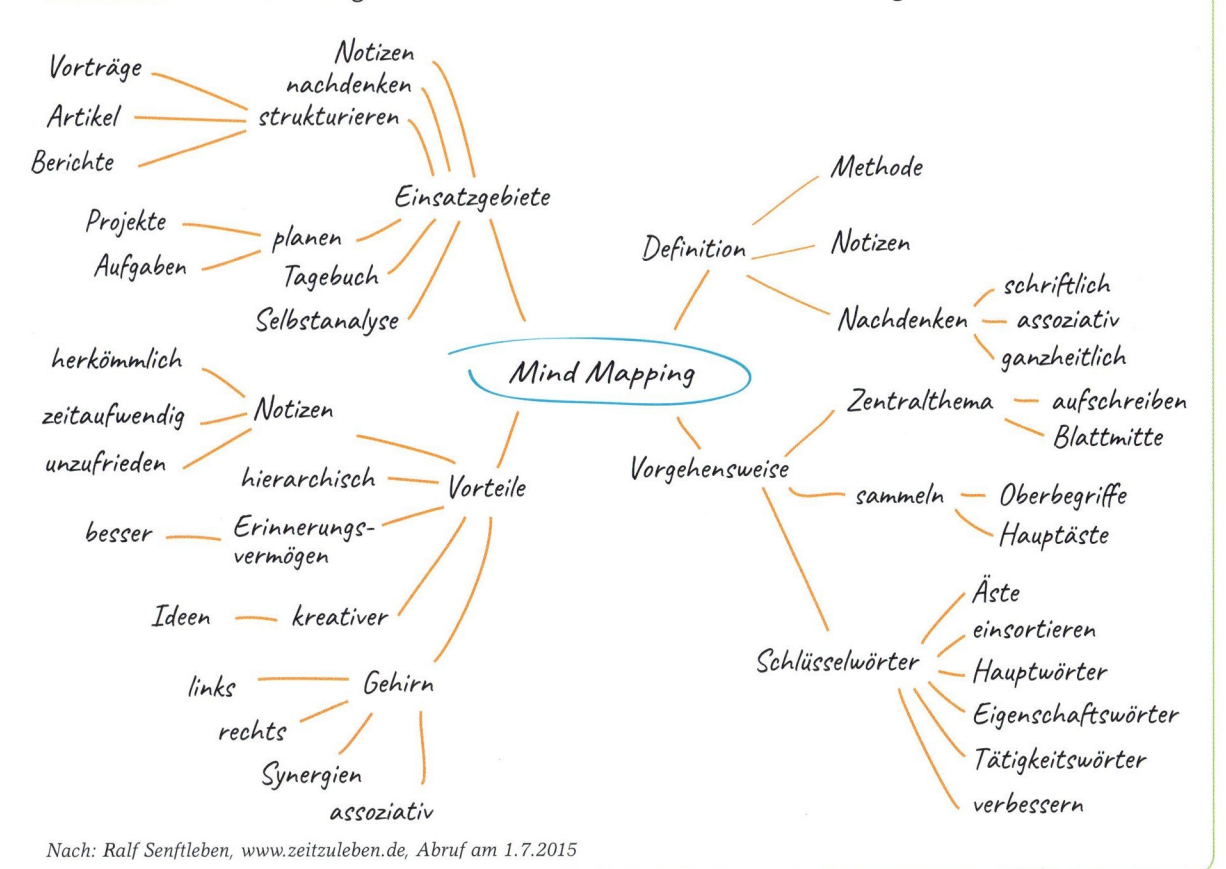

Mind Mapping

- Einsatzgebiete
  - Notizen
  - nachdenken
  - strukturieren
    - Vorträge
    - Artikel
    - Berichte
  - planen
    - Projekte
    - Aufgaben
  - Tagebuch
  - Selbstanalyse

- Definition
  - Methode
  - Notizen
  - Nachdenken
    - schriftlich
    - assoziativ
    - ganzheitlich

- Vorgehensweise
  - Zentralthema
    - aufschreiben
    - Blattmitte
  - sammeln
    - Oberbegriffe
    - Hauptäste
  - Schlüsselwörter
    - Äste einsortieren
    - Hauptwörter
    - Eigenschaftswörter
    - Tätigkeitswörter
    - verbessern

- Vorteile
  - Notizen
    - herkömmlich
    - zeitaufwendig
    - unzufrieden
  - hierarchisch
  - Erinnerungsvermögen
    - besser
  - kreativer
    - Ideen
  - Gehirn
    - links
    - rechts
    - Synergien
    - assoziativ

Nach: Ralf Senftleben, www.zeitzuleben.de, Abruf am 1.7.2015

Podiumsdiskussion

▶ **Ziele:** Perspektivübernahme, Erarbeitung, Artikulation und Argumentation unterschiedlicher Positionen; kommunikatives Handeln

▶ **Orte im Unterricht:** Phase der Urteilsbildung

▶ **Ablauf:** Zur Vorbereitung werden unterschiedliche Positionen zu einer bestimmten Thematik (in Gruppenarbeit) erarbeitet (Rollenübernahme). Ein Moderator (in der Regel die Lehrperson) führt thematisch in die Diskussion ein, stellt die teilnehmenden Figuren und ihre jeweilige Position kurz vor. Darüber hinaus gibt er die Regeln bekannt: Zunächst soll jeder Diskutant seine Position in einem kurzen Statement (max. zwei Minuten) vorstellen. Nach Abschluss dieser ersten Runde können die übrigen Teilnehmer darauf Bezug nehmen. Der Moderator wahrt absolute Neutralität, stellt im Verlauf der Diskussion Gemeinsamkeiten und Unterschiede in den Positionen heraus, fragt nach, präzisiert, macht auf Widersprüche aufmerksam und setzt neue Impulse oder provoziert, um die Diskussion weiterzuentwickeln. Er achtet auf eine gleichmäßige Verteilung der Redeanteile und zieht am Ende der Diskussion eine Bilanz.

▶ **Variante:** Die Zuschauer erhalten Rollenkarten und bewerten aus ihrer jeweiligen Position heraus die Diskussion.

▶ **Unbedingt beachten:** Da die Moderatorenrolle äußerst anspruchsvoll ist, sollte sie nur in erfahrenen Lerngruppen an einen Schüler übertragen werden. Auf ein entsprechendes Setting (Podium, Bühne) achten.

Pro-Kontra-Debatte

▶ **Ziele:** Perspektivübernahme, Erarbeitung, Artikulation und Argumentation unterschiedlicher Positionen; kommunikatives Handeln

▶ **Orte im Unterricht:** Phase der Urteilsbildung

▶ **Ablauf:** Einteilung der Klasse in Pro- und Kontra-Gruppen und Erarbeitung der jeweiligen Positionen. Die Gruppen benennen einen Diskutanten. Moderator gibt das Thema bekannt und führt im Publikum eine erste Abstimmung durch. Jeder Debattenteilnehmer stellt seine Position in einem Kurzstatement vor (max. 2 Minuten). Hier empfiehlt sich ein Wechsel zwischen den Pro-Kontra-Positionen. In dieser Phase wird noch nicht aufeinander Bezug genommen. In der folgenden freien Aussprache (max. 10 Minuten) tauschen die Teilnehmer ihre Argumente aus, nehmen aufeinander Bezug. Am Ende sollen Mehrheiten für eine bestimmte Position gewonnen werden. Nach der freien Aussprache geben die Diskutanten ein Schlussplädoyer (max. 1 Min.) ab und werben noch einmal für ihre Position. Im Anschluss wird eine Schlussabstimmung im Publikum, den Adressaten der Debattenteilnehmer, durchgeführt.

▶ **Unbedingt beachten:** Zuspitzung der Themenstellung auf eine Ja-Nein-Frage (Entscheidungsfrage). Da die Debatte eine hoch formalisierte Form der Diskussion ist, sollten die Regeln unbedingt eingehalten werden. (Zeitmanagement)

Tableset / Placemat

▶ **Ziele:** Erhebung von Vorkenntnissen/Vorstellungen, Entwicklung von Ideen

▶ **Orte im Unterricht:** Vor der eigentlichen thematischen Erarbeitung, im Rahmen der Möglichkeitserörterung

▶ **Ablauf:** Es werden 4er-Gruppen gebildet. Jede dieser Gruppen erhält ein quadratisches Papier (mindestens A3-Breite). Knapp die Hälfte der Fläche des Blattes wird durch ein aufgedrucktes Quadrat eingenommen, dessen Seiten immer den gleichen Abstand zum Blattrand aufweisen. In diesem Quadrat steht ein Begriff, eine Frage oder eine Aussage (zu Begriffen kann assoziiert, Fragen können beantwortet, Aussagen können erklärt oder beurteilt werden).

Table-Set für 4 Personen

Phase 1 – Jede/r Schüler/in bearbeitet die gegebene Aufgabe für sich selbst und trägt seine Lösung in das vor ihr/ihm liegende Seitenfeld des Papiers ein (stichpunktartig).

Phase 2 – Das Quadrat wird im Uhrzeigersinn gedreht, sodass jedes Gruppenmitglied die Ansätze der anderen zur Kenntnis nehmen kann.

Phase 3 – In der Gruppe können Nachfragen gestellt und Klärungen herbeigeführt werden.

Phase 4 – Die Gruppe entwickelt auf der Grundlage ihrer Ideen aus Phase 1 bis 3 eine gemeinsame Lösung für die Aufgabe, die sie gut lesbar im inneren Quadrat festhält. Diese kann im Anschluss präsentiert und mit den anderen verglichen werden.

▶ **Variante:** Die Gruppen können auch unterschiedliche Aufgaben erhalten. In Phase zwei können die Gruppenmitglieder bereits Fragen oder weiterführende Ideen mit einer anderen Farbe in den anderen Feldern eintragen.

▶ **Unbedingt beachten:** Während Phase eins und zwei wird nicht gesprochen. Für die Phasen müssen klare Zeitvorgaben gegeben werden.

Positionierung im Raum, Meinungslinie

▶ **Ziele:** Festlegung auf eine eindeutige eigene Position; Ermittlung eines Urteilsbildes der Gesamtgruppe; ggf. Erhebung von Vorausurteilen (Meinungslinie)

▶ **Orte im Unterricht:** abschließende, kriteriengeleitete Urteilsbildung; ggf. Einleitung der Urteilsbildung

▶ **Ablauf:** Der Unterrichtsraum wird durch eine Linie (z. B. mit Krepp-Band markiert) durchschnitten. Nach einer Vorbereitungszeit positionieren sich alle Teilnehmer gemäß ihres eigenen Urteils auf der Linie. Einzelne Teilnehmer werden aufgefordert, ihre Meinung mit ihrem Hauptargument zu begründen.

▶ **Unbedingt beachten:** Alle Teilnehmer müssen sich gleichzeitig positionieren. Alle Positionen im Raum sind zugelassen. Ein Meinungswechsel und eine Diskussion sind während der Positionierung im Raum nicht mehr vorgesehen. Die Raumaufteilung sollte im Vorfeld visuell verdeutlicht werden.

Zustimmung
gering — mittel — hoch
Zustimmung

263

REGISTER

A
Adoption, **S. 98f.**
Agenda-Setting, **S. 70**
Alternative Strafformen, **S. 169**, S. 177
Armut, absolute, **S. 21**
Armut, relative, **S. 21**
Armutsgrenze, **S. 20**
Aufgaben einer Gemeinde, **S. 204**
Autismus, **S. 56f.**

B
Bürgerbegehren/entscheid, **S. 194**
Bürgerinitiative, **S. 191**
Bürgermeister, **S. 190**, S. 204

D
Datenschutz, **S. 81ff.**
Deliktsfähigkeit, **S. 157**
Demografischer Wandel, S. 219, S. 220ff., **S. 222**, S. 225
Direkte Demokratie, **S. 191**, S. 195
Diskriminierung, S. 226, S. 234
Durchschnittseinkommen, **S. 21**

E
Einwanderungsland, **S. 213**, S. 219, S. 225, S. 232ff.
Erziehung, **S. 104ff.**, S. 107
E-Sports, **S. 86f.**, S. 90

F
Fake-News, **S. 75**
Familie, **S. 97ff.**, S. 101, S. 107
Familien- und Lebensformen, **S. 99**, S. 107
Familienkonflikte, **S. 108ff.**
Flüchtlinge / Asylbewerber, **S. 217**
Funktionen der Familie, **S. 101**
Funktionen des Rechts, **S. 145**

G
Gefallsucht, **S. 79**
Gemeinde, **S. 196ff.**, S. 204
Gemeindehaushalt, **S. 198f.**, S. 204
Gemeinderat, **S. 190**, S. 204
Gemeinderatswahl, **S. 188ff.**, S. 195
Geschlechterrolle, **S. 47**, S. 49
Grundgesetz, **S. 242**, 247
Grundrechte, **S. 241ff.**, 247
Grundrechtekonflikt, **S. 244ff.**, 247
Gruppe, **S. 51**
Gruppendruck, **S. 51**

H
Happy Slapping, **S. 93**
Hartz IV, **S. 20**
Hunger, **S. 29**

I
Ich-Identität, **S. 43**, S. 49
Informationelle Selbstbestimmung, **S. 83**, S. 90
Informationsfunktion der Medien, **S. 74**
Inklusion, **S. 57f.**, S. 59
Integration, S. 225, **S. 226ff.**, **S. 234**
Internetprofil, **S. 78**, S. 90
Internetsucht, **S. 88f.**, S. 90

J
Jugendgemeinderat (JGR), **S. 187**, S. 195
Jugendgerichtsgesetz, S. 167, **S. 168**, S. 177
Jugendkriminalität, S. 161, **S. 162**, S. 177
Jugendschutz, **S. 152f.**, S. 159
Jugendstrafrecht, **S. 160ff.**
Jugendstrafverfahren, **S. 164ff.**, S. 177

K
Kinderarbeit, **S. 25**
Kinderarmut, **S. 21**
Kinderhandel, **S. 23**
Kinderrechte, S. 11ff., **S. 14**, S. 32f., S. 35
Kinderrechtskonvention, **S. 14**, S. 16, S. 35
Kindersoldaten, **S. 27**
Klassengemeinschaft, **S. 118f.**, S. 129
Klassenrat, **S. 127**
Klassensprecher/in, **S. 120ff.**, S. 123, S. 129
Kommunalwahlen, **S. 195**
Konflikt, S. 61f., **S. 63**, **S. 124f.**
Konformitätsdruck, **S. 59**
Kooperatives Lernen, **S. 59**
Kumulieren, **S. 188**

L
Lerngruppe, **S. 56**

M
Medianeinkommen, **S. 21**
Medien, S. 70, **S. 77**, S. 90
Menschenrechte, **S. 13**
Migration, **S. 212**
Migrationshintergrund, **S. 216**
Minderheiten, national, **S. 249f.**, S. 253
Minderheitenschutz, **S. 250**, S. 253
Mitbestimmungsrechte, S. 130, **S. 139**, **S. 184**
Mobbing, S. 61, **S. 63**

N
Nachricht, **S. 69**
Nichtregierungsorganisationen (NGOs), **S. 32f.**

O
Öffentliches Recht, **S. 148**, S. 159

P
Panaschieren, **S. 188**
Peergroup, **S. 51**, S. 59

R
Recht am eigenen Bild, **S. 85**, S. 90
Rechtsstaat, **S. 146ff.**, S. 159
Rechtsstaatsprinzipien, **S. 147**
Rechtsstellung von Kindern und Jugendlichen, **S. 159**
Repräsentative Demokratie, **S. 192**, S. 195
Rolle, soziale, **S. 45**, S. 46f., S. 49
Rollenklischee, **S. 48**
Rollenkonflikt, **S. 49**

S
Schülermitverantwortung (SMV), S. 120, **S. 130ff.**
Schulkonferenz, **S. 137**, S. 139
Sexting, **S. 85**
Sinti und Roma, **S. 248ff.**, S. 253
Soziale Identität, **S. 43**, S. 49
Soziale Medien, **S. 78f.**
Sozialisation, **S. 49**
Staatsangehörigkeit, S. 230
Strafmündigkeit, **S. 157**
Strafprozess, **S. 149**
Strafzwecke, **S. 167**
Straßenkinder, **S. 31**

T
Täter-Opfer-Ausgleich, **S. 167**

U
Unterstützungsangebote, staatlich, **S. 103**, S. 107
Urheberrecht, **S. 71**

V
Volksbegehren, **S. 193**
Volksentscheid, **S. 193**

W
Wahlrechtsgrundsätze, **S. 122**, S. 129

Z
Zielgruppe, **S. 72f.**
Zivilprozess, **S. 149**
Zivilrecht, **S. 148**, S. 159

BILDNACHWEIS

ARD Design und Präsentation 2017, München – S. 69 • Baaske Cartoons / Mester, Müllheim – S. 237, 244; - / Plaßmann – S. 160 • Bergmoser + Höller Verlag, Aachen – S. 149(2), 167, 230, 243 • Sebastian Bolesch, Berlin – S. 26 • Bundesamt für Migration und Flüchtlinge, Nürnberg – S. 214, 215 • Bundeszentrale für politische Bildung / 2010, www.bpb.de, Bonn – S. 25; - / bpb, Datenreport 2016, Rub. 3.1, Tab 5, S. 87 – S. 220 • Bündnis 90 / Die Grünen / Baden-Württemberg / www.gruene-bw.de – S. 191 • Care & Fair / Teppichhandel gegen Kinderarbeit e. V., Hamburg – S. 33 • CARO Fotoagentur / Riedmiller – S. 141 • Deutsche Post AG, Bonn – S. 32 • Deutsche Postbank AG, Bonn – S. 32 • Deutsche Welle 2016, Bonn – S. 15 • Deutsches Institut für internationale Pädagogische Forschung, Berlin – S. 220 • Deutsches Kinderhilfswerk e. V. / H. Lüders, Berlin – S. 32 • Die Medienanstalten, Berlin – S. 70 • DIZ / Süddeutsche Zeitung Photo, München – S. 69; - / Süddeutscher Verlag Bilderdienst – S. 73 • dpa Infografik, Frankfurt – S. 213; / - Globus-Grafik – S. 25, 161 • dpa Picture-Alliance / AP Photo / Schalk van Zuydam, Frankfurt – S. 28; - / Sascha Baumann / ZDF – S. 41; - / Ulrich Baumgarten – S. 20; - / Bildarchiv / EFE / epa efe Martón Crespo – S. 30; - / Uli Deck – S. 221; - / dpa Themendienst / Franziska Gabbert – S. 89; - / dpaweb / dpa Report / Keystone / Urs Flueeler – S. 191; - / dpaweb / Maurizio Gambarini – S. 13; - / epa-Bildfunk, Arne Dedert – S. 244; - / EPA / Kim Ludbrook – S. 30; - / Fotoreport / epa Niedringhaus, A2800, epa – S. 24; - / Friso Gentsch – S. 134; - / Abaca Hahn – S. 93; - / Tobias Kleinschmidt – S. 165; - / Ton Koene – S. 26, 28; - / Wolfgang Kumm – S. 191; - / Frank Leonhardt – S. 248; - / Daniel Maurer – S. 221; - / Photoshot – S. 13; - / Daniel Reinhardt – S. 65; 154; - / Report / Gero Breloer – S. 20; - / Report / dpa web / epa / Narendra Shrestha – S. 24; - Frank Rumpenhorst – S. 86; - / Jonas Schöll – S. 251; - / Abaca Dennis Vantine – S. 93; - / Fredrik von Erichsen – S. 233; - / www.youtube.com, lefloid – S. 72; - / ZB / Stefan Sauer – S. 160; - / ZB / Thomas Schulze – S. 13; - / ZDF / Jürgen Detmers – S. 72; - / Zumapress.com, Nasrullah Shirzada – S. 13 • Bethel Fath, München – S. 166 • F. A. Z.-Grafik / Felix Brocker – S. 223 • FES / Forum Politik und Gesellschaft, Berlin – S. 198 • fotolia / © Sergii Figurnyi – Cover; / © Christian Schwier – S. 57 • FR-Grafik, Frankfurt – S. 216 • Kurt Fuchs Presse Foto Design, Erlangen – S. 141 • GEPA The Fair Trade Company mbH, Wuppertal – S. 33 • Florian Gerlach, Stuttgart – S. 56 • Hans-Böckler-Stiftung, Düsseldorf – S. 21 • Haus 49 / Internationales Stadtteilzentrum, Caritasverband für Stuttgart e. V. – S. 232 • HIT Radio FFH / Radio/Tele FFH GmbH & Co. Betriebs-KG, Bad Vilbel / Aimee-Valentina Schneider, München – S. 82 • Humanium e. V., Bernau – S. 14 • imagostock / © panoramic – S. 87 • Info-Portal, Tübingen – S. 200 • iStockphoto / © Aacojim – S. 229; - / © blaneyphoto – S. 121; - / © Domenicogelermo – S. 229; - / © falcatraz – S. 121; - / © Goldfaery – S. 232; - / © herkisi – S. 229; - / © jaroon – S. 121; - / © Katya Monakhova – S. 50 • Jugendstiftung Baden-Württemberg / www.jugendstiftung.de, Sersheim – S. 55 • Kindernothilfe, Duisburg – S. 27 • Achim Kuhn-Osius, Bad Driburg – S. 211 • Landeshauptstadt Stuttgart / http://www.stuttgart.de/einbuergergung – S. 230 • Real / SB Warenhaus GmbH, Mönchengladbach – S. 32 • Reutlinger General-Anzeiger / Alexander Rabe, Reutlingen – S. 180 • Joachim E. Röttgers / Graffiti, Stuttgart – S. 228 • RTL2 Fernsehen GmbH & Co. KG, Grünwald – S. 69 • RUGMARK FOUNDATION, Indien – S. 33 • Heiko Sakurai, Köln – S. 255 • Albert Josef Schmidt / Zero-Foto, Freiburg – S. 191 • Dietmar Schöning / FDP, Tübingen – S. 201 • Seehaus e. V., Leonberg – S. 168 • Shutterstock / © Marianoblanco – S. 22; - / © Wallenrock – S. 38 • Stadt Nürnberg / Cornelia Scharf – S. 34 (2) • Stadt Reutlingen – S. 186 • Statistisches Bundesamt / Destatis, Wiesbaden – S. 214 • Fair Play Career Management, Köln – S. 78 • Klaus Stuttmann, Berlin – S. 179 • taz. die Tageszeitung, Berlin – S. 69 • Terre des hommes Deutschland / Boris Scharlowski – S. 22 • thinkstock – S. 93; - / © Bananastock – S. 238; - / © Creatas – S. 98; - / © DigitalVision – S. 98, 238; - / DigitalVision / © BrandXPictures – S. 98; - / DigitalVision / © Siri Stafford – S. 113; - / © Ingram Publishing – S. 38; - / iStockphoto / © ajr_images - 231; - / iStockphoto / © badahos – S. 66; - / iStockphoto / © Katarzyna Bialasiewicz – S. 184; - / iStockphoto / © bokan76 – S. 133; - / iStockphoto / © DGLimages – S. 38, 79, 84; - / iStockphoto / © Antonio Diaz – S. 100; - / iStockphoto / © gvictoria – S. 48; - / © BrianAJackson – S. 184; - / iStockphoto / © jacoblund – S. 13, 248; - / iStockphoto / © jimd stock – S. 105; - / iStockphoto / © jonathanfilskov-photography – S. 101; - / iStockphoto / © josefkuebes – S. 238; - / iStockphoto / © Karelnoppe – S. 50; - / iStockphoto / © MariaDubova – S. 98; - / iStockphoto / © Meinzahn – Cover; - / iStockphoto / © mikanaka – S. 238; - / iStockphoto / © monkeybusinessimages – S. 38 (2), 50, 102, 105, 117 (2); - / iStockphoto / © OlsenMatt – S. 50; - / iStockphoto / © paulprescott72 – S. 31; - / iStockphoto / © Ridofranz – S. 117; - / iStockphoto / © Rohappy – S. 98; - / iStockphoto / © romrodinka – S. 98; - / iStockphoto / © George Rudy – S. 184; - / iStockphoto / © simarik – S. 101; - / iStockphoto / © Stevanovicigor – S. 184; - / iStockphoto / © the guitar mann – S. 184; - / iStockphoto / © tommaso79 – S. 98; - / iStockphoto / © valzhina – S. 110; - / © Monkey business Images Ldt – S. 248; - / Photodisc / © DigitalVision – S. 38; - / PHOTOS.com / © Jupiterimages – S. 105; - / © Purestock – S. 98, 101, 117 • TransFair e. V., Wuppertal – S. 33 • trendence Institut GmbH, Berlin – S. 47 • Helmut Treutlein / Foto: Markus Niethammer, Reutlingen – S. 197 • Martina Tuda, Stuttgart – S. 43 • Ullstein-Bild / Reuters, Fabrizio Bensch, Berlin – S. 75 • watch your web / IJAB, Fachstelle für Internationale Jugendarbeit e. V., Bonn – S. 81 • Wildner + Designer, Fürth – S. 50, 121 • World Food Programme (WFP), Berlin – S. 29 • www.reutlingen.de – S. 180 (2) • ZDF, Mainz – S. 69